Klaus Schmidt

Inclusive Branding

Klaus Schmidt

Inclusive Branding

Methoden, Strategien
und Prozesse ganzheitlicher
Markenführung

Luchterhand

Bibliografische Information Der Deutschen Bibliothek

Die Deutsche Bibliothek verzeichnet diese Publikation in der Deutschen Nationalbibliografie; detaillierte bibliografische Daten sind im Internet über http://dnb.ddb.de abrufbar.

ISBN: 3-472-05193-0

Produktmanagement: Beate Wiegard

Satz: Henrion Ludlow Schmidt
Druck: Wilhelm & Adam, Heusenstamm
Printed in Germany, August 2003
Gedruckt auf säurefreiem, alterungsbeständige und chlorfreiem Papier.
Titelbild: Getty Images

Inhalt

Danksagung **10**
Vorwort **11**

1 Branding: Ursprünge, Entwicklungen und Beispiele **17**
Von der Markierung zur Marke 17
Corporate Branding und Corporate Identity 22
Integrierte Kommunikation: 1+1=3? 30
Globaler Markenschauplatz 32
Die soziale Verantwortung der Marke 36
Lektionen, die das Leben lehrt 37
Marktforschung trifft auf Erfahrung 44
Zeit für eine neue Methode 49

2 Von der Vision zur Praxis holistischer Markenführung **51**
Holistic Solutions 51
Der Denkansatz 52
Das Strukturmodell 52
Die Positionierung 53
Die sechs Dimensionen 57
Kultur 57
Verhalten 60
Produkte und Dienstleistungen 62
Märkte und Kunden 64
Design 68
Kommunikation 75
Der Prozess zur Realisierung einer ganzheitlichen Marke 78
Recherchen und Analysen 81
Die Positionierungsstrategie 82
Definition des Handlungsbedarfs 83
Mittel- und Maßnahmenplanung 84
Implementierung und Kontrolle 84
Holistisches Markenmanagement 85
Die sechs Dimensionen der Markenentwicklung 87
Erfolgreiche holistische Praxis 88

3 Drängende Probleme verlangen ganzheitliche Lösungen 90
Neue Antworten auf sich verändernde Rahmenbedingungen 90
Herausforderungen unserer Zeit 92
Effizienz und Kosten 92
Transparenz und Relevanz 94
Globale Markenführung 95
Markenführung als Unternehmensstrategie 97
Die operative Relevanz von Leitbildern 97
Den Wandel steuern 99
Den Markenwert steigern 102
Das markengeführte Unternehmen 103

4 Aus dem wirklichen Leben 106
Für die Marke sind alle verantwortlich 106
Die Fallbeispiele 107

5 Einfach nur das Beste: Mercedes-Benz 111
Eine Automarke wie keine andere 111
Vom Start weg die Nr. 1 112
Intervalltraining 113
Im Zeichen des Sterns 114
Die Markenpositionierung von Mercedes-Benz 116
Die Kommunikation als Aufbruchssignal 118
Markenmanagement 119
Der Markenkodex 120
Die Mercedes-Benz Fahrzeuge und ihre Einordnung, Pkws und Nfz 121
Das Mercedes-Benz Fahrzeugdesign 123
Das Mercedes-Benz „Brand Design System" 126
Integrierte Kommunikation 128
Fazit 131
Kommentar des Herausgebers 132

6	**Leuchtende Markenzukunft: Orange**	**133**
	Wie sah der Wettbewerb aus?	135
	Wer waren die Kunden?	136
	Der Launch der neuen Marke	136
	Die Entwicklung der Marke	140
	Unternehmenswachstum	144
	Die Marke Orange erhalten	146
	The future's bright ...	152
	Kommentar des Herausgebers	153
7	**Wahrnehmung und Konditionierung verändern: BUPA**	**155**
	Die Neupositionierung der Marke	155
	Der Weg des Wandels	157
	Untersuchungsergebnisse weisen den Weg	158
	Engagement der Führungsspitze	159
	Von der Versicherung zur Rundum-Versorgung	160
	„Brand-Stretching" – eine neue Kompetenz	160
	Die Produkpositionierung	161
	Das neue Selbstverständnis: Das Programm „One Life"	163
	Auswirkungen auf die Gewinne	167
	Marketingziele	168
	Entwicklung einer Kommunikationslösung	169
	Und das Ergebnis?	174
	Kommentar des Herausgebers	175
8	**„Teamwork": Manchester United**	**176**
	Manchester United heute	179
	Der Ausgangspunkt	181
	Eine einfache, aber wesentliche Änderung	183
	Eine einzigartige Logotype für eine einzigartige Marke	184
	Konsistenz bewahren	185
	Das Stadion und die Beschilderung	186
	Merchandising	187
	M.U. Finance	190
	Unsere Gedanken zur Markenidentität	191
	Vorläufige Ergebnisse	192
	Kommentar des Herausgebers	196

9 Eine Marke ohne Limits: Virgin 197
Einführung 197
Die Entwicklung der Marke und der Wandel eines Musikunternehmens zu einem diversifizierten globalen Imperium 199
Virgins strategische Geschäftsvision 204
Die Virgin-Vision 206
Die Entwicklung von Logo und Markenimage 208
Das Virgin-Logo 209
Die Integrität der Marke schützen 210
Den guten Ruf aufbauen und schützen 212
Die Rolle von Sir Richard Branson, dem Marken-Champion 213
Die Marke Virgin leben 215
Die Zukunft für Virgin 217
Kommentar des Herausgebers 219

10 Image für Professionals: CMS 220
Neuland für professionelle Dienstleister 220
Die Gründung von CMS 222
Die Analyse der CMS-Identität 223
Die Entwicklung einer gemeinsamen Vision 225
Das Corporate Design 229
Das neue Leitbild 236
Kommentar des Herausgebers 240

11 Kontinuität durch Wandel: Miele 241
Gesamtheitliche Markenführung 241
Miele – Wertemonopol für Qualität 242
Preishöhe und Kundenloyalität als Maßstab für qualitative Marktführerschaft 243
Marken sind in ihrem Wachstum begrenzt 245
Kontinuität durch Wandel 246
Wachstum ohne Identitätskonflikt 247
Strategieänderungen fördern Remanenzkräfte 261
Markenführung muss sich immer am wirtschaftlichen Erfolg messen lassen 263
Kommentar des Herausgebers 264

12 Verjüngung einer stolzen Marke: Dunlop Sport **266**
We can because we believe we can 266
Von ungewöhnlichen Anfängen 268
Das Erneuerungsteam 272
Wie gesund war die Marke zu Beginn des Projekts? 273
Entwicklung der neuen Vision 277
Den Konsumenten verstehen 282
Der Start des Verjüngungsprogramms 286
Grunderegeln für den zukünftigen Erfolg 287
Wie es weitergeht 290
Kommentar des Herausgebers 291

13 Aus dem Verborgenen ins Rampenlicht: DekaBank **293**
Eine Bank der besonderen Art 293
Produktmarke vor der Konzernmarke: Dem Marktdruck geschuldet 296
Auf dem Weg zum Leitbild: Der ganzheitliche Ansatz 299
Der Leitbildprozess: glaubwürdig hinsichtlich
Einbindung und Durchführung 304
Ausblick: Die nachhaltige Veränderung der DekaBank 310
Kommentar des Herausgebers 313

Schlussbetrachtung: **314**
Die Zukunft der Marke ist holistisch 314

Index **318**

Danksagung

An dieser Stelle möchte ich mich für die Kooperationsbereitschaft aller Autoren der Fallbeispiele, insbesondere Hans Georg Brehm, Jürgen Plüss und Michael Hüther bedanken sowie bei Helen Triggs für ihre redaktionelle Unterstützung beim englischen Text und Don Landers für seine besondere Hilfe bei der Manchester-United-Fallstudie. Ohne die von ihnen investierte Zeit beim Verfassen der Beiträge und die Bereitschaft, ihre Arbeit und ihre Unternehmen in dieser Weise vorzustellen, hätte dieses Buch nicht entstehen können. Bedanken möchte ich mich auch bei der Übersetzerin der englischen Fallbeispiele Dr. Brigitte Scott.

Mein besonderer Dank gilt Michael Geffken für seine kritische und bereichernde Arbeit am deutschen Text und Maren Kleinert für die intensive redaktionelle Zusammenarbeit sowie Sven Vogel für die Gestaltung. Weiterhin gilt mein Dank Chris Ludlow, dem Mitherausgeber des zuerst erschienenen englischen Titels „Inclusive Branding".

Dr. Klaus Schmidt

Vorwort

Die Macht der Marke. Jeder hat dazu eine ganz persönliche Meinung und eigene Erfahrungen. Mich hat das Thema „Marke“ immer wieder beschäftigt, begeistert und fasziniert. Eine Marke gehört uns allen und jedem ganz allein. Sie spiegelt die eigene Realität wider, sie verbindet und hilft, uns voneinander abzugrenzen. Und es gibt immer wieder Situationen, in denen ihre Faszination und Magie deutlich werden:

Da steht er endlich vor der Tür, der lang Ersehnte: silbergrau, 17-Zoll-Alufelgen, Vierradantrieb – ein Traum aus Stuttgart-Zuffenhausen. Die erste Ausfahrt steht an, die Brust ist stolz geschwellt – Marken machen Emotionen.

Die lieben Kleinen quengeln, Ronald McDonald, Bic Mäc und eine Portion Chicken McNuggets; dazu natürlich eine Cola Light mit viel zu viel Eis. Die Macht der Marke – die Ohnmacht der Erziehungsberechtigten.

Kurzer Stopp am Supermarkt, bei der wochenendlichen Flucht aufs Land – natürlich bei der Supermarktkette des Vertrauens. Da kommen nur Waren in den Einkaufskorb, deren Geschmack bereits beim Anblick der Verpackung auf der Zunge liegt. Marken geben Sicherheit und helfen bei der Entscheidungsfindung.

Als Pfadfinder im Jugendaustausch nach Frankreich und Schweden: Damit war die Sehnsucht nach der großen weiten Welt geboren, die mir bis heute geblieben ist. Als Student war es dann der „Duft der großen weiten Welt“; drei Packungen Peter Stuyvesant pro Tag hätten mich fast dahingerafft.

Und dann war ich in London am Ziel meiner – beruflichen – Wünsche; als Branding und Identity Consultant beim legendären FHK Henrion – mit Kunden wie Beiersdorf, KLM Royal Dutch Airlines, C&A, Volkswagen, Audi NSU und Porsche. Seinerzeit betreute ich den Kunden Mitsubishi global. Trips rund um den Erdball waren an der Tagesordnung – zur Einführung des Branding-Konzeptes ging’s allein in 26 Länder in einem Jahr.

Und da spürte ich ein Stück Heimat, als ich mich nach der Hitze und Hektik einer Metropole wie Manila an Bord von British Airways in die wohltemperierte, Stewardess-umsorgte Obhut einer Marke begab – „we take more care of you"; das Markenversprechen wird zum Produkterlebnis.

Damit werden die Macht und Magie der Marke deutlich. Aber auch, wie groß die Enttäuschung sein kann, wenn Marken ihre Versprechen nicht halten. Beispiele dafür gibt es reichlich: wie bei der Mobilfunkmarke Quam, die den Mobilfunk revolutionieren wollte und die Erwartungen in die Höhe trieb, die einfachsten ihrer Versprechen jedoch nicht halten konnte. Oder EM.TV, die mit „Luftschlössern" ihren Aktienwert nach oben trieben und ins tiefe Tal stürzten, als das Vertrauen schwand.

Nie zuvor hatten Marken eine solche elementare Bedeutung in allen unseren Lebensbereichen und Lebensphasen. Von der Wiege bis zur Bahre, von Pampers über die erste Levis 501, das Nokia-Handy, die Miele-Waschmaschine bis Doppelherz und Klosterfrau Melissengeist. Marken bestimmen unsere Wahrnehmung und wie wir wahrgenommen werden. Sie formen unsere Welten und bestimmen unser Weltbild, ob wir es zugeben wollen oder nicht. Es ist schwer, sich ihrer Faszination zu entziehen und in eine „markenfreie Markenwelt" zu flüchten – Aldi lässt grüßen.

Die Produktion ist mehr und mehr Gegenstand von „Knowledge based Sourcing", Wettbewerbsvorteile werden über Wissensvorteile bestimmt und das in allen Bereichen. Das Marketing wird vom Datamining und Customer Relationship Management bestimmt und somit von Erkenntnissen über einen zunehmend „gläsernen" Konsumenten. Deren Kaufentscheidungen wiederum sind in steigendem Maße durch Wissen und die Wahrnehmung von Marken geprägt.

Marken bestimmen diese neue Ära. Die Bedingungen in den wettbewerbsintensiven Märkten werden sich noch schneller verändern als bisher. Das gilt in besonderem Maße für die Zielgruppen, die schon längst zu Stilgruppen geworden sind. Sie werden immer fragmentierter und emanzipierter, sie werden – auf der Grundlage eines immer umfangreicheren Wissens – immer höhere Ansprüche entwickeln, ausgerichtet an persönlichen Interessen und Neigungen. Menschen identifizieren sich mit Marken, die ihre eigenen Werte widerspiegeln, und Marken adressieren gezielt diese Werte. Damit verändern sich auch die Bedingungen für die Markenentwicklung und Markenpflege in dramatischer Weise.

Dieser Trend – so sehr er sich beschleunigt – ist nicht neu. Die Erfahrungen, die ich in globalen Projekten für Kunden wie Coopers & Lybrand, KLM oder Mitsubishi Motors sammeln konnte, führten zu der Erkenntnis, dass ein umfassender, ganzheitlicher Ansatz für das Management von Unternehmens- und Markenidentitäten notwendig war. Vor diesem Hintergrund führte Henrion Ludlow Schmidt von 1989 bis Mitte der 90er Jahre eine Reihe von paneuropäischen Studien durch, die diesen Bedarf bestätigten. Es war ein ganzheitlicher Ansatz notwendig, um einerseits den beschriebenen Herausforderungen gewachsen zu sein und andererseits die immensen Chancen und Potenziale nutzen zu können.

Bis zu diesem Zeitpunkt gab es keine umfassenden interdisziplinären Instrumente, Methoden oder Prozesse, die der globalen Komplexität des Wettbewerbs, dem Trend zur Expansion oder auch Konsolidierung von Konzernen, den kulturellen Unterschieden, individuellen Einstellungen, Werten, Konditionierungen, den technologischen Herausforderungen und der zunehmenden Geschwindigkeit des Wandels gerecht werden konnten.

Die Ursachen hierfür waren bald identifiziert. Das Management von Marken und Unternehmensidentitäten wurde und wird auch heute oftmals noch von einer Vielzahl von „Playern“ beeinflusst, die mit sehr unterschiedlichen Schwerpunkten und Interessen agieren. Sowohl auf Unternehmens- als auch auf Agenturseite sind die Zuständigkeiten stark spezialisiert und sehr unterschiedlich zugeordnet. Die Folge: argwöhnisches Abgrenzen der Territorien, Spartendenken, Machtansprüche und die „beschränkte“ Argumentation aus der eigenen disziplinären Sicht, ohne Bezug zum Ganzen und Lösungen für das Ganze.

An dieser Situation hat sich bis heute wenig geändert. Doch es gibt mittlerweile auch gute Beispiele umfassender bzw. ganzheitlicher Markenführung. In diesem Buch wird dargestellt, wie sie zielführend und erfolgreich sein kann. „Inclusive Branding" soll auch einen Beitrag zur derzeitigen Markendiskussion leisten. Allen Unkenrufen zum Trotz ist Corporate Identity längst den Kinderschuhen entwachsen. Branding und Identitätsentwicklung sind zu einem wichtigen Instrument der Unternehmensführung geworden.

Und aktuelle Entwicklungen bestätigen wieder einmal mehr die Notwendigkeit eines ganzheitlichen Vorgehens, das dem Wandel und den damit verbundenen, sich ständig ändernden Bedingungen gerecht wird. So sind z.B. mit der Entscheidung, ab 2005 europaweit International Accounting Standards (IAS) einzuführen, auch neue Maßstäbe für die Markenführung gesetzt worden. Börsennotierte Unternehmen werden in Zukunft verstärkt im Hinblick auf ihre immateriellen Vermögenswerte rechenschaftspflichtig sein. Aspekte wie Werbung und öffentliche Meinung oder Umweltschutz, Kunden- und Lieferantenbeziehungen sowie Marketingrechte werden zum Bestandteil der gesetzlich vorgeschriebenen Berichterstattung.

In einer Studie von PricewaterhouseCoopers aus dem Jahre 2001 bewerten die befragten Unternehmen Marken mit einem Anteil von durchschnittlich 56% des Gesamt-Unternehmenswertes. Mit steigendem Anteil wird auch die Bedeutung des Markenmanagements immer entscheidender.

Branding- und Identitätsmanagement muss alle Ressourcen, Aspekte und Dimensionen einbeziehen, die zur Führung und Kommunikation der Marke in Betracht gezogen werden können. Nur so kann Branding den ökonomischen und gesellschaftlichen Herausforderungen gerecht werden. Daraus wird der zwingende Bedarf ersichtlich, Marken auf der Grundlage einer ganzheitlichen, strategischen und kommunikativen Positionierung zu entwickeln und zu steuern.

Mit dem Titel „Inclusive Branding“ soll die Notwendigkeit für die Einbeziehung aller Aspekte und Dimensionen von Marken- und Unternehmensidentität sowie aller Beteiligten und Betroffenen im Sinne einer ganzheitlich verstandenen Markenführung unterstrichen werden.

„Inclusive Branding“ als Synonym für ganzheitliche Markenführung generiert „Holistic Solutions“: verstanden als zielführende Methode und angestrebtes Ergebnis.

Es ist diese Überzeugung, dieser „Glaube“ an die Bedeutung von Marken als ökonomisches und soziokulturelles Phänomen und die damit verbundene Verantwortung, die mich motiviert hat, mit „Inclusive Branding" ein „Plädoyer“ für einen umfassenden Branding-Ansatz zu verfassen. „Inclusive Branding“ soll einen Beitrag dazu leisten, dem Ziel einer im ganzheitlichen Sinne verstandenen Markenführung näher zu kommen.

London 2003 Dr. Klaus Schmidt

Kapitel 1

Branding: Ursprünge, Entwicklungen und Beispiele

Von der Markierung zur Marke

Starke Marken sind hilfreich. Sie helfen uns – als Verbraucher – bei unseren Entscheidungen: Marken vermitteln Informationen über Produkteigenschaften; sie polarisieren; sie reduzieren das Risiko eines Fehlkaufs; sie bieten Orientierung; und sie helfen nicht zuletzt dem Käufer bei der Selbstdarstellung. In einer starken Marke bündeln sich rationale und emotionale Gründe, ein Produkt einem anderen vorzuziehen.

Marken werden zu erfolgreichen Marken, wenn sie aus Sicht der Kunden einen relevanten Vorteil bieten, wenn sie sich eindeutig differenzieren und herausragen aus jener Masse verwechselbarer Angebote, von denen Verbraucher Tag für Tag überschwemmt werden.

Doch nicht nur die Verbraucher profitieren von starken Marken. Für jedes Unternehmen ist es heute von existenzieller Bedeutung, über ein Portfolio von profilierten Produkt- oder Dienstleistungsmarken zu verfügen oder als Unternehmensmarke im Bewusstsein der Stakeholder verankert zu sein. Sie erhöhen den Wert eines Unternehmens.

Die Entwicklung und Einführung neuer Marken ist ein ebenso komplexer wie kostenintensiver Prozess; kaum weniger komplex ist ihre Führung und Pflege. Faktoren wie immer schnellere Verhaltensänderungen der Verbraucher, die wachsende Vielfalt der Medien und die Globalisierung verschärfen die Wettbewerbssituation.

Ein Blick in die Geschichte der Marken soll helfen, die Macht und das Potenzial starker Marken besser zu verstehen. Dieser Blick erschließt auch die Zusammenhänge, die zur Entwicklung einer Methode ganzheitlicher Markenführung „Holistic Solutions“ führten, deren Erklärung im zweiten Kapitel erfolgt.

Branding im wahrsten Sinne des Wortes: die Markierung von Rindern als Besitznachweis

Seit dem Altertum ist es üblich, Produkte zu markieren. Diese Markierungen waren zunächst einmal eher sachlich bedingt – als Besitznachweis wie bei den mit einem Brandzeichen („Branding“) versehenen Viehherden im Wilden Westen, als Herkunftsbezeichnung („Kölnisch Wasser“) oder als Garantieversprechen. Albrecht Dürer z.B. ließ seine „Markenartikel-Gemälde“ in Manufakturarbeit unter seinem Namen anfertigen und vertreiben – ein stilisiertes „AD“ diente dabei als Erkennungszeichen und Gütesiegel.

Hersteller von Tonkrügen im antiken Rom ritzten die Worte „sine cera“ (ohne Wachs) in ihre Produkte, um dem Käufer zu signalisieren, dass er keine durch Wachs überdeckten Risse oder Sprünge befürchten musste. Die englische Abschiedsfloskel „sincerely yours“ geht übrigens auf das lateinische „sine cera“ zurück.

Die landläufige Ansicht, dass es die wichtigste Aufgabe der Marke sei, zu emotionalisieren, trifft also für die erste Phase der Markengeschichte nur bedingt zu. Mit dem Aufkommen der industriellen Massenproduktion Ende des 19. Jahrhunderts begann man Marken zu verwenden, um die Kaufentscheidung durch die Wiedererkennung eines Produktes positiv zu beeinflussen.

Doch diese Einflussnahme geschah eher unsystematisch oder gar zufällig. Über die Wirkung von Faktoren wie Produkterfahrung, Packungsdesign oder Verkäuferverhalten wussten die Unternehmen damals wenig. Ein bewusstes Einwirken auf die Verbraucher war daher kaum möglich.

Zu dieser Zeit bezeichnete der Begriff „Marke" ausschließlich den geschützten Namen. Zu Beginn des 20. Jahrhunderts jedoch erkannten vorausschauende Unternehmen, dass man die emotionale Wirkung von Marken verstärken kann – z.B. durch assoziative Namen, durch den systematischen Einsatz visueller Gestaltungsmittel in Werbung und Verpackungsdesign wie Schriftzug und Farbe und durch gezielte Kommunikation. So wurden Marken für spezifische Zielmärkte und Marktsegmente entwickelt.

Schließlich wurde auch das Produkt selbst in den Prozess der Markenbildung einbezogen. Betrachtete man Produkte lange nur als Waren, die es zu verkaufen galt, so erkannten Unternehmen wie Henkel oder AEG jetzt, dass die Neu- und die Weiterentwicklung von Produkten integraler Bestandteil des Markenbildungsprozesses ist. Damit war der Markenartikel im heutigen Sinne geboren.

Heute leben wir in einer Gesellschaft, die gekennzeichnet ist durch Multioptionalität und Individualisierung. Das ehedem feste und sichere soziale Gefüge lockert sich, der einzelne Verbraucher wird immer unberechenbarer: Der Mercedesfahrer kauft seinen Champagner bei Aldi, der Student leistet sich ein Essen im Nobelrestaurant. Ein bisschen Smart-Shopper ist in jedem von uns, und die primär soziodemografisch – über Alter und soziale Schicht – definierte Zielgruppe wird durch die Stilgruppe abgelöst. Und die Marke ist auch deswegen so wichtig, weil der Verbraucher durch sie die Möglichkeit hat, seinen persönlichen Stil zu definieren und seiner Umwelt zu demonstrieren. Marken übernehmen damit die Funktion einer sozialen Visitenkarte.

Marken, so soll an dieser Stelle zusammengefasst werden, helfen also, ein sonst generisches Produkt zu differenzieren und ihm Profil und Wert zu verleihen. Sie geben dem Produkt eine zusätzliche emotionale Ebene, unterstützen den Käufer bei seiner Kaufentscheidung und stellen eine Identifikationsmöglichkeit für ihn dar.

Hat das zunehmende Warenangebot oder die große Vielfalt der Medien diese Entwicklungen ausgelöst? Oder reagiert die Wirtschaft mit immer mehr Produkten, immer vielfältigeren Dienstleistungen nur auf den Wandel der Gesellschaft? Hier sind Ursache und Wirkung dicht verwoben. Darum ist die Geschichte der Markenartikel so eng verbunden mit Moden und Zeitgeist, der Entwicklung von Geschmack, Bedürfnissen und Werten der jeweiligen Epoche. Und darum haben die Markenartikel-Hersteller früh erkannt, dass sie sich intensiv um die Erforschung eben dieser Bedürfnisse und Werte bemühen müssen.

In den ersten Jahren der Markenhistorie stand der „Absender“ der Marke meist noch im Vordergrund – viele der frühen Marken waren Familiennamen, wie z.B. Siemens, Bayer oder Daimler. Auf diese Weise war für die Verbraucher noch etwas von der persönlichen Haftung des Herstellers zu spüren – wie in früheren Zeiten bei ihren Beziehungen zu einem Handwerker. Doch diese Sicherheit schwand mit der Zeit: Aus Familienfirmen wurden anonyme Großkonzerne, Opel gehört heute zu General Motors, Knorr zu Unilever, und viele einst vertraute Familienfirmen wie Borgward oder Uher sind ganz verschwunden.

Nicht zuletzt durch den Verlust dieser gleichsam personalen Verbindung der Verbraucher zu den Warenproduzenten und Dienstleistern kam das Phänomen der „Corporate Identity“ in den Blick. Die Unternehmen erkannten, dass ihr Verhältnis zu den Kunden nicht allein über ihre Produktmarken geprägt wird, sondern dass auch das Unternehmen selbst als Marke, eben als Corporate Brand, wahrgenommen wird. Die Gesamtwahrnehmung des Unternehmens durch Verbraucher und Gesellschaft spielt eine wichtige Rolle.

An dieser Stelle scheint eine Erläuterung all dessen, was heute im engeren und weiteren Sinne als Marke bezeichnet wird, angebracht.

Marke kann im Grunde genommen alles Mögliche sein: Unternehmen, Produkte, Dienstleistungen, Film- und Popstars, Politiker oder Konzerne und – fatalerweise – sogar Kriege.

Es gibt unzählige Definitionen, die das Phänomen „Marke“ aus unterschiedlichen Perspektiven beschreiben. Sie sind jeweils merkmalsbezogen, wirkungsbezogen, identitätsorientiert oder versuchen die Marke als Energiesystem zu erklären. Sie versuchen „Marke“ sozialpsychologisch zu erklären oder halten sich streng an pragmatische Überlegungen. Keine Definition konnte bisher alle Aspekte der Marke abdecken. Eine, die einer ganzheitlichen Betrachtung am nächsten kommt, mag Manfred Bruhns Definition sein, die auch vom Deutschen Markenverband als „offiziell“ angenommen wurde: „Als Marken werden Leistungen bezeichnet, die neben einer unterscheidungsfähigen Markierung durch ein systematisches Absatzkonzept im Markt ein Qualitätsversprechen geben, das eine dauerhaft werthaltige Nutzen stiftende Wirkung erzielt und bei der relevanten Zielgruppe in der Erfüllung der Kundenerwartungen ein Erfolgsniveau im Markt realisiert.“ Hier steht die Markierungs- und Differenzierungsfunktion der Marke im Vordergrund, und die psychologische Dimension wird eher vernachlässigt.

Mars ist Produkt- und Unternehmensmarke zugleich

Die „reine“ Unternehmensmarke, die nur für das Unternehmen als Ganzes steht, wie Unilever oder Procter & Gamble, gibt es kaum. Die Produkte haben ihren eigenen Markenauftritt. Andere Unternehmensmarken treten gleichzeitig als Produktmarke in Erscheinung, wie z.B. Miele, Nike oder Coca-Cola und Mars. Siemens ist hierfür auch ein gutes Beispiel, vom Handy bis zur Eisenbahn ist jedes Produkt ein „Siemens“. Die Markenkommunikation ist hier vor besondere Herausforderungen gestellt, da die Unterscheidung zwischen Unternehmen und Produkt nur im Kontext erfolgen kann. Umso größer ist hier die Notwendigkeit, die Positionierung von Produkten und Unternehmen auf einer gemeinsamen Basis aufzubauen. Noch schwieriger wird es bei Unternehmen wie z.B. der Volkswagen AG, die sehr unterschiedliche Automobilmarken neben

Volkswagen unter einem Dach führt. Anders bei Mercedes-Benz und DaimlerChrysler, wo auf eine klare Trennung zwischen Holding und Produktmarke geachtet wird.

Die Liste der Mischformen und Sonderfälle kann beliebig erweitert werden, es soll an dieser Stelle nur demonstriert werden, dass jeder Versuch der Klassifikation zu Vereinfachungen führt, die dem Potenzial „Marke" nicht gerecht werden.

Corporate Branding und Corporate Identity

Corporate Identity wurde im Laufe der Zeit zu einem wichtigen Instrument bzw. einer Disziplin der Markenführung. Sie entwickelte sich über die Jahre zu einer Change-Management-Disziplin, um schließlich, richtig angewendet, zu einer alle Unternehmensbereiche betreffenden Führungsdisziplin zu reifen. Sie bezog sich jedoch zunächst hauptsächlich auf die Identität des Unternehmens und wurde vom Markenmanagement für Produkte isoliert betrachtet.

In der Diskussion der Themen „Marke" und „Markenführung" ging es bis zum Beginn der 90er Jahre fast ausschließlich um die Produktmarken aus den klassischen Konsum- und Verbrauchsgüterbereichen: um Lebensmittel, Süßwaren, Elektrogeräte (weiße und braune Waren) oder auch Investitionsgüter wie Automobile. Undenkbar wäre zu Beginn dieser Entwicklung die Erfindung einer Strommarke gewesen, die „Yellow" heißt und sowohl die angebotene Leistung als auch den dahinter stehenden Stromproduzenten umfasste.

Durch Firmenkäufe und Zusammenschlüsse wurden gerade in den vergangenen Jahren die Produkt- und Markenportfolios, mit anderen Worten die Identitätsstrukturen der Unternehmen, immer komplexer; der Volkswagen-Konzern etwa muss heute die Produktmarken Volkswagen, Audi, Skoda, Seat, Bentley, Lamborghini und Bugatti koordinieren. Dazu kommt das Problem der Umbenennung von Unternehmen: Neue Unternehmensnamen wie Aventis oder Accenture müssen in den Köpfen des Publikums etabliert werden.

Mitte des vergangenen Jahrzehnts setzte sich die Erkenntnis durch, dass das Konzept „Marke“ auch für Unternehmen mit komplexen Beteiligungs- oder Produktmarkenportfolios funktioniert. Und es wurde deutlich, dass diese zum Teil ohnehin als Marken wahrgenommen wurden. Corporate Identity und Markenmanagement waren bis dahin strikt voneinander getrennt. Es gab jedoch Erfahrung in den einzelnen Bereichen, die für den jeweils anderen wertvolle Erkenntnisse und Verbesserungen erbrachten, so dass eine Vernetzung von Corporate Identity und Branding durchaus sinnvoll erschien.

Die umfassenden Bemühungen von AEG, die verschiedenen Elemente des visuellen Auftritts zu koordinieren, wurden als Pionierarbeit betrachtet

In Deutschland wurde „Corporate Identity“,wenn auch sehr designorientiert, von jeher weiter gefasst als in anderen Ländern und als Ausdruckmittel der Unternehmenskultur verstanden. Schon 1907 hatte z.B. die AEG den Architekten Peter Behrens mit der Entwicklung eines einheitlichen Erscheinungsbildes beauftragt, das nicht nur die technischen

Produkte der Firma betraf, sondern den Gesamtauftritt vom Briefkopf über die Werbegestaltung bis hin zur wegweisenden Architektur der AEG-Turbinenhalle in Berlin. Auch für die Farbwerke Hoechst war Behrens tätig und schuf für das Unternehmen mit der Hauptverwaltung eines der wichtigsten Bauwerke der modernen Architektur in Deutschland. Diese frühen Identitätsentwicklungen fanden zunächst ihren Ausdruck in Design, Architektur und gestalteter Umwelt, basierten jedoch häufig auf Positionierung und kulturellen Werten.

Corporate Identity wurzelt also in der Koordination visueller Elemente des Unternehmensauftrittes und konzentrierte sich lange vornehmlich auf den Bereich des „Corporate Designs". Mit den komplexer werdenden Aufgaben der Unternehmenskommunikation traten jedoch weitere Aspekte hinzu: Die jeweils spezifische Unternehmenskultur wurde immer mehr zu einem zentralen Bestandteil der Identitätsentwicklung. Corporate Culture war nicht nur bei der Integration hinzugekaufter ausländischer Firmen in die Gesamtorganisation von Bedeutung. Sie wurde generell für den Aufbau eines internen Selbstverständnisses wichtiger, das für den Auftritt und die Darstellung nach außen unumgänglich wurde. Unter dem Stichwort „Corporate Behaviour" entwickelten Unternehmen Leitbilder und diskutierten Fragen der internen und externen Wertorientierung. Ziel aller Bemühungen: das Unternehmen mit einer eindeutigen, differenzierenden und in sich stimmigen „Identität" zu versehen. Doch auch Produkte und Dienstleistungen waren zunächst über ihre Gestaltung und ihre Herkunft, später über klar definierte Qualitätsversprechen ein wichtiger Bestandteil der Corporate Identity. Und der Markt? Wie könnte die individuelle Identität eines Unternehmens stärker zum Ausdruck gebracht werden als im Vergleich zum Wettbewerb, von dem es sich zu differenzieren gilt?

Beim Begriff der „Identität" geht es sowohl um die Eigenwahrnehmung als auch um die Fremdwahrnehmung. Und plausibel ist, dass es für den Unternehmenserfolg extrem wichtig ist, Eigen- und Fremdwahrnehmung möglichst zur Deckung zu bringen.

Klassische Corporate Identities von großen internationalen Unternehmen

Für die interne Ausrichtung ist es dabei von größter Bedeutung, über die visuellen Aspekte hinaus durch die Entwicklung einer differenzierenden Positionierung mit der Formulierung von gemeinsamen Zielen und Wertehaltungen ein Bewusstsein bei den Mitarbeitern zu entwickeln. Die daraus erwachsende Identifikation mit der eigenen Rolle und Funktion trägt entscheidend zur Zielerreichung bei. Ausgangspunkt für diesen Prozess ist eine Positionierung mit einer klar definierten, strategischen und operativen Ausrichtung des Unternehmens und die darauf ausgerichtete Analyse aller identitätsstiftenden Aspekte.

Eine in diesem umfassenden Sinne verstandene Corporate-Identity- oder auch Corporate-Branding-Strategie erhält eine fundamentale Aufgabe: Durch den gezielten Einsatz ihrer Instrumente kann die Entwicklung des Unternehmens überprüft, fokussiert und ausgerichtet werden. Schnell wird konkreter Handlungsbedarf sichtbar, sollte das Unternehmen seinen Fokus verlieren oder sich bei der Zielerreichung Defizite ergeben. So ist die Corporate Identity ein Katalysator für interne und externe Prozesse und Wirkungen – und spielt damit eine entscheidende Rolle bei der Entwicklung und Umsetzung der Unternehmensstrategie.

Nun ist das, was heute als Corporate Identity bezeichnet wird, dem Wesen nach keine Erfindung des Industriezeitalters. Schon immer haben Stämme, Völker, Nationen oder Religionen spezielle Insignien, Rituale, Losungen und Erkennungszeichen benutzt – zur Formierung nach innen, aber auch zur Außendarstellung. Der Kilt mit seinen speziellen Mustern als Erkennungsmerkmal der schottischen Hochland-Clans, Nationalflaggen und -hymnen als Kennzeichen der Staatlichkeit, das Kreuz als Symbol des Christentums; immer ging – und geht – es um die Selbstbestätigung nach innen und um die Demonstration des Zusammenhalts nach außen. Und immer waren diese Symbole Ausdrucksform einer Kultur, einer Identität.

Die jüngere Geschichte der Corporate Identity geht, wie schon erwähnt, auf die Anfangsphase der Industrialisierung zurück, in der Unternehmen als hoch organisierte Einheiten anfingen, untereinander zu konkurrieren, und nach Differenzierung suchten. Die Koordination des Designs – als ein Aspekt der Identität – war oft die Keimzelle systematischer Anstrengungen.

Neben den schon erwähnten deutschen Pionieren wie AEG und Hoechst spielten international Unternehmen wie IBM und Olivetti eine Vorreiterrolle in Sachen Corporate Identity. Diese Firmen arbeiteten weltweit mit den besten Grafikern, Produktdesignern und Architekten zusammen und schufen so einen unverwechselbaren Gesamtauftritt; einen Auftritt, der abgestimmt war auf Philosophie und Strategie des Unternehmens, gesteuert von der obersten Spitze der Organisation – Corporate Identity als genuine Aufgabe der Unternehmensführung.

Doch die erwähnten Pioniere blieben lange ohne wirkliche Nachfolger. In den frühen 90ern waren in Ländern wie Großbritannien und Deutschland häufig so genannte Corporate-Identity-Bemühungen auf Corporate Design reduziert. Nur wenige von ihnen reichten an das Niveau der Vorreiter heran – Beispiele authentischer Ausdruckskraft wie bei der Lufthansa, Braun oder ERCO Leuchten waren selten.

Als British Telecom in BT umgebrandet wurde, unterstützt von einem „Trötenmännchen"-Symbol, ernteten die Verantwortlichen Hohn und Spott. Man beklagte die Banalität und Bezug- und Inhaltslosigkeit und die immensen Kosten, die in keinem Verhältnis zum Ergebnis standen. Die Entwicklung einer Marke aus einem zuvor staatlichen Unternehmen, die sich hauptsächlich durch den visuellen Auftritt manifestierte, wurde zum gefundenen Fressen für die Medien. Die Liberalisierung des Telefonmarktes brachte weitreichende Auswirkungen für die Unternehmen und die Kunden mit sich. Dieser Komplexität konnte mit einem eher visuell orientierten Markenverständnis nicht entsprochen werden. So wurden die Corporate-Identity-Bemühungen von Unternehmen wie der Deutschen Telekom und der Deutschen Bahn eher skeptisch kommentiert.

Das britische Pendant zur „Bild-Zeitung", die „Sun", verspottete das BT-Trötenmännchen bei seiner Einführung 1991. Es hagelte öffentliche Kritik

Aktueller ist das Beispiel British Airways; die Fluggesellschaft tappte mit der Neugestaltung ihrer Flugzeuge in den späten 90ern in eine ähnliche Falle wie BT. Von heute auf morgen waren die – traditionell mit dem Union

Jack gekennzeichneten – Maschinen von unterschiedlichen Künstlern sehr farbenfroh und themenreich verziert worden, um British Airways einen kosmopolitischeren Touch zu verleihen. Nette Idee, nur erkannte niemand seine British Airways wieder. Das Projektziel wurde trotz der immensen Kosten von mehr als 85 Millionen Euro nicht erreicht, und der als unpatriotisch empfundene Verzicht auf die britischen Staatsflagge am Flugzeugheck – von jeher unverkennbares Symbol für British Airways – ließ das Unterfangen extrem unpopulär werden. Eine Fluggesellschaft, die es geschafft hatte, ein Heimatgefühl bei ihren Fluggästen aufzubauen, verzichtete auf ein starkes Identifikationssymbol – den Union Jack. 2001 wurde das Projekt kleinlaut eingestellt. Alle 338 „bemalten" Flugzeughecks werden nach und nach wieder mit einem modernisierten Flaggensymbol versehen. Das Redesign von British Airways war nicht zuletzt deswegen zum Scheitern verurteilt, weil es dic erste Grundregel der Markenidentifikation missachtete: Wiedererkennbarkeit durch Konsistenz.

Die öffentliche Meinung befand, dass das Geld für die Künstler, die jedes BA-Flugzeug mit einem anderen Design schmücken durften, besser in die Ausbildung der Mitarbeiter gesteckt worden wäre.

In jedem Fall haben diese teuren Ausrutscher dem Image der „Imagemacher" großen Schaden zugefügt; die lediglich designzentrierten Leistungen der Corporate-Identity-Branche – und damit auch die ihrer Auftraggeber in den Unternehmen – erschienen in einem schlechten Licht.

Deutlich wird durch diese Beispiele, dass der visuelle Auftritt eines Unternehmens zwar ein wichtiger Faktor für die öffentliche Wahrnehmung ist, dass es aber letztendlich um weit mehr geht. Parallel zum Konzept einer eher designorientierten Corporate Identity gab es im vergangenen Jahrzehnt Ansätze, den Unternehmens- oder Markenimages – der Identität – mehr Tiefe und Substanz zu geben.

Themen wie die Entwicklung der Unternehmenskultur, die Verbesserung der internen Kommunikation, Kundenorientierung, Führungs- und Qualitätsstandards, den Aufbau eines Wertekodexes, oder Konzepte der

Aus- und Weiterbildung standen hierbei im Mittelpunkt. Diese Ansätze blieben zunächst auf Teilaspekte beschränkt. Sie führten jedoch dazu, dass die Komplexität des Themas Corporate Identity von den Unternehmen zunehmend wahrgenommen wurde.

Maßnahmen wie das Konzept der Leitbildentwicklung leiden auch heute noch häufig darunter, dass sie isoliert entwickelt und eingesetzt werden. Sie wirken oft abgehoben und lesen sich wie voneinander abgeschriebene, sozialromantische Pamphlete ohne Bezug zur Unternehmensstrategie und Realität. Damit fehlt ihnen die Verankerung in einer Gesamtstrategie – was im besten Fall zu Beliebigkeit führt, in schlimmeren Fällen sogar schädlich sein kann für das Unternehmen. Ergebnis: Das für die Unternehmensausrichtung so wertvolle Instrument „Leitbild“ konnte sich bis heute nicht vom Ruf der Oberflächlichkeit und Irrelevanz befreien.

Insgesamt wurde der „Corporate Identity“ bis vor wenigen Jahren zwar ein großes Potenzial zugeschrieben, dieses wurde jedoch oftmals wegen der mangelnden Vernetzung und Nichtbeachtung der Kausalität der Einzelmaßnahmen nicht hinreichend ausgeschöpft. Die Voraussetzungen für einen sinnvollen, ganzheitlichen und aufeinander abgestimmten Einsatz der verschiedenen Instrumente waren eigentlich vorhanden, doch das Orchester hatte noch nicht den richtigen Ton gefunden.

Mitte der 90er Jahre begannen Markenprofis, die Idee der Marke zu erweitern. „Unter Markenidentität soll die in sich widerspruchsfreie Summe aller Merkmale einer Marke verstanden werden, die diesen Markenartikel von anderen dauerhaft unterscheidet und damit seine Markenpersönlichkeit ausmacht“, fomulierte Heribert Meffert. Damit wurde deutlich, dass sich das Markenverständnis in eine Richtung entwickelt hatte, die Substanz einforderte: mehr Systematik und ein tieferes, strategisches Verständnis bei der Markenführung sowie eine intensivere Vernetzung der Instrumente.

Damit begannen die scheinbar unabhängigen Bereiche Corporate Identity und Branding in eine gemeinsame Richtung zu laufen. Bei der Corporate Identity ging es nicht mehr länger nur um die Politur der visuellen

Oberfläche, und das Branding war plötzlich mehr als die Kombination von flotten TV-Spots mit opulenten, doppelseitigen Vierfarbanzeigen in Illustrierten. Eine so verstandene Markenführung gewann an Bedeutung für die Unternehmenskommunikation und wurde zunehmend akzeptiert.

Fazit: Die Markendiskussion wurde damit nicht mehr länger nur in den Marketingabteilungen der Unternehmen geführt, sondern auch auf den Vorstandsetagen. Die Prinzipien der Corporate Identity, da waren sich die Experten einig, waren zentrale Elemente für die zukünftige Entwicklung des Markenverständnisses – in der Theorie wie in der Praxis, beim einfachen Konsumgut wie bei komplexen Unternehmensmarken und Markenhierarchien. Für „Corporate Identity" wurde immer mehr der Begriff „Corporate Branding" verwendet.

Integrierte Kommunikation: 1 + 1 = 3?

Durch die sich abzeichnende Annäherung der beiden „Schulen" fühlten sich ehedem erfolgreiche Einzeldisziplinen der Kommunikation wie die klassische Werbung naturgemäß bedroht. Die Instrumente der Werbeagenturen allein boten für viele Markenprobleme keine adäquaten Lösungen mehr. Den Unternehmen war die klassische Werbung oft in ihrer Wirkung zu ungewiss oder schlicht zu teuer.

Die Antwort der Agenturen war die Bildung immer größerer Einheiten; sie schlossen sich zu Full-Service- und Kommunikationsnetzwerken zusammen. Ihr Angebot: „Alles aus einer Hand" – von der klassischen Kampagne über das Direktmarketing bis hin zum Sponsoring und zur Organisation von Events. Doch die reine Addition der Angebote garantierte noch keine effizientere Kommunikation.

Als Nächstes kam das Schlagwort der „integrierten Kommunikation" auf. Die Integration der verschiedenen Kommunikationsdisziplinen – „above und below the line" – ist natürlich keine schlechte Idee. Damit erhöht sich die Wahrscheinlichkeit, Synergieeffekte zu erzielen und unkoordiniertes Handeln zu vermeiden. Doch die Möglichkeiten einer so verstandenen integrierten Kommunikation sind begrenzt, weil es auf diese Weise bestenfalls zu einem optimierten Zusammenspiel konventioneller Konzepte und Maßnahmen kommt.

Dabei gibt es ein Problem bei der Überwindung dieser Begrenzungen: Die Strukturen – sowohl in den Agenturen wie auf Seiten der Unternehmen – waren tradiert und festgefügt (und sind es noch) und damit gegenüber neuem Denken und radikalen Änderungen weitgehend resistent.

Auf Seiten der Agenturen – auch wenn sie demselben Netzwerk angehören – konkurrieren die einzelnen Spezialagenturen um die Etats; hier kann es nicht um die beste Gesamtlösung gehen, sondern darum, wer sich das größte Stück aus dem Budgetkuchen sichern kann.

Auch in den Unternehmen herrscht weit verbreitet disziplinäres Spartendenken, da gibt es das Marketing und die Werbeabteilung, die für die klassische Werbung verantwortlich zeichnen; die PR-Abteilung, die die Öffentlichkeitsarbeit koordiniert; den Vertrieb, der die Verkaufsförderung betreibt; schließlich das Büro des Vorstandsvorsitzenden, das sich um Events und das Sponsoring kümmert. Verschärft wird die Situation in den Unternehmen noch durch die Tatsache, dass die für das Marketing zuständigen Product Manager oft in schnellem Rhythmus wechseln – hier mangelt es dann nicht nur an Koordination, sondern auch an Kontinuität.

Fazit: Trotz aller Einsicht in die Notwendigkeit einer umfassend verstandenen Markenführung blieben Agenturen und Unternehmen zu oft ihren alten Strukturen verhaftet und bewegten sich auf ausgetretenen Pfaden. Doch die Welt ist komplexer geworden, und die Dinge ändern sich schnell. Auch wenn die Begriffe „Corporate Identity“ und „Markenführung“ mittlerweile häufig als „Branding“ bezeichnet werden: Dieser Begriff muss mit Inhalt gefüllt werden – mit Inhalten, die die rapiden Veränderungen der Gesellschaft und der vielen verschiedenen Märkte reflektieren.

Globaler Markenschauplatz

Wenn es einen Begriff gibt, der die Welt des 21. Jahrhunderts beschreibt, dann ist es der Begriff des Wandels. Ob evolutionär oder revolutionär, ob technologisch oder kulturell: Wandel vollzieht sich jederzeit und überall, und die Geschwindigkeit des Wandels erhöht sich exponentiell.

Gibt es Bedingungen, die gegen diesen Trend stehen? Die persönlichen Einstellungen Einzelner, aber auch die Wertesysteme gesellschaftlicher Gruppen verändern sich langsamer als beispielsweise die Technologie. Schon heute ist es möglich, „always online“ zu sein – jederzeit erreichbar, über Anrufbeantworter, Handy und E-Mail. Doch viele Menschen wollen das gar nicht und verweigern sich (noch) den modernen Kommunikationsmitteln.

Besonders auf strategischer und organisatorischer Ebene – ob in Institutionen oder in Unternehmen – dreht sich das Karussell immer schneller; kaum ist die eine Reorganisation abgeschlossen – oft auch schon vor Abschluss dieser –, kommt die Reorganisation der Reorganisation. Das Tempo überfordert nicht nur die Mitarbeiter, sondern häufig auch diejenigen, die den Wandel managen sollen.

Im Konsumgüterbereich, aber auch im Finanzdienstleistungssektor, im IT-Bereich und in den Medien ist das Tempo besonders hoch: In der Bekleidungsindustrie, im Autodesign – überall jagt ein Trend den anderen, müssen Unternehmen rasch auf die Veränderungen reagieren.

Zentrale Aufgabe des Managements ist es daher, den Wandel zu managen: Trends und Marktentwicklungen zu erahnen und so gut wie möglich vorauszusagen – um dann die Angebote und den Markenauftritt des Unternehmens dem Wandel entsprechend auszurichten. Denn Marken reagieren auf Veränderungen aller Art besonders sensibel – im Positiven wie im Negativen. Internationalisierung und Globalisierung sind weitere Stichworte, die die Unternehmen heute beschäftigen. Auch hier erhöht sich das Tempo. Die Entwicklung wird durch zwei Motive getrieben: Die Unternehmen wollen, ja müssen ihre Märkte ausweiten, und sie suchen nach Standorten mit geringeren Produktionskosten.

Das Thema „globale Marken" wird in Kapitel 3 näher beleuchtet. An dieser Stelle soll die Anmerkung genügen, dass die je nach Land unterschiedlichen kulturellen und kommunikativen Anforderungen globaler Kommunikationskampagnen Spannungen erzeugen, die dem Markenmanagement internationaler Firmen oftmals durchaus Probleme bereiten. So bekannte Douglas Daft, Vorstandsvorsitzender von Coca-Cola, jüngst: „Wir haben die Welt offensichtlich nicht so gut verstanden, wie wir dachten, sie zu verstehen." Coca-Cola sucht seit einigen Jahren nach einer neuen Balance zwischen den globalen und den lokalen Elementen in ihrer Werbung.

In einem globalisierten Markt wird auch die Kritik an der Wirtschaft – und an ihren Marken – schnell global. Ob Nike oder Shell, multinationale Unternehmen mussten schmerzlich erfahren, dass die Globalisierungsgegner mit ihrer Kritik nicht nur auf die Unternehmen zielen, sondern auch auf ihre Marken – und damit ins Herz der Verbraucher. Konsum- und werbekritische Bücher wie „No Logo" von Naomi Klein oder „39,90" von Frédéric Beigbeder haben weltweit große Resonanz hervorgerufen.

Mal geht es um die Arbeitsbedingungen in den Fabrikationsstätten in Asien – wie bei Nike –, mal geht es um Umweltsünden in Afrika – wie bei Shell. Immer aber müssen die Unternehmen erkennen, dass ihr Corporate Behaviour weltweit unter Beobachtung steht; dass das Verhalten also maßgeblichen Einfluss auf die Reputation ihrer Marken und damit auf den Unternehmenserfolg hat.

Auf fast allen Märkten ist der Wettbewerb intensiver und härter geworden, als es jemals vorstellbar war. Der sich daraus ergebende Kostendruck zwingt die Unternehmen, ihre Kommunikation effizienter zu gestalten. Leider wird in diesem Zusammenhang oftmals auch an Service- und Qualitätsaspekten gespart, die das Verhältnis zum Kunden entscheidend beeinflussen und unter Umständen einen nachhaltigeren Eindruck hinterlassen können als z.B. die Werbung.

Die Konsolidierungstendenzen in vielen Branchen sind ein weiterer Trend, der durch den wachsenden Kostendruck getrieben wird – ein Trend, der naturgemäß enorme Auswirkungen auf die Marken hat. So verschwinden bei Unternehmenszusammenschlüssen eingeführte Marken oft spurlos. Wer weiß, was sich hinter dem Namen „Aventis“ verbirgt? Nein, nicht „Avensis“ – das ist eine Automodell von Toyota. „Aventis“ also ist ein Kunstname, der nach dem Zusammenschluss von Hoechst und Rhone-Poulenc dem neuen Unternehmen verordnet wurde. Das Beispiel zeigt: Bei Zusammenschlüssen tun Firmen gut daran, sehr genau zu überlegen, ob und wann man eingeführte und bekannte Markennamen opfert und neue Namen einführt.

Die Bücher „No Logo“ und „39,90“ trafen den Nerv der Zeit mit ihrer Kritik an der zunehmenden Macht globaler Marken

Konsolidierung führt auch zu Nivelierung. Produkte und Dienstleistungen werden einander immer ähnlicher. Damit schwindet die Basis für eine Differenzierung zum Wettbewerber und für die Kommunikation wirklicher Produktvorteile. So nähert sich – um ein Beispiel aus der Automobilindustrie zu nennen – heute die objektive Produktqualität eines Volkswagens der eines Produktes der Marke BMW weitestgehend an.

Auch im Bereich der Computer-Hardware oder der Finanzdienstleistungen gibt es kaum noch Unterschiede zwischen dem Leistungsspektrum verschiedener Anbieter. Innovationen schaffen nur noch einen kurzfristigen

Vorsprung, bevor die Nachahmer gleichziehen. Unter solchen Bedingungen – kaum noch Differenzierung, nur kurzfristige Innovationsvorteile – wird die Marke tatsächlich zum kritischen Erfolgsfaktor einer wirkungsvollen Marketingstrategie.

Auch die ständig steigenden Kundenerwartungen werden für viele Unternehmen zu einer immer größeren Herausforderung. Die Kunden setzen optimale Produkte und Dienstleistungen voraus. Sie kennen das Angebot des Wettbewerbs und können vergleichen. Ein perfekter Kundendienst ist für sie selbstverständlich. Sie achten auf das Verhalten des Unternehmens gegenüber der Umwelt und den Mitarbeitern. Und sie sind oft auch noch Shareholder des Unternehmens – Anteilseigner –, erwarten also eine entsprechende Dividende.

Invensys
Avensis
Aventis
Aviva
Arriva
Avaya

Austauschbare Namen scheinen im Trend zu liegen. Sind sie wirklich eine Basis für Identifikation und Differenzierung?

Fazit: Wer all diese Erwartungen erfüllen kann, der wird mit hoher Kundenloyalität belohnt und Erfolg haben. Wer die Erwartungen nicht erfüllt, der wird letztendlich scheitern. Das globale Umfeld, in dem sich Marken heute bewähren müssen, ist dabei ebenso fordernd wie gnadenlos, und die Herausforderungen müssen von jeder Marke individuell gelöst werden.

Die soziale Verantwortung der Marke

Im voranstehenden Abschnitt wurde deutlich, dass Marken vom Verbraucher auch danach beurteilt werden, wie sie sich der Öffentlichkeit gegenüber verhalten – ob und wie sie ihrer sozialen Verantwortung gerecht werden. Diese Einsicht führte in Großbritannien schon vor 20 Jahren zur Gründung der Organisation „Business in the Community" (BITC). Für BITC trommelt sogar ein Mitglied des britischen Königshauses – Präsident der Vereinigung ist seit vielen Jahren Prinz Charles.

BITC-Geschäftsführerin Julia Cleverdon erinnert sich, dass es in der Frühzeit der Organisation schwierig war, die Wirtschaft vom Nutzen des Konzepts zu überzeugen. Das ist jetzt anders: „Heute kommen viele und fragen uns, was sie tun sollen." Dabei treibt die Unternehmen selten purer Altruismus, sondern Geschäftsinteresse. Im sozialen Engagement wird von den Unternehmen eine Chance gesehen, sich aktiv vom Wettbewerb zu differenzieren.

Martin Mosley, Director of Consumer and Community Affairs bei der Barclays Bank, bestätigt: „Wir glauben, dass das Engagement unseren Markennamen stärkt und zu unserem guten Ruf beiträgt." So hat jeder zehnte Mitarbeiter der Bank im Jahr 2001 freiwillig an Gemeindeprojekten mitgearbeitet. Für jede Stunde, die dabei investiert wird, legt Barclays eine Stunde Arbeitszeit drauf. Allein die Tatsache, dass es eine Position für „Consumer and Community Affairs" bei einer Bank gibt, zeigt den Stellenwert des Themas.

Soziale Verantwortung von Unternehmen gerät auch in Deutschland immer mehr in den Blick. Eine Rolle spielt dabei sicherlich die Tatsache, dass ab 2005 die Richtlinien des International Accounting Standards Board (IAS) in ihren Bilanzierungsrichtlinien ein erweitertes Reporting auf diesem Feld verlangen. Dann spielen Aspekte wie Mitarbeiterführung, Umweltverhalten oder Toleranz eine gewichtige Rolle neben den Bilanzen, den Umsatz- und Gewinnprognosen.

Fälle wie Enron in den USA oder EM.TV in Deutschland zeigen, dass es beim Thema aber nicht nur um mehr oder weniger demonstrative Aktivitäten geht. Wenn ein Unternehmen Bilanzen fälscht, Mitarbeiter, Kunden und Anleger täuscht, dann helfen öffentlichkeitswirksame Prestigeprojekte auch nicht mehr weiter. Enron z.B. veröffentlichte vorbildliche Social Reports und gewann allein im Jahr 2000 sechs große Preise für soziale Verantwortung. Ein Beweis dafür, dass Lippenbekennt-nisse nur vorübergehende Wirkung haben.

Fazit: Das soziale Engagement eines Unternehmens muss Bestandteil der zu Grunde liegenden Gesamtpositionierung sein und auf der Basis eines stimmigen Wertesystems aufbauen. Nur so kann Glaubwürdigkeit erreicht werden.

Lektionen, die das Leben lehrt

Im späteren Verlauf des Buches werden detaillierte Fallbeispiele zeigen, wie ausgewählte Marken entwickelt wurden und wie sie heute geführt werden – oft in ausgesprochen schwierigen Umfeldern. Schon ein flüchtiger Blick wird zeigen, dass Organisationen besonders dann erfolgreich sind, wenn ihre Marken von Visionen geleitet werden; mit Hilfe konsistenter Strategien, die alle Dimensionen und Aspekte des Unternehmens bzw. der Marke berücksichtigen.

Genauso gibt es natürlich Beispiele für den umgekehrten Fall: Der Erfolg ist immer dann gefährdet, wenn Markenführung nur taktisch betrieben wird und nicht eingebettet ist in eine Gesamtstrategie; wenn es um den schnellen Erfolg geht und nicht um die nachhaltige Sicherung der Marke; wenn sich Kernaspekte des Geschäftes nicht mit den kommunizierten Markenwerten vereinbaren lassen.

Die britische Warenhauskette Marks and Spencer geriet in heftige Turbulenzen, weil das Warenangebot wenig aufregend war, um nicht zu sagen „boring". Viel zu lange wurden wesentliche Kundenbedürfnisse ignoriert, z.B. gab es lange keine Möglichkeit, per Kreditkarte zu bezahlen. Die Umsätze gingen zurück, Aktionäre waren verärgert und der gute Ruf dahin. Zubitterletzt wurde auch noch die Qualität der Produkte in Frage gestellt; in Großbritannien – very shocking – wurde sogar die Güte der legendären Unterwäsche und der Socken der Eigenmarke „St Michael" angezweifelt, und das recht emotionsgeladen.

Auch die ehrgeizigen Expansionspläne des Unternehmens im Ausland scheiterten. So zog man sich nach wenigen Jahren kleinlaut auch aus Deutschland zurück. Resultat: Marks and Spencer fand sich plötzlich durch Realitätsverlust und akute Entfernung vom Kundenbedürfnis mit negativen Schlagzeilen auf den Titelseiten der Tageszeitungen und in den TV-Nachrichten wieder. Im Topmanagement rollten die Köpfe, lange kehrte im Unternehmen keine Ruhe ein.

Dabei hatte man doch – auf dem Höhepunkt der Krise – ein ehrgeiziges Rebranding-Programm in Gang gesetzt: ein neues Logo, ein frischeres Grün für die klassische Tragetasche – was man in solchen Fällen eben so macht. Doch kein Kunde schien es zu bemerken, niemanden schien es zu beeindrucken. Warum auch? Nichts hatte sich bei Marks and Spencer wirklich geändert, die Probleme – Schwächen im Sortiment, schlechter Kundenservice – bestanden weiter; da hatte das „Facelift" nichts geholfen. Bei Mitarbeitern und Kunden verbreitete sich Resignation und bitterer Spott. Wie man es besser macht, demonstriert die britische Billigfluglinie easyJet. Die Geschäftsidee ist einfach, der Kunde weiß, was er bekommt: kostengünstige, unkomplizierte Flüge. Jedes Element im Auftritt der Fluglinie bringt diese Grundidee zum Ausdruck – der Name, die Preisgestaltung, der visuelle Auftritt, das Buchungssystem, der Service an Bord. Andere easyGroup-Marken wie easyCar, easyInternetCafé, easyValue, easyMoney und easy.com agieren ähnlich und verfolgen die gleiche Grundidee.

Der Gründer von easyJet, der charismatische Stelios Haji-Ioannou, war die treibende Kraft hinter der Marke und der Vision des Unternehmens.

Nach seinem Rückzug aus dem Board of Management ließen dann auch die Probleme nicht lange auf sich warten. EasyJet schreibt derzeit riesige Verluste.

Amerikanische Marken nehmen seit vielen Jahren die Spitzenpositionen bei internationalen Rankings ein. Doch auch US-Marken sind nicht unverwundbar. So steckte der Computergigant IBM noch vor zehn Jahren in ernsthaften Schwierigkeiten.

Die eigenen Grundüberzeugungen – „Basic Believes“ – schienen bei IBM vergessen: Kundenorientierung, Innovationskraft und schnelle Antworten auf Marktbedürfnisse. Das Unternehmen reagierte auf die Marktveränderungen jener Tage nur noch schematisch, wirkte überheblich und erstickte fast an der eigenen Bürokratie. Lou Gerstner, 1993 auf dem Höhepunkt der Krise als neuer Chef zu IBM gekommen, erinnert sich: „Es gab eine Zeit, da war unser Personalwesen so unbeweglich, dass man in einer Abteilung entlassen werden musste, damit man in einer anderen eingestellt werden konnte.“

Hieß es früher: „Nobody was ever sacked for buying IBM“ (niemand ist jemals gekündigt worden, weil er IBM gekauft hat), so war dieser Bonus jetzt verspielt. IBM verlor den Kontakt zum Kunden, den Glauben an die eigenen Fähigkeiten und schließlich die Marktführerschaft in vielen Geschäftsfeldern.

Da ein Job bei IBM – auch das gehörte zu den „Basic Believes“ – als unkündbar galt, versäumte man es außerdem, die nötigen Personalkürzungen vorzunehmen. Als dann ein massiver Stellenabbau unabwendbar wurde, war dieser Prozess so schmerzhaft, dass er IBM in seinen Grundfesten erschütterte.

Doch am Ende erwies sich die Marke als stark genug, die vorübergehende Orientierungslosigkeit zu überwinden. Der neue CEO Gerstner riss das Ruder herum, installierte einen Marketingchef – auf den man bis dahin glaubte, verzichten zu können – und öffnete das Unternehmen für neue Geschäftsfelder. Nur noch die Hälfte seiner Umsätze von 86 Milliarden

Dollar macht IBM auf seinen traditionellen Geschäftsfeldern Hardware und Software, den Rest steuert die Dienstleistungssparte bei, die Unternehmen bei Auswahl, Installation und Wartung von Computersystemen berät. Und mit dem Zukauf der Consultingsparte von PricewaterhouseCoopers hat sich dieses Verhältnis noch wesentlich weiter verschoben.

Heute strahlt die Marke IBM im alten Glanz; sie ist kundenorientiert, proaktiv und damit erfolgreich. IBM ist saniert und macht ordentliche Gewinne.

Unter den deutschen Marken gelten besonders die Automobilhersteller als vorbildlich in Sachen Markenidentität. Doch auch sie sind nicht unfehlbar. So hagelte es vor einigen Jahren Kritik, als bei Porsche mit der Einführung des neuen 911er – der ja seit jeher Porsches imagebildendes Produkt ist – Qualitätsprobleme auftraten und die Frontleuchten des Einsteigermodells Boxster verwendet wurden. Für die Fans des „wahren Porsches" differenzierte sich der neue 911er nicht genügend vom billigeren Boxster. Die 911er-Gemeinde fühlte sich ihrer „exklusiven" Identität beraubt.

So führte mangelhaftes Kundenverständnis zum „Verrat" an langlebigen Markenwerten und zur Entfremdung von der Marke. Doch Porsche zeigte sich lernfähig: Beim nächsten Facelift erhielt der 911er eigenständige Frontleuchten – die sogar die Scheinwerferform des Vorgängermodells zitieren; die traditions- und differenzierungsbewussten Porsche-Fans werden wohl verzeihen.

Allgemein profitieren deutsche Automarken davon, dass sie weltweit die eindeutige Assoziation hervorrufen, technische Spitzenqualität zu bieten – eine Assoziation, die die tatsächliche Klasse der Produkte bestätigt, aber ebenso durch eine konsequente Kommunikationspolitik gestützt wird. Wie Mercedes-Benz, sicherlich eine der imagestärksten Automarken weltweit, hier vorgeht, kann in diesem Buch nachgelesen werden.

Die Erfolgsgeschichte von Müller Joghurt in Großbritannien zeigt, dass deutsche Tugenden wie Konsequenz und Gründlichkeit auch in anderen Märkten äußerst wirkungsvoll sein können. Müller, der bayrische

Hersteller von Milchprodukten, ging 1987 mit seinen Schlemmer-Joghurts – in Deutschland als „Joghurt mit der Ecke“ bekannt – auf den britischen Markt. Sowohl der Name – typisch deutsch mit Umlaut – als auch das Produkt selbst schienen wenig erfolgversprechend; die britische Konkurrenz war sicher, dass der Müller Joghurt beim heimischen Verbraucher keine Chance hat.

Doch Müller blieb hartnäckig. Das Unternehmen hielt im Marketing- und Kommunikationsmix konsequent am einmal eingeschlagenen Weg fest und folgte mit Distribution und Verkaufsförderung der eigenen Vision.

Schon 1992 – nur fünf Jahre nach Markteintritt – war die Grundlage für eine eigene Produktionsstätte im Süden Englands geschaffen. Müller ist heute eine der führenden Joghurtmarken in Großbritannien. Dieser Erfolg basiert nicht auf einem eingeführten Markennamen – dieser war mit seinem typisch deutschen „ü“ eher hinderlich. Der Erfolg basiert einzig und allein auf der Konsistenz des Unternehmenskonzeptes, seiner konsequenten Umsetzung und seiner kommunikativen Darstellung. Heute ist der Name „Müller“ auch in Großbritannien stark genug, die Markenwerte des Unternehmens zu transportieren.

Moben ist ein britischer Küchenmöbelhersteller. Bei Moben erhoffte man sich – das Beispiel Müller vor Augen – durch die Umbenennung in „Möben“ (mit deutschem Umlaut), ein wenig vom guten Ruf teutonischer Qualitätsarbeit und der in Großbritannien sehr erfolgreich agierenden deutschen Küchenhersteller profitieren zu können. Doch wenn die Qualität der Produkte nicht stimmt, kann auch ein solcher Trick nicht greifen. Ein sarkastischer Leserbrief, der in der englischen Fachzeitschrift „Marketing Week“ erschien, macht es deutlich.

Ein Moben-Kunde schrieb: „Ich habe bei meinem Küchenkauf Lieferverzögerungen, frustriertes, unwilliges Personal, eine unglaubliche Informationspolitik und einen völlig unzureichenden Service ‚erlitten‘. Daher kann ich gut verstehen, dass Möben mit Hilfe eines Umlautes versucht, wirkliche Qualität vorzutäuschen.“

Das Beispiel Möben zeigt, dass mit Markenkosmetik keine nachhaltigen Effekte zu erzielen sind. Wenn der reale Auftritt der Marke nicht mit dem Leistungsversprechen übereinstimmt, kann kein Vertrauensverhältnis zwischen dem Unternehmen und seinen Kunden entstehen; schlimmer noch: Die Marke wird unglaubwürdig und damit beschädigt.

Im Zusammenhang mit dem guten Ruf deutscher Produkte im Ausland darf natürlich nicht verschwiegen werden, dass dieser Ruf in den vergangenen Jahren in vielen Bereichen kräftig gelitten hat. Ursprünglich sollte das Label „Made in Germany" nach einem englischen Gesetz von 1887 Konsumenten bewusst davon abhalten, deutsche Produkte zu kaufen. „Made in Germany" sollte den britischen Markt vor „cheap and nasty (foreign) products" schützen. So glaubte man, für die Zukunft gerüstet zu sein. Bald jedoch entwickelte sich diese Markierung ironischerweise zu einem Gütesiegel. Heute muss die deutsche Industrie wieder aufpassen, dass „Made in Germany" nicht seine ursprüngliche Bedeutung zurückerhält. So schrieb die „WirtschaftsWoche" Mitte 2002: „ ‚Made in Germany' steht heute allenfalls noch für die Qualitätsprodukte der Industrie, nicht aber für die Erfolge im boomenden Dienstleistungssektor und schon gar nicht für politische Kreativität und Beweglichkeit." Nicht mehr „Made in Germany", so scheint es, ist für viele Verbraucher in einer globalisierten Welt das entscheidende Argument, sondern „Made by Miele" oder „Made by Mercedes-Benz" – vielleicht ein Hinweis darauf, dass im Zeitalter der Globalisierung die nationale Herkunft von Marken ganz allgemein an Bedeutung verliert.

Wie komplex diese Zusammenhänge mittlerweile geworden sind, zeigt das Beispiel Ford. Die weltweite Nummer 2 unter den Autoherstellern kaufte sich in den vergangenen Jahren international ein Portfolio unterschiedlichster Marken zusammen. Die Premiummarken in diesem Portfolio – Jaguar, Landrover, Aston Martin, Volvo und Lincoln – fasste man in der Premier Automotive Group (PAG) zunächst unter der Führung des deutschen Automanagers Wolfgang Reitzle zusammen. Die Aufgabe der PAG mit Firmensitz in London, am vornehmen Berkeley Square: die

Schaffung von Synergien zwischen Ford und den Töchtern und zwischen den Töchtern selbst – bei gleichzeitiger Wahrung der jeweiligen Markenidentität. Ziel der Operation: den Massenhersteller Ford auch im renditeträchtigen Luxusmarkt zu etablieren.

Besonders Jaguar schien die Verbindung zu Ford anfangs gut zu bekommen. Doch bald begann die Muttergesellschaft Ford der PAG gegenüber widersprüchlich zu agieren: Lincoln wurde aus dem Verbund schnell wieder ausgegliedert, bei Volvo schränkten Sparvorgaben den Spielraum zur Erweiterung der Modellpallette ein, und bei Jaguar irritierte man die Kunden mit Modellen, die zu offensichtlich mit technischen Komponenten der Massenmarke Ford ausgestattet waren.

PAG tritt daher seit einiger Zeit – anders als die Konkurrenten von BMW oder Mercedes-Benz – auf der Stelle. Der mit vielen Vorschusslorbeeren gestartete Reitzle hat die PAG Mitte 2002 schon wieder verlassen, und in der Fachwelt wollen die Gerüchte nicht verstummen, dass Ford die Luxusmarken bald wieder enger an sich binden wird.

Ob Marks and Spencer oder British Airways, ob Porsche oder Ford – deutlich wird also, dass oberflächliche Branding-Aktivitäten bestenfalls kurzfristige Auswirkungen haben; oft genug sind sie wirkungslos oder schaden sogar der Marke. Strategiegeleitete, ganzheitliche Markenführung hingegen schafft die Voraussetzungen dafür, dass Marken sich in einem wettbewerbsintensiven und globalisierten Umfeld behaupten können.

Marktforschung trifft auf Erfahrung

Zwischen 1989 und 1996 führte Henrion Ludlow Schmidt – gemeinsam mit Market & Opinion Research International (MORI), dem international bekannten Londoner Markt- und Meinungsforschungsinstitut – in einer repräsentativen Auswahl europäischer Länder eine Reihe von Studien unter dem Titel „Corporate Identity in einem multikulturellen Markt" durch.

Das Ziel war, die eigenen praktischen Erfahrungen, die im Laufe der Jahre bei internationalen und globalen Branding- und Identity-Projekten gesammelt wurden, mit validen Marktdaten zu unterlegen. Wir wollten unsere Märkte und unsere Kunden noch besser verstehen und so die Grundlagen für die Weiterentwicklung unserer Methoden und Instrumente schaffen.

Die Erfahrungen, die in globalen Projekten für Kunden wie Coopers & Lybrand, KLM oder Mitsubishi Motors gesammelt wurden, führten zu der Erkenntnis, dass ein umfassender, ganzheitlicher Ansatz für Branding und Corporate Identity entwickelt werden musste. Diese Projekte waren nicht nur äußerst komplex im Bezug auf die Bandbreite der Themen. Sie waren darüber hinaus durch immense kulturelle Unterschiede bestimmt, die nach einem umfassenden, systematischen Ansatz verlangten; einem Ansatz, der – so die Überzeugung – im Sinne unserer Kunden die Ausschöpfung der vorhandenen Potenziale optimieren und damit Opportunitätsverluste reduzieren würde. Und es war in diesem Zusammenhang wichtig, herauszufinden, ob es sich bei den beschriebenen Beobachtungen um Einzelerscheinungen handelte oder ein allgemeiner Bedarf durch die Marktforschungsstudien nachweisbar wäre.

In Großbritannien bewegte das Thema „europäische Integration" die Unternehmen ganz besonders; die Sorgen und Ängste wegen möglicher kultureller Unterschiede zwischen dem Vereinigten Königreich und dem Rest Europas waren beträchtlich – und sind es auch heute noch. Daher entschieden wir uns, die Studie breit anzulegen und in neun europäischen

Ländern durchzuführen. Die Grundgesamtheit der Befragten setzte sich aus den für Corporate Identity verantwortlichen Topmanagern der 100 bzw. 500 größten Unternehmen der jeweiligen Länder zusammen.

Die meisten der Problemstellungen, die in den nächsten Kapiteln dieses Buches zusammengefasst werden, wurden bereits damals benannt. Doch war kaum einer der befragten Manager in der Lage, grundsätzliche Lösungen für diese Probleme zu skizzieren. Es fehlten adäquate Methoden zur Lösung der Aufgaben, und es fehlten die entsprechenden Organisationsstrukturen.

Ein weiteres Problem jener Tage (und ein Problem, das in vielen Unternehmen bis heute noch nicht gelöst werden konnte) ist die Verantwortung für die Themen Markenführung und Corporate Identity, die auf die unterschiedlichsten Abteilungen verteilt war. Ressort-Egoismen und Spartendenken verhinderten häufig eine sinnvolle Zusammenarbeit. Die Studie bestätigte darüber hinaus viele unserer praktischen Erfahrungen. So war das Verständnis von Corporate Identity in den einzelnen europäischen Ländern sehr unterschiedlich ausgeprägt – und damit auch die Einsicht in die Notwendigkeit einer systematischen Bearbeitung. In manchen Ländern ging es in erster Linie um die visuellen Aspekte der Corporate Identity – und damit vor allem um die externe Wahrnehmung des Unternehmens. In Deutschland wurde das Thema umfassender betrachtet; hier legte man großen Wert auch auf die internen Auswirkungen einer konsequenten Unternehmensidentität.

Obwohl die meisten Firmen kulturelle Unterschiede – auf den verschiedenen Märkten und zwischen Muttergesellschaft und Auslandstöchtern – als hochproblematisch ansahen, waren, so das Fazit unserer Studien, kaum Lösungswege zu entdecken, diese Unterschiede in den Griff zu bekommen.

Trotzdem – die Tagesarbeit musste ja getan werden – formulierten die Marketingdirektoren allerlei Markenpostionierungen und -strategien, gaben Werbeleiter kreative Kampagnen in Auftrag, – die in Kreativwettbewerben viele Preise gewannen. Die Unternehmen erlebten dann allerdings

Europaweite Forschung

Die Entwicklung von Holistic Solutions wurde in starkem Maße von einer paneuropäischen Studie beeinflusst, die Henrion Ludlow Schmidt zwischen 1989 und 1996 durchführte. Diese Tabelle zeigt nur einen kleinen Ausschnitt der Ergebnisse, die nicht nur auf die Unterschiede der europäischen Märkte, sondern auch auf die Komplexität des Themas hinweisen. Die Studie bestätigt außerdem die Bedeutung der Markenbildung im Hinblick auf die Globalisierung.

Wie würden Sie spontan den Begriff Corporate Identity definieren?

in %	**Gesamt**	**Großbritannien**	**Frankreich**	**Deutschland**	**Skandinavien**	**Österreich**	**Benelux**	**Portugal**
Image/Profil in der Öffentlichkeit/ ext. Darstellung	57	**73**	57	**61**	40	**67**	60	40
Visuelles Erscheinungsbild/ Logo	16	**27**	10	13	20	7	7	20
Ausdruck der Kultur/Werte/ Unternehmensphilosophie	13	**23**	3	**26**	10	13	0	0
Internes Bild/ Wirkung/ Mitarbeiterverhalten	11	7	3	**29**	7	**20**	7	7
Unterstützung der Produkte	11	17	**20**	3	7	7	**20**	0
Verhalten der Mitarbeiter/ Persönlichkeit des Unternehmens	10	7	0	**23**	0	**20**	**27**	7
Unternehmensphilosophie/ Selbstverständnis	7	0	0	16	3	**27**	0	7

Was sind für Sie die Vorteile einer starken Corporate Identity?

in %	**Gesamt**	**Großbritannien**	**Frankreich**	**Deutschland**	**Skandinavien**	**Österreich**	**Benelux**	**Portugal**
Image/Profil i. d. Öffentlichkeit/ Wiedererkennung	46	53	23	**68**	40	**80**	27	27
Kundenwerbung u. -beziehungen	20	**30**	10	3	**37**	0	**33**	33
Unterstützt Produkt/Marken	19	**30**	17	0	**30**	13	7	33
Visuelle Darstellung/ Einheitlichkeit	15	10	7	10	3	**27**	**27**	**53**
Finanzielle Vorteile/Vertrauensbildung in der Finanzwelt	13	20	**23**	6	7	7	7	20
Ausdruck der Kultur/Werte	11	**30**	3	3	10	7	13	13
Mitarbeitermotivation	11	10	3	**23**	0	**27**	0	20
Werbung/Unterstützung des kommunikativen Auftritts	7	13	3	0	3	0	13	**27**

Wenn Sie an den europäischen Binnenmarkt und die Internationalisierung der Märkte und Unternehmen denken, welche Rolle kann Corporate Identity Ihrer Meinung nach für die Vorbereitung eines Unternehmens darauf spielen?

in %	**Gesamt**	**Großbritannien**	**Frankreich**	**Deutschland**	**Skandinavien**	**Österreich**	**Benelux**	**Portugal**
Sehr wichtig	60	60	53	77	50	80	33	67
Ziemlich wichtig	25	30	27	23	23	13	40	13
Nicht sehr/ überhaupt nicht wichtig	12	3	10	0	10	7	7	13

„Corporate Identity in einem multikulturellen Markt", MORI 1996 nur zu oft, dass die gesetzten Ziele nicht erreicht und Markenversprechen nicht gehalten wurden, dass Kampagnen an Verständnisbarrieren in anderen Ländern scheiterten oder die Tochtergesellschaften sich schlicht weigerten, die Corporate-Design-Vorgaben der Zentrale umzusetzen.

Die Verschwendung von Ressourcen ist in solchen Fällen offensichtlich. Die Mitarbeiter sind verunsichert. Was sollen sie auch denken, wenn die Aussagen in internen Papieren mit den Kampagnenbotschaften nichts gemein haben? Was sollen sie tun, wenn die interne Kultur öffentlich gepredigten Aussagen widerspricht? Wie sollen sie auf Anweisungen der Unternehmenszentrale reagieren, wenn die Umsetzung im Kontext der lokalen Kultur unsinnig erscheint? In all diesen Fällen müssen Motivation und Identifikation Schaden nehmen.

Inkonsistenzen und Widersprüche stiften aber nicht nur bei Mitarbeitern Verwirrung. Auch Kunden sind verärgert, wenn die verschiedenen Elemente von Marken- oder Unternehmensauftritt und die Kommunikation nicht zusammenpassen; wenn Produkt oder Service nicht halten, was die Werbung verspricht.

Und schließlich beeinträchtigt eine mangelhafte Integration der verschiedenen Corporate-Identity-Dimensionen und -Aspekte auch das Verhältnis eines Unternehmens zur Öffentlichkeit. Was sollen die Bewohner einer Region, deren Luft gerade durch einen Störfall in einem Chemieunternehmen verpestet worden ist, denken, wenn sie am nächsten Tag in einer Imageanzeige des Unternehmens lachende Kinder über grüne Wiesen tollen sehen?

Der Bedarf für einen wirklich umfassenden und integrierten Ansatz für „Corporate Identity" und „Branding" lag auf der Hand. Nirgends gab es überzeugende Modelle, nirgends gab es eine plausible Methodik, die die verschiedenen Einflussgrößen des Prozesses – von den rapiden Veränderungen des Verbraucherverhaltens bis zu den Folgen der Globalisierung – berücksichtigte und so eine systematische Markenentwicklung und Markenführung ermöglichte.

Zeit für eine neue Methode

Es war an der Zeit, eine neue Methode für eine wirklich integrierte, praxisnahe und umsetzungsorientierte Beratung von Unternehmen für „Corporate Identity" und „Branding" zu entwickeln. Die Gründe sind nachfolgend noch einmal zusammengefasst:

- In einer Zeit der Informationsüberflutung und der Wissensexplosion sind Marken – zur rationalen und emotionalen Orientierung – für alle Stakeholder wichtiger denn je.
- Der Wettbewerb ist so immens, dass auch von Hyperwettbewerb gesprochen werden kann. Somit bedarf es aller Ressourcen, um Differenzierung zu erreichen.
- Produkte und Dienstleistungen werden sich immer ähnlicher und bieten allein kaum noch Möglichkeiten für eine Differenzierung.
- Marken sind zu wertvoll, um sie tradierten disziplinären Ansätzen zu überlassen. Sie müssen ganzheitlich geführt werden.
- Die Welt ist zu komplex und verändert sich zu schnell, als dass es auf diese Anforderungen isolierte disziplinäre Antworten geben kann.
- Kunden wollen alles über eine Marke wissen – in jeder Hinsicht: Wo kommt sie her, wer steht dahinter, was tut sie für den Einzelnen und wie verhält sie sich gegenüber der Gesellschaft?
- Bei den Themen Markenführung und Corporate Identity geht es um interne wie um externe Aspekte; der Auftritt nach außen und nach innen muss eng aufeinander abgestimmt sein.
- Der Markenerfolg – und damit der Erfolg des Unternehmens – hängt entscheidend davon ab, dass das gesamte Markenerlebnis an einer motivierenden und visionären Zielsetzung ausgerichtet wird.
- Markenführung und Corporate Identity sind nicht voneinander zu trennen. Sie sind zentrale Aufgabe der Unternehmensführung.

- Die Globalisierung erhöht die Komplexität noch einmal deutlich – sie bringt (inter)kulturelle Probleme mit sich, sie erhöht die Anforderungen an die logistischen Prozesse, und sie verlangt nach einer angemessenen Balance zwischen den Notwendigkeiten zentraler Steuerung und lokaler Adaption.

Gefragt sind also ganzheitliche Lösungen, die es Marken und Unternehmen ermöglichen, die entscheidenden Faktoren und Treiber zu definieren, die Einfluss auf ihre Identität haben. Ganzheitliche Lösungen, die es ermöglichen, Branding- und Identitätskonzepte unter Einsatz aller Ressourcen zu entwickeln und zu steuern, um so alle relevanten strategischen, operativen, kulturellen, wirtschaftlichen, sozialen und kommunikativen Einflussfaktoren und deren Vernetzung zu berücksichtigen.

Kapitel 2

Von der Vision zur Praxis ganzheitlicher Markenführung

„Holistic Solutions"

„Holistic Solutions" ist eine umfassende, pragmatische Methode für ganzheitliches bzw. holistisches Marken- und Identitätsmanagement. Sie wurde auf der Grundlage der Erkenntnisse unserer Studienreihe „Corporate Identity in einem multikulturellen Markt" und der systematischen Aufarbeitung der vielfältigen internationalen und globalen Kundenprojekte von Henrion Ludlow Schmidt entwickelt. Erstmals im Jahr 1994 publiziert, stellt „Holistic Solutions" eine vielfach in der Praxis erprobte, weiterentwickelte und ergänzte Methode dar.

Dieser Ansatz für ganzheitliche Markenführung besteht aus einem Struktur- und einem Prozessmodell. Ausgehend von der holistischen Positionierung soll im Folgenden das Strukturmodell mit den sechs Identitätsdimensionen beschrieben werden. Im Weiteren erfolgt die Darstellung der Markenführungsprozesse. „Holistic Solutions" ist somit ein Konzept, das für die Praxis der Markenführung drei Funktionen erfüllt:

Sie ist ein Denkansatz, der dem Anwender die systemischen Zusammenhänge zwischen all den Aspekten und Dimensionen erschließt und veranschaulicht, die in der Marken- bzw. Unternehmensidentität wirksam werden.

Sie ist ein Strukturmodell, das dem Praktiker hilft, diejenigen Stellgrößen zu identifizieren, die er zur Lösung seiner spezifischen Aufgabenstellung beeinflussen kann.

Und sie ist schließlich ein Umsetzungsinstrument, das ihm ermöglicht, diese Einflussnahme systematisch durchzuführen und zu kontrollieren.

Der Denkansatz

„Holistic Solutions" steht in erster Linie für das Grundverständnis eines ganzheitlichen Marken(welt)bildes. Vor diesem Hintergrund werden Branding und Identitätsaufgaben grundsätzlich und umfassend betrachtet. Der ganzheitliche Denkansatz schließt alle Aspekte und Dimensionen der Marke in diese Betrachtung ein. Und das über verschiedene Disziplinen hinweg.

Das Strukturmodell

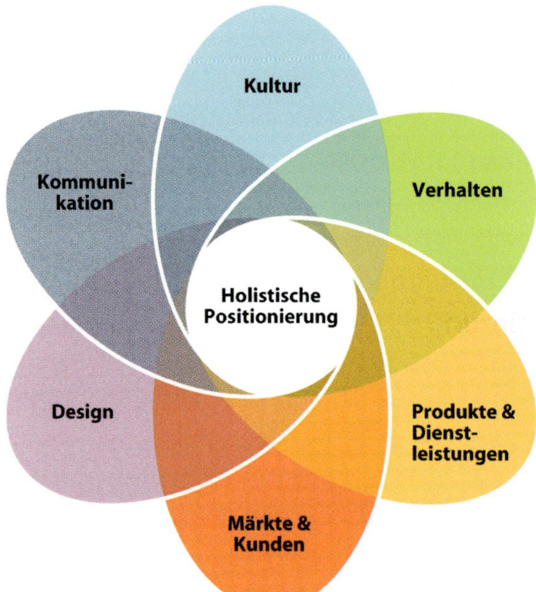

© Dr. Klaus Schmidt

Das holistische Markenmodell zeigt alle Dimensionen auf, aus denen eine Identität besteht, und ermöglicht die Identifizierung und Steuerung der Wechselwirkungen

„Holistic Solutions“ ist angestrebtes Ziel und auch Methode ganzheitlicher Markenführung. Marken- und Unternehmensidentitäten lassen sich in sechs Dimensionen strukturieren, die in einem interdependenten Verhältnis zueinander stehen und in ihrer Gesamtheit die Identität ausmachen. Sie stellen sowohl die Erkenntnisbereiche für die Wahrnehmung und Analyse als auch die Wirkungsbereiche für die Steuerung von Marken und Unternehmensidentitäten dar. Die sechs Identitätsdimensionen sind:

- Kultur
- Verhalten
- Produkte und Dienstleistungen
- Märkte und Kunden
- Design und
- Kommunikation

Die Positionierung bildet dabei die Basis für die ganzheitliche Konzeption und Steuerung einer Marken- oder Unternehmensidentität.

Die Positionierung

Für die Steuerung von Marken ist es notwendig, ihre Identität zu definieren und die Aspekte zu benennen, die ihren Charakter ausmachen. Die holistische Positionierung leistet genau das. In ihr werden die Vision, also das Ziel, die Mission als der markenspezifische Weg zur Zielerreichung und die Werte, die als Haltungen bei der Zielerreichung zu Grunde gelegt werden, definiert.

Die Differenzierungsfaktoren bilden den Kern der holistischen Positionierung. Dabei wird nach rationalen und emotionalen Differenzierungsaspekten unterschieden. Sie bilden die Substanz und den Ausdruck der Marke, aus denen sich der Kundennutzen und das Leistungsversprechen ableiten lassen.

Die holistische Positionierungsstrategie berücksichtigt alle sechs definierten Identitätsdimensionen bei der Analyse, Konzeption und Steuerung von Markenidentität. Auf dieser Grundlage ermöglicht „Holistic Solutions" die ganzheitliche Einbeziehung aller Wahrnehmungs- und Wirkungszusammenhänge von Marken- und Unternehmensidentität.

Da die Begriffe, Vision, Mission und Werte ebenso weit verbreitet wie diffus sind, soll an dieser Stelle im Sinne der holistischen Markenführung präzisiert werden:

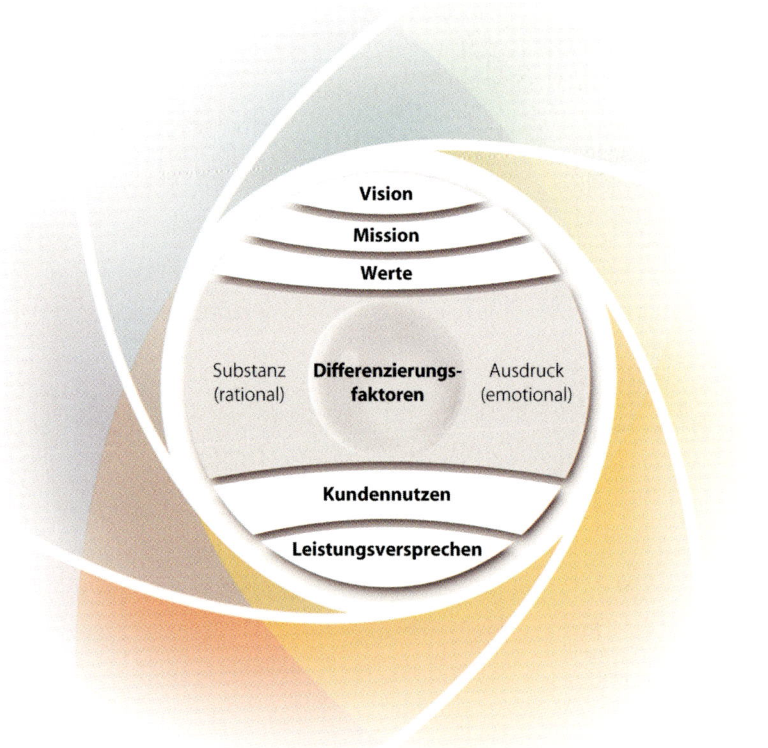

© Dr. Klaus Schmidt

Die holistische Positionierung bildet den Kern des holistischen Markenmodells. Sie wird von den sechs Dimensionen beeinflusst und beeinflusst diese ebenfalls.

Die Vision ist die – zukunftsgerichtete – Aussage zu den Zielen eines Unternehmens oder einer Marke. Sie muss prägnant, klar und deutlich, erinnerbar, motivierend, ehrgeizig, aber auch realistisch sein.

Vision	Wir wollen Europas führender Finanzdienstleister im Privatkundenbereich werden
Mission	Klare Fokussierung auf wertschöpfende und innovative Produkte Orientierung an Kundenbedürfnissen durch konsistente Qualität in Beratung und Produktangebot
Werte	Verantwortlichkeit, Zuverlässigkeit, Zukunftsorientierung, Vertrauenswürdigkeit

Substanz	**Differenzierungsfaktoren**	Ausdruck
Global Research Weltweite Kontakte Mitarbeiterpotenzial Technische Ausstattung Offshorestandorte	**Ressourcen**	Sicherheit Größe Zukunftsorientierung Internationalität Teamgeist
Fachwissen Beherrschen der Produkte Kenntnis internationaler Märkte Beratungsqualität Cross-Selling-Partner	**Kompetenz**	Professionalität Qualifikation Fokussierung Kreativität Dynamik
Produkt-Portfolio-Management Renditesicherheit Konditionen Innovationen Lernfähigkeit	**Lösungsorientierung**	Individualität Modernität Aktivität Effizienz Systematik
Kundenorientierung Persönliche Beratung Kundenbeziehung Initiative Erreichbarkeit	**Service**	Persönliche Note Stil Proaktivität Flexibilität Umfassend
Fairness Diskretion Zuverlässigkeit Partnerschaft Kontinuität	**Vertrauen**	Solidität Glaubwürdigkeit Seriösität Identifikationsfähigkeit Konsequenz

Kundennutzen	Know-how, Investmentziele werden erreicht, Preis-Leistungs-Verhältnis, Relevanz und Sicherheit
Leistungsversprechen	Innovativer Anbieter im Personal Finance, ausgerichtet auf verlässliche Lösungen

Die Mission beschreibt Wege und Maßnahmen zur Zielerreichung. Sie sollte verständliche Vorstellungen vermitteln, auf welche Weise die in der Vision angestrebten Ziele erreicht werden können, sie bildet die Basis für die operative Umsetzung.

Die Werte sind die individuellen und kollektiven Haltungen, die dem Handeln einer Marke oder eines Unternehmens zu Grunde liegen. Sie müssen an der Vision orientiert sein und die in der Mission beschriebenen Wege und Maßnahmen zur Zielerreichung unterstützen. Die Werte prägen das operative Handeln des Unternehmens oder der Marke und werden durch dieses vermittelt. Jenseits aller definitorischen Feinheiten ist es offensichtlich, dass das Handeln – und damit das öffentliche Bild – jedes Unternehmens, jeder Organisation geprägt ist von den Werten, die ihr Handeln bestimmen; gleichgültig, ob dieses bewusst oder unbewusst geschieht.

Vision, Mission und Werte müssen kontinuierlich und gezielt auf ihre Relevanz und Zielerreichung überprüft werden.

Die Differenzierungsfaktoren bilden den Kern der Positionierung. Sie definieren die für den Markterfolg kritischen Unterscheidungsmerkmale einer Marke oder eines Unternehmens zum Wettbewerb. Dabei wird nach rationalen und emotionalen Differenzierungsaspekten unterschieden, die im folgenden als „Substanz“ und „Ausdruck“ bezeichnet werden. Beide liegen oft dicht beieinander und bedingen sich gegenseitig.

Die „Substanz“ bezieht sich auf die physischen und organisatorischen Grundlagen der Marke, also die rationalen Aspekte wie Produktion, die Produkte selbst, interne Strukturen und Prozesse, die vorhanden sein müssen, um das Markenversprechen einhalten zu können.

Der „Ausdruck“ beschreibt die Darstellung der Marke, also die emotionalen, subjektiv erfahrbaren Aspekte, die den Charakter einer Marke bestimmen. So z.B. der visuelle Auftritt, die Kommunikation oder auch die Qualifikation der Mitarbeiter.

Wird z.B. die Qualität eines Call-Centers als Differenzierungsfaktor bestimmt, sind es zum einen die Ausrüstung, das Equipment (Hardware,

Software, Headphones etc.), das dem Personal zur Verfügung gestellt wird. Auf der anderen Seite ist es aber auch in entscheidender Weise die Qualifikation der Mitarbeiter und die Einhaltung bestimmter Qualitätsanforderungen wie z.B. die Geschwindigkeit, in der ein Anruf entgegengenommen wird, die Form, in der der Anrufer mit seinem Problem ernst genommen wird, die über die Qualität des Call-Centers entscheiden.

Aus der Gesamtheit der Differenzierungfaktoren und ihrer Aspekte wird der Kundennutzen abgeleitet, der die Grundlage für die Formulierung des Leistungsversprechens darstellt.

Die holistische Positionierung ist somit eine umfassende Beschreibung einer Identität.

Die sechs Dimensionen

Die Identität einer Marke oder eines Unternehmens wird nach „Holistic Solutions" über sechs Dimensionen vermittelt und wahrgenommen.

Sie müssen naturgemäß als Teile eines Ganzen verstanden werden; Teile, die miteinander in Wechselwirkung stehen und ein Gesamtsystem bilden. Dabei wird im konkreten Branding-Prozess je nach Problemsituation und Aufgabenstellung mal die eine, mal die andere Dimension – oder eine Kombination mehrerer Dimensionen – der Ansatzpunkt sein.

Kultur

Die Dimension Kultur beinhaltet alle kulturellen Bedingungen, Zielsetzungen und Zustände eines Unternehmes oder einer Marke.

Die Unternehmenskultur ist ein wesentlicher Ansatzpunkt für Branding- und Identitätsprojekte, da sie zu den wichtigsten Einflussgrößen für den Gesamtauftritt des Unternehmens zählt. Sie beeinflusst in entscheidendem Maße Einstellungen und Verhalten und kann sogar als eigenständiges Kommunikationsmedium gesehen werden.

Wir beziehen in die Dimension „Kultur“ alle Faktoren ein, die eine Organisation – bewusst oder unbewusst – einsetzt, um ihre ureigene „Identität“ auszudrücken. Die Kultur umfasst so unterschiedliche Aspekte wie den Führungsstil im Unternehmen oder die Firmengeschichte. Typische Unternehmensrituale – man denke an die berühmten Motivationsmeetings bei Microsoft – sind ein zentraler Bestandteil der Unternehmenskultur. Auch der Umgang mit eingefahrenen Einstellungsmustern gehört – oft im negativen Sinn: „Das haben wir schon immer so gemacht!“ – zu den stilprägenden Faktoren einer Unternehmenskultur.

Die nationale oder regionale Kultur, in der sich eine Organisation bewegt, ist eine Rahmengröße, die als gegeben hingenommen werden muss. Auch noch so einflussreiche Unternehmen haben kaum die Möglichkeit, kulturbedingte Grundeinstellungen in einem Land oder in einer Region zu verändern. Die Aufgabe für globale Marken lautet in solchen Fällen: So viel Anpassung wie nötig, so viel Betonung der eigenen Identität wie möglich. Um diese Balance zu erreichen, sind Kenntnisse der lokalen Kultur gefordert, von der regionalen Geschichte über kulturelle Konditionierungen, die aktuelle politische Situation bis hin zu Aspekten wie Religion, Kunst oder auch typische Sitten und Gebräuche.

Eine positive, zukunftsorientierte Unternehmenskultur – geprägt von Flexibilität und Unternehmergeist – ist ein wichtiger Erfolgsfaktor. Sie erzeugt einen sich selbst verstärkenden Regelkreis aus Motivation und wirtschaftlichem Erfolg. Andererseits wird eine negative, von Pessimismus geprägte Kultur die Erreichung der Unternehmensziele behindern oder gar unmöglich machen.

Kultur

Substanz
Geschichte
Werte
Prinzipien
Einstellungen

Ausdruck
Atmosphäre
Flexibilität
Offenheit
Kooperationsbereitschaft
Kundenorientierung
Proaktivität

Auch das Aufeinanderprallen unterschiedlicher Kulturen innerhalb eines organisatorischen Zusammenhangs ist oft problematisch. Ein solcher „clash of cultures" passiert häufig bei Firmenzusammenschlüssen – und nicht nur dann, wenn die neuen Partner aus verschiedenen Ländern bzw. Kulturkreisen kommen. Viele der fusionierten Unternehmen erreichen dadurch niemals ihr volles Potenzial. Schlimmer noch: Wenn Fusionen scheitern, liegt es meist an der kulturellen Inkompatibilität der Partner.

Zentrale Aufgabe des Managements ist daher die Schaffung einer zukunftsorientierten, gemeinsamen Unternehmenskultur – einer Kultur, die den Geist der Fusion aufgreift, ihre Motive kommuniziert und das aktive Engagement aller Mitarbeiter für das Zusammenwachsen fördert.

Das bedeutet nicht, dass alle kulturellen Unterschiede – z.B. zwischen den Fusionspartnern oder einzelnen Tochtergesellschaften internationaler Unternehmen – eingeebnet werden sollen. Auch hier gilt: So viel Anpassung wie nötig, so viel Betonung der kulturspezifischen Identität wie möglich. Obwohl aus dieser Haltung kommunikative und operative Probleme auf verschiedenen Ebenen erwachsen können, besteht die Möglichkeit, Nutzen aus der Vielfalt zu ziehen, wenn sie im Sinne des Unternehmens eingesetzt wird.

Weitere Aspekte ergeben sich in Unternehmen, die stark diversifiziert sind – die unterschiedliche Branchen und Geschäftsfelder unter einem Dach vereinen. Ein Unternehmen wie Siemens, das einerseits Kühlschränke und Mobiltelefone, andererseits Kraftwerke und Netzwerkserver herstellt und vermarktet, mag diese Behauptung illustrieren.

Die Bereiche „Konsumgüter" und „Investitionsgüter" stehen bei ihren Kundenkontakten traditionell vor höchst unterschiedlichen Ausgangssituationen. Der Konsumgüterbereich ist extrem kurzlebig, schnell und auf gesellschaftliche Strömungen und Trends ausgerichtet. Der Investitionsgüterbereich lebt von möglichst langlebigen, vertrauensvollen und direkten Kundenbeziehungen. Dass diese unterschiedlichen Ansätze in entscheidendem Maße die Unternehmenskultur prägen, ist leicht vorstellbar. Insbesondere im Dienstleistungsbereich wird die Unternehmenskultur ganz wesentlich durch den direkten und persönlichen Kundenkontakt geprägt. Und umgekehrt: Der Kunde wird – ob in einer Anwaltskanzlei, in einer Bank oder in einem Urlaubshotel – hautnah mit der Kultur seines Dienstleisters „konfrontiert". Hier wird auch das Zusammenwirken von unterschiedlichen Kulturen wie im Vertrieb oder Backoffice deutlich. Und auch hier haben wir es mit einem Regelkreis zu tun, mit allen Möglichkeiten der positiven oder negativen Rückkoppelung.

Fazit: Die Kultur eines Unternehmens ist unter allen Dimensionen diejenige, die am tiefsten wurzelt und sich am langfristigsten auswirkt. Sie ist gleichzeitig die Dimension, die am häufigsten vernachlässigt und unterschätzt wird. Die Methode der „Holistic Solutions" hilft Unternehmen, die eigene Kultur systematisch zu entwickeln – auf der Basis einer Analyse des Ist-Zustands und mit der Perspektive einer ganzheitlich fundierten Einhaltung des Markenversprechens.

Verhalten

Substanz
Beschäftigungspolitik
Belohnungen und Sanktionen
Aus- und Weiterbildung
Operative Standards
Umweltpolitik

Ausdruck
Professionalität
Effizienz
Verantwortlichkeit
Unternehmergeist
Soziale Verantwortung

Verhalten

Diese Dimension ist definiert als das Handeln des Unternehmens oder der Marke, kollektiv und individuell: vom Verhalten und Auftritt des Gesamtunternehmens über das Verhalten des Managements, das interne Informationsverhalten, das Verhältnis zur Öffentlichkeit, das Umweltverhalten, den Umgang mit Ressourcen, das Sozialverhalten bis hin zu den Standort- und Gastlandbeziehungen.

Das Verhalten einer Organisation und ihrer Mitarbeiter ist zu einem guten Teil von der spezifischen Kultur dieser Organisation abhängig. Das Verhalten wird aber auch durch andere Faktoren beeinflusst; so durch die Wettbewerbssituation in einer Branche oder die wirtschaftliche Gesamtlage.

Nach der „Holistic Solutions"-Methode wird zwischen individuellem und kollektivem Verhalten im Unternehmen unterschieden. Die Dienstleistungsbranche zeigt im täglichen Umgang mit den Kunden den offensichtlichsten Beweis für den Sinn dieser Unterscheidung. So kann das Auftreten einer Stewardess einem Fluggast gegenüber größere Auswirkungen – positiv wie negativ – auf das Produkterlebnis „Flugreise" und sein persönliches Bild der Fluggesellschaft haben als die kreativste Werbekampagne.

Der Umgang mit Beschwerden ist ein weiteres Feld, auf dem die Weichen für die Qualität einer Kundenbeziehung gestellt werden. Der Bearbeiter einer Beschwerde kann ein Problem weiterdelegieren und sich der Verantwortung entziehen, er kann es lösen, oder er kann das Problem so lösen, dass der Kunde den Eindruck gewinnt, das Unternehmen nimmt ihn und seine Sorgen ernst.

Komplexer noch ist der Bereich der Beziehungen einer Gesamtorganisation zu ihrer sozialen Umwelt. Die Lehrbücher der Öffentlichkeitsarbeit sind voll von Beispielen, wie schnell ein Unternehmen das Verhältnis zu den eigenen Mitarbeitern, zu den Anwohnern der näheren Umgebung, zu Bürgerinitiativen oder zu den lokalen Behörden ruinieren kann. So hat die Serie gravierender Chemie-Unfälle auf dem Gelände der Hoechst-Werke in den 90er Jahren den Ruf des Unternehmens nachhaltig beschädigt; vor allem weil Hoechst in öffentlichen Verlautbarungen zum Thema ebenso hilflos wie widersprüchlich agierte.

Voraussetzung für den Aufbau von Vertrauen und Goodwill ist zu allererst, dass es keine Widersprüche gibt zwischen dem konkreten Verhalten eines Unternehmens, seiner Mitarbeiter und den via Werbung oder Öffentlichkeitsarbeit verbreiteten, anderweitigen Botschaften. Erkennt die Öffentlichkeit solche Widersprüche, ist die Glaubwürdigkeit eines Unternehmens und seiner Markenbotschaften dahin.

Ein Unternehmen, das jüngst bei der Verschmutzung eines Flusses erwischt wurde, dürfte mit einer umweltbezogenen Imagekampagne den

Schaden nur noch schlimmer machen. Auch wenn solche Zusammenhänge auf der Hand liegen, fehlende Sensibilität, Mängel in der strategischen Ausrichtung und unklare Verantwortlichkeiten führen immer wieder zu den beschriebenen Fehlern. Diesen Widersprüchen ist mit Hilfe von operativen Standards, die oftmals vereinfacht als Leitlinien bezeichnet werden, zu begegnen. Hierbei bilden Marken- und Unternehmenswerte die Grundlage. Führungs- und Kommunikationsleitlinien, Service- oder Qualitätsstandards liefern die Orientierung für das individuelle Verhalten. Operative Standards können somit in den Unternehmensprozessen die Einhaltung des Markenversprechens unterstützen.

Fazit: Das Verhalten des einzelnen Mitarbeiters wie des gesamten Unternehmens gehört zu den entscheidenden Dimensionen einer Marke und ihrer Identität. Jede Möglichkeit, das Verhalten positiv zu beeinflussen, sollte daher aufgegriffen und genutzt werden.

Produkte und Dienstleistungen

Diese Dimension beinhaltet die Produkte und Dienstleistungen an sich und die mit ihnen im Zusammenhang stehenden Strategien und Aspekte, wie die Nutzerfreundlichkeit und die mit dem Produkt verbundenen Serviceleistungen.

Die Qualität der Produkte und Dienstleistungen erfolgreicher Unternehmen ist in der Regel untrennbar verbunden mit deren Visionen und Wertvorstellungen. In manchen Fällen ist sogar schwer zu entscheiden, ob sich die Produkte an den Unternehmenswerten orientieren oder ob die Werte sich im Laufe der Zeit – parallel zum Produkterfolg – erst entwickelt haben. Deutlich ist, dass beide Aspekte in einer engen Wechselwirkung stehen, sich im Idealfall gegenseitig stärken und so jene Kontinuität erzeugen, die die Grundlage für die nachhaltige Entwicklung einer Marke und ihrer Identität bilden.

Ob bei schnell drehenden Konsumgütern oder im Investionsgütermarkt, das Produkt oder die Dienstleistung steht in den meisten Fällen im

Vordergrund der Markenwahrnehmung. Am Beispiel der Automobilindustrie lässt sich das sehr plastisch beschreiben, denn hier ist die Produktwahrnehmung sowohl rational als auch emotional besonders leicht nachzuvollziehen. Die Markenwerte werden vor allem durch technische Innovationen und die Gestaltung zum Ausdruck gebracht – vom Karosseriedesign bis hin zu Faktoren wie der haptischen Qualität der Innenraummaterialien. Die Erfolge von Automarken wie Audi oder BMW sind in starkem Maße darauf zurückzuführen, dass diese Unternehmen die Bedeutung der erlebbaren Produktqualität gerade für Premiumprodukte früh erkannt haben.

Die Unternehmen wissen, dass ihr langfristiger Markenwert entscheidend von einer Produktstrategie abhängt, die sorgfältig auf die Positionierung von Marke und Gesamtunternehmen abgestimmt sein muss. Eine so verstandene Strategie berücksichtigt bei der Produktentwicklung selbstverständlich Aspekte wie technische Innovationen, die aktive und passive Sicherheit oder die ergonomische Gestaltung der Bedienungselemente.

Produkte & Dienstleistungen

Substanz
Qualität
Servicestandards
Leistungstärke
Forschung und Entwicklung
Angebot

Ausdruck
Anmutung
Aktualität
Individualität
Differenzierung
Benutzerfreundlichkeit

Wenn die Qualität der Produkte auf die eben beschriebene, ganz spezifische Weise mit den Werten der Marke korrespondiert, gibt sie der Marke einen eigenständigen Charakter und differenziert sie so vom Wettbewerb. Daher muss jedes Unternehmen dafür sorgen, dass seine Produkte an den Markenwerten – zumindest aber an bestimmten Teilmengen dieser Markenwerte – ausgerichtet sind. Je eindeutiger diese Ausrichtung ist, desto stärker wird die Marke sein.

Ähnliches gilt für den Produktnutzen: Jedes Produkt sollte einen Nutzen in sich tragen, der die Marke stärkt. Das hört sich selbstverständlich an, doch es gibt viele Beispiele für Produkte, die einen entsprechenden Kundennutzen vermissen lassen. Im Kopf des Kunden bauen sich dadurch Zweifel am Markenversprechen auf, die die Glaubwürdigkeit der Marke in Frage stellen. Auch damit werden die Wechselwirkungen zwischen den einzelnen Dimensionen des Markenführungsprozesses deutlich.

Noch stärker als bei den Produktmarken wird die Wahrnehmung von Dienstleistungsmarken durch die verschiedenen Dimensionen der „Holistic Solutions"-Methode geprägt – hierbei ist die Wechselwirkung zwischen den einzelnen Dimensionen besonders sichtbar. An die Stelle materieller Produkte treten Leistungen, die in starkem Maße verhaltens- und kulturabhängig sind.

Für die Dienstleistungsbranche, die in hohem Maße von der individuellen Motivation und dem daraus resultierenden Verhalten der Mitarbeiter abhängt, ist es daher essenziell, die Erkenntnisse der holistischen Markenführung besonders sorgfältig zu beachten. Nur so greifen alle Dimensionen des Leistungsprozesses bis hin zur schließlichen Leistungserbringung ineinander, nur so bleiben sie im Verlauf dieses Prozesses immer an der Markenpositionierung orientiert; kurz: Nur so kann das Markenversprechen eingehalten werden.

Fazit: Produkte und Dienstleistungen sind auch Medien. Durch sie werden die Inhalte der Markenpositionierung bzw. das Markenversprechen erlebbar und überprüfbar. Ein Produkt oder eine Dienstleistung muss daher den Aussagen der Markenpositionierung und den Markenwerten entsprechen und kohärent mit dem Verhalten und der Kultur, dem Design und der Kommunikation sein.

Märkte und Kunden

Die Dimension „Märkte und Kunden" umfasst alle Bedingungen, Zielsetzungen und Strategien, die sich auf den Markt beziehen bzw. aus diesem resultieren: z.B. Marketingstrategien und Zielgruppensegmentierungen oder auch der Wettbewerb sowie der Stand der technologischen Entwicklung. Unternehmen oder Marken existieren nicht im wertfreien Raum. Sie sind in entscheidendem Maß abhängig von den Märkten, in denen sie sich bewegen. Diese Märkte sind einerseits geprägt von den Kunden, ihren Einstellungen, Vorlieben und Erwartungen. Sie sind andererseits durch den Wettbewerb bestimmt. Schließlich werden sie beeinflusst von allgmeinen Faktoren wie der Konjunktursituation oder gesetzlichen Restriktionen. Hier soll deutlich werden: Bei der Dimension „Märkte und Kunden“ haben wir es mit der komplexesten der sechs Dimensionen zu tun. Märkte müssen ständig beobachtet werden, um mit dem permanenten Wandel der Rahmenbedingungen Schritt halten zu können.

Der jeweilige Markt existiert für ein Unternehmen in der Regel unabhängig von seinen Produkten. Jedoch können auch innovative Produkte Märkte schaffen. Bevor jemand auf die Idee kam, ein Segel mittels eines Kugelgelenks auf einem gewöhnlichen Surfbrett zu installieren, gab es keinen Markt für Windsurfprodukte.

Doch auch gefestigte Märkte können beeinflusst, verändert oder gar revolutioniert werden – durch Produktverbesserungen, durch originelle Dienstleistungen und wirkungsvolle Werbekampagnen. Die Einflussmöglichkeiten der Markenkommunikation gehen sogar weit über die Veränderung einzelner Märkte hinaus. Werbeslogans verändern den Sprachgebrauch einer Gesellschaft: „Unkaputtbar!“ und „Da werden Sie geholfen“. Firmensymbole wie die Adidas-Streifen oder der „Swoosh“ von Nike wurden zu Ikonen der Populärkultur. Werbefiguren wie das HB-Männchen sind auch Jahrzehnte nach ihrem Abschied vom TV-Schirm noch im kollektiven Bewusstsein vorhanden.

Ein tief greifendes Verständnis der jeweiligen Marktbedingungen und ihrer Einflüsse ist somit

Märkte & Kunden

Substanz
Marktposition
Segmentierung
Marketingstrategien
Kundenprofile
Wettbewerber

Ausdruck
Wettbewerbsfähigkeit
Aktualität der Leistungen
Ausstrahlung
Verständnis
Dynamik

eine wichtige Voraussetzung für jeden Branding-Prozess. Von zentraler Bedeutung ist dabei die genaue Kenntnis der Wettbewerber. Nur wer die Konkurrenz, ihre Produkte, Dienstleistungen und Marken kennt, kann das eigene Angebot angemessen differenzieren.

Durch die Anwendung der „Holistic Solutions"-Methode unter Berücksichtung der sechs Dimensionen ergibt die Markt- und Wettbewerbsanalyse ein vollständiges Abbild aller relevanten Aspekte. So können Erkenntnisse gewonnen werden, die nicht nur die augenblickliche Positionierung der Wettbewerber und ihre momentane Markenstärke beschreiben, sondern Rückschlüsse auf deren mögliche Strategien zulassen. Auf dieser Grundlage ist es möglich, systematisch jene Aspekte aufzudecken, die zu entscheidenden Wettbewerbsvorteilen ausgebaut werden können.

Die Einflüsse, die die jeweiligen Zielmärkte und das Kundenverhalten auf Marken haben, sind ebenso umfassend wie tief greifend – die sich verändernden Marktbedingungen gilt es, zu antizipieren und die Marke entsprechend weiterzuentwickeln. Daher wird „Märkten und Kunden" zu Recht eine zentrale Rolle im Branding-Prozess eingeräumt.

Einige Anmerkungen zum Thema Marktforschung: Sie hat als Disziplin mit vielerlei Vorurteilen zu kämpfen, häufig zu Recht. Denn Marktforschung wird oft so exzessiv und ziellos betrieben, dass ihre Folgen im praktischen Branding-Prozess bestenfalls marginal, im schlimmeren Falle aber irreführend und schädlich sind. So werden in den Marktforschungsabteilungen Datenfriedhöfe angelegt, die nichts mit marketingrelevanten Fragestellungen zu tun haben, viel Geld kosten und niemandem wirklich brauchbare Information zur Verfügung stellen.

Auch hier hilft die „Holistic Solutions"-Methode, die eine Definition der kritischen Erfolgsfaktoren bzw. der spezifischen Werttreiber der Marke unterstützt und die Wechselwirkungen zwischen den verschiedenen Dimensionen berücksichtigt. Diese Markentreiber sollen im Folgenden „Brand Performance Indicators" (BPIs) genannt werden. Orientiert an den BPIs kann kosteneffizient, zielführend und praxisnah Marktforschung betrieben werden.

Effektives Customer Relationship Management hängt in starkem Maße von der Einbeziehung aller Markendimensionen ab, insbesondere beim Verkauf lebensbegleitender Produkte und Dienstleistungen wie beispielsweise Versicherungen. Cross-Selling-Potenziale können besser genutzt werden, wenn möglichst gezielte Informationen zu den BPIs vorhanden sind.

Bei kundennahen Angeboten, wie den Finanzdienstleistungen, hängt der Erfolg einer Kundenbeziehung in entscheidendem Maße davon ab, ob der Berater die individuelle Lebenssituation des Kunden treffend einschätzen kann. Je mehr relevante Informationen er über die tatsächlichen Lebensumstände zur Verfügung hat, je größer ist die Wahrscheinlichkeit, eine erfolgreiche Kundenbeziehung aufzubauen. Welche Informationen jedoch zu relevanten Informationen werden, gilt es, im Laufe der Analyse zu identifizieren. Dabei ist die Entwicklung und Veränderung der Kundenanforderungen ein immer aktuelles Thema.

Das Ergebnis einer holistischen Analyse der Marktbedingungen und des Kundenverhaltens kann sein, dass Marketingstrategien noch einmal kritisch überprüft und gegebenenfalls revidiert werden müssen. An dieser Stelle wird die Wechselwirkung mit anderen Dimensionen deutlich: Die Repositionierung einer Marke auf Grund sich verändernder Märkte muss von einer Kommunikation begleitet werden, die diese Veränderungen reflektiert und die gegebenenfalls das Markenversprechen den neuen Gegebenheiten anpasst.

Auch der adäquate Umgang mit den verschiedenen Verkaufskanälen ist enorm wichtig. Für viele Branchen hat sich das „Channel Management" zu einem zentralen Erfolgsfaktor entwickelt. Die Wahl des Kanals hat immensen Einfluss auf die Wahrnehmung der Marke: Wenn ein teures Parfum schon kurz nach seiner Markteinführung in den Regalen eines Discounters landet, kann es in den Augen anspruchsvoller Kunden nicht sehr exklusiv sein.

Aufgabe des Unternehmens ist es daher, Struktur und Qualität der einzelnen Verkaufskanäle sorgfältig zu analysieren – seien es nun klassische

Einzelhandelsgeschäfte, Discounter, der Versandhandel oder auch der Onlinehandel. Ziel muss es sein, das Markenerlebnis – egal ob beim Discounter oder im exklusiven Fachgeschäft – im Einklang mit den Markenwerten und dem Markenversprechen zu gestalten.

Ergänzend noch einige Anmerkungen zum „internen Markt“ und den „internen Kunden“. Diese Begriffe bezeichnen die Beziehungen zu Lieferanten, aber auch das interne Verhältnis zwischen verschiedenen Abteilungen oder Tochtergesellschaften größerer Unternehmen. Auch wenn diese Beziehungen sich nicht unmittelbar auf die Darstellung im Käufermarkt auswirken, sind sie ein bedeutender Faktor für die Wertschöpfung.

Es gilt daher, den Gesamtzusammenhang zu beachten: Im Umgang mit Abteilungen oder Lieferanten geht es um die Werte, die eine Marke verkörpert; es geht um ein adäquates Verhalten des Unternehmens und um eine stimmige und konsistente Kommunikation.

Fazit: Nur Unternehmen, die ihre Kunden und ihre Märkte wirklich kennen, werden nachhaltig erfolgreich sein. Das ist nicht viel mehr als eine Binsenweisheit. Doch wie behält man in Zeiten sich rapide verändernder Zielgruppen und Verbraucherwünsche den Kunden im Blick? Wie antwortet man auf sich stetig wandelnde Marktbedingungen? Hier liefert „Holistic Solutions“ das Strukturmodell und die Markenmanagement-Tools, um Veränderungen zu erfassen und schnell darauf zu reagieren.

Design

Die Dimension Design umfasst alle visuellen Ausducks- und Erscheinungsformen der Marke und des Unternehmens. Neben dem Produkt- und Kommunikationsdesign, der visuellen Gestaltung beispielsweise für Werbung, Verpackung oder Ausstellungen, umfasst die Dimension den visuellen Gesamtauftritt des Unternehmens bis hin zur Architektur der Verwaltungs- oder Fabrikgebäude.

Auf der operativen Ebene geht es um die Gestaltung der Visitenkarten, die Beschriftung der Firmenfahrzeuge oder die visuelle Konzeption von

Hinweisschildern und Leitsystemen – aber auch um Werbekampagnen, die viele Millionen Euro kosten können. Nur ein systematisches und von der Unternehmensleitung unterstütztes Designmanagement kann über eine solche Bandbreite hinweg die Einheitlichkeit des Firmenauftritts kosteneffizient gewährleisten. Und nur ein solches Designmanagement kann die „Kreativ"-Kräfte bändigen, die selbst in kleinen Unternehmen immer wieder für die Aufweichung von Designvorgaben verantwortlich sind.

In Deutschland wird das Design häufig aus einer eingeschränkten Perspektive betrachtet. Man reduziert es – je nach Auffassung – auf Aspekte wie die Produktgestaltung, die Gestaltung von Firmenlogo und Geschäftsausstattung oder das Verpackungsdesign. Oft schwingt in der Diskussion des Themas auch eine gewisse Geringschätzung mit; Design, so die landläufige Ansicht, ist ja nur die Politur der Oberfläche – oder der Versuch, möglichst „stylish" zu sein.

Im angelsächsischen Raum manifestiert sich das umfassendere Verständnis der Designdimension dadurch, dass der Begriff auch als Synonym für Konzeption, Planung oder Ordnung verstanden wird – und im Management sogar die Gesamtplanung eines Arbeitsprozesses beschreibt.

Alle zuvor genannten Aspekte haben etwas mit Design zu tun – aber die Dimension, bezogen auf ein Unternehmen oder eine Marke, ist viel mehr als die Summe ihrer Teile. Design im holistischen Sinne ist der umfassende und sich im abgestimmten Zusammenwirken aller Elemente selbst verstärkende Gesamtausdruck eines Unternehmens oder einer Marke. So verstanden, hat die Designdimension eine enorm weitreichende und grundlegende Bedeutung für jedes Unternehmen und jede Marke

Design

Substanz
Designmanagement
Designelemente
Prozesse
Ressourcen
Richtlinien

Ausdruck
Charakter
Stil
Stimmigkeit
Ordnung
Aussage
Aktualität

– nicht zuletzt deshalb, weil das Design den vielleicht wichtigsten der menschlichen Sinne, das Sehen, anspricht.

Design ist für einen Kunden oft der entscheidende Faktor bei der ersten Begegnung mit einer Marke: „Is it love?", so fragte die Werbung für den neuen Mini. Beinahe noch wichtiger ist die Designdimension aber beim Aufbau der Kundenbindung. Designelemente wie das Nivea-Blau oder die Form der Coca-Cola-Flasche sorgen für Wiedererkennbarkeit und Vertrautheit.

Auch ein weiteres Missverständnis ist weit verbreitet: die Gleichsetzung von Corporate Design und Corporate Identity. Zur Corporate Identity gehören – im Sinne der holistischen Markenführung – neben dem sicherlich wichtigen Design auch die anderen Dimensionen des holistischen Branding-Modells.

Symbole haben die Gemüter immer stark bewegt, sowohl im positiven wie auch im negativem Sinne. Allein das Aufeinandertreffen zweier Fangruppen am Rande eines Fußballspiels lässt ahnen, welche Gefühle ein so schlichtes Symbol wie eine Vereinsfahne auslösen kann. Wer diesen Mechanismus verstanden hat, kann nachvollziehen, dass Markenlogos wie Puma, BOSS, Häagen Dazs oder auch Müller Joghurt selbst bei sonst eher kontrollierten Zeitgenossen nicht weiter hinterfragte Kaufreflexe auslösen können.

All dies vorausgesetzt, wird deutlich, dass die Elemente „Wiedererkennbarkeit" und „Erinnerungswert" zu den wichtigsten Zielen des Marken- und Identitätsmanagements zählen. Sie sind besonders dann zu erreichen, wenn das Design eines Unternehmens oder einer Marke an der holistischen Positionierung ausgerichtet wird, um so den kunden- und marktorientierten Zielsetzungen zu entsprechen. Konsequentes Designmanagement ist eine wichtige Führungsaufgabe in jedem Unternehmen.

Die Komplexität der Aufgabe erhöht sich durch die Notwendigkeit, beim Thema Design eine adäquate Balance zwischen Konsistenz und Flexibilität zu schaffen. So wichtig eine durchgängige Gestaltung beispielsweise der Onlineauftritte verschiedener Tochtergesellschaften ist, müssen diese doch die Freiheit haben, in gewissem Rahmen auf länderspezifische Anforderungen eingehen zu können. Ein anderes Beispiel: Ein Automobilhersteller spricht in den verschiedenen Fahrzeugklassen ganz unterschiedliche Zielgruppen an; mal ist also ein jüngerer Auftritt angebracht, mal muss man sich seriöser geben und in beidem glaubwürdig und überzeugend sein.

In einem Wettbewerbsumfeld, das in einem nie erlebten Maße geprägt ist von Informationsüberflutung und visueller Überfrachtung, kann Design einen wichtigen Beitrag zur Differenzierung leisten. Zugegeben, unter heutigen Bedingungen ist es zunehmend schwierig, anders auszusehen; groß ist die Gefahr, zu „Me-too-Lösungen" zu greifen oder einem beliebigen modischen visuellen Manierismus zu verfallen.

Hier liegt aber auch eine große Chance: „Eine Flasche ist eine Flasche", könnte man denken. Doch Coca-Cola hat es vorgemacht, und Marken wie Ty Nant folgen dem klassischen Vorbild. Mit einer Plastikflasche für Mineralwasser bewies Ty Nant, dass auch heute noch gutes Design zu differenzieren vermag. Die Ty-Nant-Wasserflasche gehört genauso auf die Tafel eines vornehmen Restaurants wie in die Museums-Shops großer Designsammlungen.

Ty-Nant-Plastikflasche: Differenzierung durch Design

Allerdings ist zu beachten, dass die Innovationsfreude bei der Entwicklung neuer Designlösungen nicht auf Kosten von Praktikabilität und Langlebigkeit geht. Die Kreativen in Unternehmen und Agenturen finden solche Hinweise oft lästig. Doch ein neues Logo oder Symbol nützt nicht viel, wenn es rechtlich nicht umfassend schützbar ist. Die Registrierung neuer Trademarks ist zu einem zeitaufwendigen und kostenintensiven Unterfangen geworden – die Kosten für die juristische Absicherung neuer Logos sind in den letzten Jahren immens gestiegen.

Ebenso nützt es wenig, wenn ein Logo nicht reproduziert werden kann und auf Fax oder Webpage nicht funktioniert. Die Lebensdauer von Designlösungen wird durch Modetrends beeinflusst. Besonders bei Logos und Schriften ist dieser Zusammenhang zu beobachten. Das alles klingt selbstverständlich, doch werden solche Fehler selbst von so genannten Profis immer wieder gemacht.

Die Shell-Muschel ist eines der bekanntesten Markenzeichen der Welt. Ihre Form ist in den letzten 100 Jahren kontinuierlich verändert worden, hat aber nie ihre Wiedererkennbarkeit verloren

Im Modedesign gehört die schnelle Alterung der Trends zum System. Das wird vom Verbraucher nicht nur akzeptiert, sondern sogar erwartet, und es ist das Prinzip der Branche. Nur so kann er – oder sie – durch den Kauf des neuen Anzugs, des neuen Kleides Modernität, Trendorientierung und Zugehörigkeit zur präferierten Stilgruppe demonstrieren. Aber auch Modemarken müssen Konsistenz zeigen. Hermes-Krawatten oder -Tücher müssen für den Kenner über die Dessins, Qualität und die Wahl der Materialien als „Hermes“ erkennbar sein, und Burberry? Na ja! Man versucht gerade, sich von zu viel Caro zu befreien.

Modemarken sind für viele Konsumenten längst mehr als bloße Zeichen „guten Geschmacks“; sie haben sich zu Sinnbildern für Lebensstil, Erfolg und Status entwickelt. Für den Modeunternehmer Gerd Strehle (Strenesse) verkörpern Farben, Formen und Design sogar „ganz gravierende, sinnstiftende Werte im Leben unserer Zielgruppe“.

Strehles Aussage führt wieder zurück zur Bedeutung von Mode(n) und Trends für die Designdimension im Allgemeinen. Sie trifft auch – vielleicht eingeschränkt – für viele andere Konsumgüter zu. Ob beim Auto- oder Möbelkauf und sogar beim Kauf von Lebensmitteln wie selbst Mineralwasser, überall kann der Verbraucher mit dem Erwerb gut gestalteter oder verpackter Produkte ein Lifestyle-Statement abgeben.

Auf allen Ebenen – im Produkt- und Kommunikationsdesign, aber auch beim Brand- und Corporate Design – müssen Unternehmen und Marken auf Veränderungen des Publikumsgeschmacks reagieren. Hier gilt es allerdings, das rechte Maß zu finden und einen gleichsam unveränderbaren Kern der Designauffassung herauszudestillieren. Erfolgreiche Marken demonstrieren, dass das Festhalten an einigen zentralen Designelementen – bei allen sonstigen Veränderungen – die Kontinuität eines Markenauftritts sicherstellen kann.

Hektische Anpassungen an schnell vergehende Moden gefährden die Wiedererkennbarkeit der Marke – oder gar ihre Markenidentität. Konsumgütermarken sind dabei in der Regel einem stärkeren Anpassungsdruck ausgesetzt als Investitionsgütermarken. Aber zu langsame Reaktionen lassen Marken vorzeitig altern. Zum Markenkern mancher Marken gehört eine gewisse „altmodische“ Anmutung, andere sehen nach einigen Jahren einfach nur noch alt aus. Erfolgreiche Marken zeichnen sich dadurch aus, dass sie in diesem Spannungsfeld die richtige Balance finden.

Bisher wurde beim Stichwort Design vor allem über die direkten, verkaufsfördernden Aspekte des Themas gesprochen. Im Folgenden soll es um eher indirekte Wirkungen gehen. Das Design – besser die Veränderung des Designs – ist nämlich ein kraftvolles Signal für Wandlungsprozesse in Unternehmen. Es ist immer wieder erstaunlich, welche positiven wie negativen Reaktionen und Emotionen ein neues Marken- oder Unternehmensdesign hervorrufen kann.

Das neue Logo am Verwaltungsgebäude oder ein neuer Briefkopf soll den Mitarbeitern signalisieren, dass sich ihre Organisation im Umbruch befindet, oder einfach Selbstbewusstsein demonstrieren. Und eine neue Produktverpackung signalisiert dem Kunden – ja, was eigentlich? Dass das Unternehmen mit der Zeit geht? Oder dass sich das Produkt selbst verändert hat? Hier wird deutlich, dass die isolierte Betrachtung des Designs in die Irre führt, denn wo sich inhaltlich nichts ändert, wird das neue „Gewand" zur Farce.

Und es wird ein weiteres Mal offensichtlich, dass auch beim Thema Design nur eine ganzheitliche Betrachtung der Zusammenhänge zwischen den sechs Dimensionen holistischen Markenmanagements zu wirklich nachhaltigen Lösungen führt.

Design kann ein mächtiger Verbündeter bei allen Branding-Prozessen sein. Es kann vereinen, es kann motivieren, es kann sowohl Wandel als auch Kontinuität signalisieren, es kann Emotionen wecken, Assoziationen hervorrufen, es kann Ordnung schaffen, es kann differenzieren, und es kann verkaufen. Doch Design kann all dies nur erreichen, wenn es als strategische Größe im Kontext einer holistischen Markenstrategie angenommen wird. Sobald man es isoliert von den anderen Dimensionen behandelt, entsteht jene Art von Oberflächlichkeit, die zum verbreiteten Vorurteil führt, Design sei Make-up und Oberflächenpolitur.

Beispiel Opel: Anders als die Wettbewerber Audi oder BMW reduzierte der Rüsselsheimer Automobilhersteller in der Branchenkrise Ende der 80er Jahre die Anstrengungen in Modellentwicklung und Design. Die Formgebung wurde beliebig, die Autos der Marke verwechselbar. In der Folge verlor Opel Marktanteile und befand sich lange Zeit im freien Fall.

Fazit: Gutes Design bedeutet nicht ungezügelte Kreativität. Es ist zwar kreativ, wird aber durch strategische Ziele und durch eine rationale Prozesskontrolle gesteuert. Damit wird gutes Design wirklich praktikabel anwendbar im Sinne einer zielorientierten Markenführung. Mit der „Holistic Solutions"-Methode lassen sich die Zusammenhänge zu den anderen Dimensionen der Marke herstellen. Damit wird die strategische Basis geschaffen, dem Design zur Ausschöpfung seines vollen Potenzials zu verhelfen.

Kommunikation

„Everything communicates – communication is everything" – „Alles kommuniziert – Kommunikation ist alles" gehört zu den Maximen der „Holistic Solutions"-Methode. Das Lächeln der Rezeptionistin; das erste „Hallo" des Tages; die Art, in der Kollegen miteinander reden; die Versprechen, die ein Unternehmen gibt, hält oder auch bricht. Oder der Beipackzettel, die Bedienungsanleitung, die manchmal hilft, oft jedoch verwirrt. Ob von der Unternehmenskultur die Rede ist oder vom Marktverhalten eines Unternehmens, von den Produkten und Dienstleistungen, den Märkten und Kunden oder dem Design: Über und durch alle diese Faktoren kommuniziert eine Marke mit ihrem Umfeld.

Kommunikation

Substanz
Interne/externe Strategien
Medien
Botschaften und Inhalte
Zielgruppen
Planung und Budgets

Ausdruck
Relevanz
Aktualität
Glaubwürdigkeit
Überzeugungskraft
Ausdrucksstärke

Der im holistischen Sinne verstandene Kommunikationsbegriff konzentriert sich auf die gesteuerte Kommunikation nach innen und außen, die über bestimmte Medien gezielte Botschaften verbreitet.

Bei der internen Kommunikation geht es vor allem um Mitarbeiterinformation und Mitarbeitermotivation sowie um die Schaffung eines unternehmensweiten Selbstverständnisses. Den Unternehmen steht für diese Aufgabenfelder ein umfangreiches Instrumentarium zur Verfügung:

von Mitarbeiterzeitschriften und Intranet bis hin zum Unternehmens-TV. Hinzu kommen Workshops und Schulungen sowie Incentiveprogramme und -veranstaltungen. Nicht zu unterschätzen sind schließlich die Möglichkeiten der persönlichen Ansprache, z.B. durch „Management by walking about", Vorträge und Reden von Mitgliedern der Unternehmensleitung.

Die Verantwortung für die interne Kommunikation ist häufig auf verschiedene Abteilungen verteilt, und das oft ohne eine präzise Zieldefinition und Aufgabenzuweisung.

Bei der externen Kommunikation geht es zunächst um die Ansprache der (potenziellen) Kunden, aber auch um den Kontakt zu Zielgruppen wie Aktionären, Lieferanten, Politikern, Vertretern der allgemeinen Öffentlichkeit und Journalisten. Um all diese höchst unterschiedlichen Gruppen adäquat zu erreichen, muss ein Unternehmen eine Vielzahl von Kommunikationsinstrumenten einsetzen und koordinieren, so z.B. in der klassischen Werbung und in der Öffentlichkeitsarbeit, im Direktmarketing oder in der Verkaufsförderung. Dazu kommen Tools wie das Internet, Sponsoring und Eventmarketing. Schließlich beschäftigt sich die externe Kommunikation mit speziellen Aufgaben wie der Finanzkommunikation, mit Instrumenten wie Geschäfts- und Umweltberichten oder Ad-hoc-Mitteilungen.

Für den effizienten Einsatz dieser Instrumente kommen vielerlei Medienkanäle zum Einsatz: Printmedien – inklusive der immer wichtiger werdenden Kundenzeitschriften, TV, Hörfunk, Außenwerbung, Kinowerbung, Werbung im Internet, Direct Mail, Verkaufsprospekte, Kataloge und die Werbung am Point of Sale. Auch diese Kanäle müssen systematisch ausgewählt und effizient koordiniert werden.

Die Verantwortung für die externe Kommunikation liegt in vielen Unternehmen nicht in einer Hand. Das Marketing verantwortet neben der klassischen Werbung meist auch die nichtklassischen Disziplinen (Direktmarketing, Eventmarketing usw.), die Verkaufsförderung ist oft im Vertrieb angesiedelt; die Öffentlichkeitsarbeit schließlich ist in manchen Fällen der Firmenleitung direkt unterstellt, im Marketing verortet oder aber eine Stabsabteilung. In der Folge prägen Ressortegoismen die Arbeit und damit ihre Ergebnisse.

Diese Zustandsbeschreibung verdeutlicht: Die Fragmentierung innerhalb der Kommunikation ist groß, und sie führt häufig zu einem unklaren, oft sogar widersprüchlichen Bild des Unternehmens in der Öffentlichkeit. Die „Holistic Solutions"-Methode leistet hier zweierlei: Sie hilft bei der Analyse der Probleme, weil sich sämtliche Aspekte des Themas erfassen und im Zusammenhang darstellen lassen. Und sie zeigt Wege auf, die Fragmentierung zu überwinden – durch die systematische Verknüpfung der einzelnen Kommunikationsdisziplinen und bei der Formulierung von Problemlösungen.

Viele Unternehmen beteuern heute, dass sie die Notwendigkeit einer ganzheitlich orientierten Kommunikation anerkennen, und holen sich zunehmend Rat von Spezialisten für integrierte Kommunikation. In der Praxis jedoch sieht es meist anders aus. Da werkeln PR-Leute vor sich hin, ohne sich mit den Aussagen der Markenkommunikation auseinander zu setzen; da entscheidet der Vorstand über Sponsoringaktivitäten, ohne sich an der Positionierung zu orientieren. Die Gründe für den Mangel an Koordination sind vielfältig:

Solange es im Unternehmen keine allgemein verbindlichen Zielvorgaben für alle relevanten Aspekte der Markenführung gibt, ist ein widerspruchsfreies Unternehmens- oder Markenbild kaum zu erreichen.

Solange die Kommunikation im Unternehmen nicht auf eine übergreifende Strategie zurückzuführen ist, wird es an der Konsistenz des Auftritts mangeln.

Solange im Unternehmen Zuständigkeiten auf der Product-Management-Ebene in schnellem Rhythmus wechseln – wie de facto bei vielen Markenartiklern der Fall – wird es an der Kontinuität des Auftritts mangeln.

Und schließlich: Solange die Aktivitäten der beauftragten Agenturen nicht besser koordiniert und kontrolliert werden, wird jede ihre eigenen Interessen verfolgen – Werber wollen möglichst viele und möglichst kreative TV-Spots machen, Öffentlichkeitsarbeiter möglichst viel Geld in PR-Kampagnen stecken, Event-Agenturen möglichst viele großartige Veranstaltungen organisieren. Ergebnis: Die Mittel, die zur Verfügung stehen, zahlen nicht auf das gleiche Markenkonto ein und werden damit nicht effizient eingesetzt.

Fazit: Oberste Ziele der internen wie der externen Kommunikation müssen Eindeutigkeit, Konsistenz, Kontinuität und Effizienz sein. Nur so können die Potenziale der Kommunikation ausgeschöpft und zum Aufbau eines stimmigen Unternehmens- und Markenbildes beitragen, nur so sind ihre hohen Kosten zu rechtfertigen. Aus der Perspektive der holistischen Markenführung ist die Kommunikation nur eine – wenn auch eminent wichtige – Dimension bei der Darstellung von Unternehmen und Marken. Sie muss mit den anderen Dimensionen systemisch vernetzt werden, um ein stimmiges Gesamtbild zu erreichen.

Der Prozess zur Realisierung einer ganzheitlichen Marke

Mit der Beschreibung der „Holistic Solutions"-Methode ist die Komplexität und Vernetzung bzw. Interdependenz der Dimensionen von Brand- und Corporate Identity verdeutlicht worden. Um dieser Komplexität zu entsprechen, wurde auf der Basis des holistischen Grundverständnisses und des Strukturmodells ein Prozessmodell für die Marken- und Identitätsentwicklung konzipiert, das je nach Aufgabenschwerpunkt variiert werden kann.

- Recherchen und Analysen
- Positionierungsstrategie
- Definition des Handlungsbedarfs
- Maßnahmen- und Mittelplanung
- Implementierung und Kontrolle

Die Strukturierung des Prozesses nach Identitätsdimensionen und Prozessablaufphasen ermöglicht eine transparente und strukturierte Vorgehensweise. Natürlich ist die Gewichtung der einzelnen Phasen je nach Aufgabenstellung unterschiedlich, und nicht in jedem Fall muss jeder einzelne Schritt ausgeführt werden. Es geht darum, aufbauend auf Vorhandenem ein auf die jeweilige Situation bezogenes, pragmatisches Vorgehen zu fördern.

Dabei ist es das Ziel der „Holistic Solutions"-Methode, jeden Einzelnen im Unternehmen dabei zu unterstützen, seinen Anteil beizusteuern und einen wertschöpfenden Beitrag zu leisten, das angestrebte Unternehmensziel zu erreichen.

Jeder Veränderungsprozess beginnt damit, dass ein Problem definiert, eine Herausforderung formuliert oder eine Chance beschrieben wird. Dies alles kann auf explizite wie implizite Weise geschehen: Verkaufszahlen entsprechen nicht mehr den Erwartungen, Imagewerte sinken, Defizite bei der Kundenzufriedenheit werden deutlich – kurz, ein Handlungsbedarf wird offensichtlich.

Dabei können Probleme in einer, aber auch in mehreren der durch „Holistic Solutions" definierten sechs Dimensionen auftreten. Eine umfassend angelegte Situationsanalyse über alle sechs Dimensionen kann helfen, die Probleme zu erkennen, mögliche Auswirkungen zu analysieren, den Handlungsbedarf zu identifizieren und Strategien und Maßnahmen zur Lösung der Probleme zu entwickeln.

Der „Holistic Solutions“ -Prozess

Recherchen und Analysen	Positionierungs-strategie	Definition des Handlungsbedarfs	Maßnahmen- und Mittelplanung	Implementierung und Kontrolle
• Identifikation der Aufgabenstellung/Briefing • Status-quo-Analyse: – Marken- bzw. Unternehmensstrategie – Unternehmensstrukturen – bestehende Verhaltensweisen und Standards – Produkte und Services – Zielgruppen, Wettbewerb – etc. • mittels: – Cultural Audit – Designaudit – Kommunikationsaudit – Marktforschung – etc.	• Sollpositionierung – Vision, Mission und Werte – Identifikation der Kernkompetenzen – Ableitung der Differenzierungsfaktoren mit ihren rationalen und emotionalen Aspekten (Substanz und Ausdruck) – Definition der Kundennutzen und des Leistungsversprechens • Markt- und Zielgruppensegmentierung	• Identifikation des Gap-Profils zwischen Status quo und Sollpositionierung • Identifikation des vorrangigen Handlungsbedarfes • Identifikation des konkreten Handlungsbedarfes • Definition der kritischen Erfolgsfaktoren (BPIs)	• individuelle Maßnahmenentwicklung, z.B. – Markenentwicklung – Leitbildentwicklung – Marken- bzw. Identitätsstruktur – Designentwicklung – Marktinitiativen – interne und externe Kommunikation – Produktentwicklung – Vertriebstrainings – etc.	• Markenmanagement: Strukturen, Prozesse, Verantwortlichkeiten • Markenportfolio-System • Leitbildimplementierung • operative Standards – Führungsleitlinien – Qualitätsstandards – Kommunikations-Guidelines – Servicestandards – Design-Guidelines – Zielvereinbarungen – Einstellungsrichtlinien/ Personalentwicklung – etc. • Markenmonitoring auf Grundlage der BPIs

Recherchen und Analysen

Bei der Analyse des Status quo werden die sechs Dimensionen der holistischen Markenführung zunächst jeweils gesondert, später im Abgleich zueinander betrachtet. Das reduziert die Komplexität des Gesamtbildes und lässt den Prozess überschaubarer werden. Außerdem werden Ursachen und Wirkungen erkennbar und – dies ist das Wesentliche von „Holistic Solutions“ – die Wechselwirkungen zwischen den Dimensionen nachvollziehbar.

Zu Beginn dieses Kapitels wurden die rationalen und emotionalen Differenzierungsaspekte „Substanz“ und „Ausdruck“ vorgestellt. Sie bilden den Schlüssel der Positionierungsstrategie, weil sich über sie der Charakter einer Marke oder Identität sehr präzise beschreiben lässt. Die Substanz umschreibt dabei alles, was zur physischen Grundlage der Marke zählt. Der Ausdruck ist die Gesamtheit der Maßnahmen, die eine Marke unternimmt, um ihre Substanz zur Wirkung zu bringen.

Die Unterscheidung zwischen Substanz und Ausdruck in der Analysephase hilft herauszufinden, ob verfügbare Ressourcen optimal genutzt werden oder dabei wichtiges Potenzial ungenutzt bleibt. Sämtliche Aspekte der Markenführung können somit auf den Prüfstand gestellt werden. Im weiteren Verlauf des Prozesses wird durch die Unterscheidung von Substanz und Ausdruck vor allem die Möglichkeit geboten, den Einsatz der verfügbaren Mittel und Ressourcen mit der Positionierung abzugleichen, bewusster zu planen, zu bewerten und zu optimieren.

Die Informationsbeschaffung im Analyseprozess ist auf vielfältige Weise möglich; sie hängt von Aufgabenstellung und Analysezielen ab. Zum Einsatz können Instrumente wie Deskresearch, Marktforschung, Trendanalysen, Mitarbeiterbefragungen oder Fokusgruppen kommen.

In den meisten Fällen ist die Befragung von Führungskräften und Mitarbeitern entscheidend für den Analyseprozess. Nur wenn deren Sichtweisen und Einstellungen Eingang in die Analyse finden, lassen sich auch die Potenziale erkennen. Nur so ist die organisationsweite Akzeptanz von Veränderungsprozessen und damit die aktive Unterstützung aller zu erreichen.

In der Regel sollten interne und externe Recherchen – die Analyse der Innen- und der Außensicht – getrennt behandelt werden. Dabei wird meist intern begonnen, schon allein aus dem Grund, die internen Ressourcen besser einordnen und diese in die Planung von Beginn an einbeziehen zu können. Auch ist es wichtig, eine Vorstellung darüber zu entwickeln, wie das Unternehmen oder die Marke sich selbst versteht und betrachtet, um darauf aufbauend die als notwendig erachteten Ziele zur Veränderung entwickeln zu können.

Im nächsten Schritt wird festgestellt, wie das Unternehmen oder die Marke von außen wahrgenommen wird und welche Standards im Markt gesetzt sind. Letztendlich gilt es, zu vergleichen, ob beide „Bilder" übereinstimmen.

Die holistische Markenführung basiert auf der mehrdimensionalen Analyse zwischen dem, was ist, und dem, was angestrebt wird – mit anderen Worten: zwischen Status quo und Zielpositionierung. Die Ergebnisse der Status-quo-Analyse sind so umfassend und aussagefähig anzulegen, dass die Zielvorstellungen für den Optimierungsprozess entsprechend detailliert formuliert werden können.

Die Ergebnisse eines derart intensiven Analyseprozesses stoßen in einem Unternehmen in aller Regel nicht auf ungeteilte Begeisterung – zu deutlich kann der Finger auf offene Wunden gelegt werden. Jedoch überwiegen die Vorteile einer holistischen Analyse, die ein vollständiges Bild der Situation einer Marke oder eines Unternehmens zeichnet. Sie bietet ein hohes Maß an Klarheit bei der Problembeschreibung und stellt eine ganzheitliche Basis für die Identifikation des Handlungsbedarfs und der Optimierungsmaßnahmen dar.

Positionierungsstrategie

Die Entwicklung der Sollpositionierung baut somit auf einer umfassenden Kenntnis aller Ursachen und Wirkungen innerhalb der sechs Dimensionen auf. Das strukturierte Vorgehen in diesem Prozess entspricht der Status quo-Analyse.

Im Positionierungsprozess werden zunächst die Vision, die Mission und die Werte formuliert, die als direkte Übersetzung der Unternehmensstrategie zum richtungsweisenden Element im Prozess werden. Im Weiteren werden die Kernkompetenzen der Marke oder des Unternehmens identifiziert, auf deren Grundlage die Differenzierungsfaktoren abgeleitet werden können. Bei den Differenzierungsfaktoren werden rationale und emotionale Aspekte unterschieden, um auch hier, durch die Darstellung der Wechselwirkungen zwischen Substanz und Ausdruck, ein individuelles Bild zeichnen zu können. Die Differenzierungsfaktoren bilden die Grundlage für die Formulierung der Kundennutzen, die im Leistungsversprechen der Marke zusammengefasst werden.

Mit der direkten Übersetzung der Unternehmensstrategie und dem parallelen Abgleich zu den realen Ressourcen und Möglichkeiten der Marke wird die Positionierung zum Strategieinstrument und damit zur obersten Führungsaufgabe.

Definition des Handlungsbedarfs

Mit der Identifizierung von Status quo und Positionierung sind zwei entscheidende Zustände erfasst. Wie gesagt: Sie beschreiben, was ist und was sein soll. Oftmals ergeben sich aus der einfachen Betrachtung und dem Vergleich bereits Hinweise auf vorrangigen Handlungsbedarf. Dieser wird konkret für einzelne Aktionsfelder definiert. Hierbei ist noch einmal zu betonen, dass der Handlungsbedarf in jeder der Dimensionen und auch in jeder möglichen Kombination von Dimensionen identifiziert werden kann.

Der Vergleich zwischen Status quo und Positionierung ermöglicht jedoch zusätzlich einen Aspekt, der für das weitere Brandmanagement von entscheidender Bedeutung sein wird: die Definition der kritischen Erfolgsfaktoren der Marke, Brand Performance Indicators (BPIs).

Aus den in der Positionierung definierten Differenzierungsfaktoren, den Werten und dem Kundennutzen können Brand Performance Indicators (BPIs) abgeleitet werden. Sie sind die spezifischen Werttreiber einer Marke. Ihre Identifikation und kontinuierliche Kontrolle ermöglicht ein frühzeitiges Reagieren auf Schwachstellen der Marke oder des Markenmanagements. Mit ihrer Hilfe wird im Prozess der holistischen Markenentwicklung der Handlungsbedarf identifiziert. Und sie bilden die Voraussetzung für die Entwicklung von systematischen, ganzheitlichen Problemlösungen.

Mittel- und Maßnahmenplanung

Diese Prozessphase ist jeweils so individuell, dass sie sich nur schwer in einem allgemeinen Prozessverlauf beschreiben lässt. Grundsätzlich wird der zuvor definierte Handlungsbedarf aufgegriffen und mit konkreten Maßnahmen zur Problemlösung hinterlegt. Hierbei kann es sich um Maßnahmen aus Markenaufbau oder -weiterentwicklung, Leitbildentwicklung, dem Aufbau einer Marken- bzw. Identitätsstruktur, Designentwicklungen, Marktinitiativen, Kommunikationsmaßnahmen etc. handeln. Aber auch Maßnahmen wie Vertriebstrainings oder der Restrukturierung der Vertriebskanäle sind mögliche Initiativen, dem identifizierten Handlungsbedarf zu entsprechen. Die sechsdimensionale Betrachtung der Handlungsfelder ermöglicht es, in all diesen Bereichen aktiv zu werden.

Implementierung und Kontrolle

Um Akzeptanz für eine neue Strategie zu erzeugen, ist auf der operativen Ebene die Interpretation der Positionierung für die tägliche Arbeit des Einzelnen innerhalb und parallel zu den durchgeführten Maßnahmen ein entscheidender Aspekt. Diese Akzeptanz in allen Bereichen und auf allen Mitarbeiterebenen mit markenbezogenen Aktivitäten ist der Schlüsselfaktor für die Implementierung einer holistischen Marke. Um sicherzustellen, dass die Positionierung Relevanz für die tägliche Arbeit des Einzelnen gewinnt – und nicht als gedruckte Parolen an den Bürowänden vergilbt –, werden operative Standards formuliert. Ihre Entwicklung ist im ganzheitlichen Branding-Prozess von entscheidender Bedeutung. Sie bilden die Grundlage für die praxisrelevante Implementierung einer Positionierung. So lassen sich z.B. Führungsleitlinien, Qualitäts-, Kommunikations- und Servicestandards, Design-Guidelines, oder auch Zielvereinbarungen, Einstellungsrichtlinien/Personalentwicklung, Leistungsverrechnung und Fort- und Weiterbildung der Mitarbeiter abgestimmt auf die Positionierung zu operativen Standards entwickeln.

Die operativen Standards gewährleisten die praktische Umsetzung der Inhalte der Positionierung oder der aus ihr abgeleiteten Leitbilder und bilden den Verhaltens- und Verfahrensrahmen für die tägliche Arbeit.

Diese Standards werden, wenn der Prozess erfolgreich verläuft, den Führungsstil im Unternehmen bestimmen, die individuelle Motivation und die Leistungsbereitschaft der Mitarbeiter verbessern oder auch die Kundenbeziehungen optimieren helfen – kurz: Die Standards helfen dabei, dass die Marke von allen im Unternehmen „gelebt" werden kann und so das Markenversprechen allen Zielgruppen gegenüber eingehalten wird.

Die Kontrolle von Markenentwicklung und Wirksamkeit der durchgeführten Maßnahmen erfolgt über die zuvor definierten Brand Performance Indicators. Die kontinuierliche Beobachtung dieser Größen ermöglicht eine schnelle Reaktion auf mögliche Fehlentwicklungen.

Holistisches Markenmanagement

Markenmanagement ist ein weites Feld mit vielen Schwerpunktaufgaben und dem Anspruch, den Markenwert zu erhalten und zu steigern. Für die Steuerung eines solch komplexen Prozesses ist ein kontinuierliches Monitoring der einzelnen Maßnahmen und Entwicklungen notwendig. Die Definition von Brand Performance Indicators ermöglicht es, sich im Monitoringprozess auf eine begrenzte Auswahl der kritischen Erfolgsfaktoren zu konzentrieren.

© Dr. Klaus Schmidt

Durch Holistic Solutions können die kritischen Erfolgsfaktoren, die Brand Performance Indicators, in jeder Dimension definiert werden

Die rationalen und emotionalen Differenzierungsaspekte der Positionierung, „Substanz“ und „Ausdruck“ beschreiben die absenderorientierten Perspektiven eines Markenbildes. Soll jedoch erfasst werden, was den Erfolg oder den Misserfolg einer Marke letztlich ausmacht, muss sie natürlich auch aus der Wahrnehmungsperspektive betrachtet werden. Wie bei der Positionierung wird auch für das Monitoring zwischen rationalen und emotionalen Aspekten unterschieden. Nach dem holistischen Markenmanagement müssen daher zwei weitere Perspektiven in die Analyse einbezogen werden, die in engem Zusammenhang mit der Substanz und dem Ausdruck einer Marke stehen: das „Erlebnis“ und der „Erfolg“. Die Perspektive „Erfolg“ fasst die Erreichung von eindeutig definierten, quantifizierbaren Zielvorgaben wie Erhöhung des Marktanteils, Steigerung der Absatzzahlen oder Erzielung eines Preispremiums zusammen. Die Perspektive „Erlebnis“ umfasst die verschiedenen internen und externen Aspekte der Markenwahrnehmung. Hier stehen Aspekte wie Bekanntheit, Vertrauen, Präferenzen, Loyalität, Relevanz und Zufriedenheit auf der Agenda.

Diese vier Perspektiven (Substanz, Ausdruck, Erlebnis und Erfolg) bilden einen Wirkungskreis. Werden die Brand Performance Indicators einer Marke auf dieser Grundlage in ihrer Beziehung zu den sechs Dimensionen der holistischen Markenführung evaluiert, wird ein aussagekräftiges und detailgetreues Abbild der Marke sichtbar.

Die sechs Dimensionen der Markenentwicklung

Die Stärke der „Holistic Solutions“ liegt in der Berücksichtigung aller Aspekte einer Marke oder Unternehmensidentität. In einer spezifischen Problemsituation jedoch kann es sinnvoll sein, sich auf die genauere Betrachtung bestimmter Dimensionen zu konzentrieren.

Auch wenn es auf den ersten Blick oft so aussieht, als würde nur in einer der sechs Dimensionen Optimierungsbedarf bestehen, ist bei genauerer Betrachtung zu erkennen, dass die Probleme ihre tieferen Ursachen gegebenenfalls in einer anderen Dimension haben oder Verbesserungen in einem Bereich Handlungsbedarf in einem anderen Bereich aufzeigen. Das Vermögen, in einem systematischen Prozess diese Zusammenhänge aufzuspüren und Synergiepotenziale freizusetzen, ist eine weitere Stärke der holistischen Markenführung.

So können Designprobleme im Zentrum der Analyse stehen, die Ursachen jedoch in den Dimensionen Verhalten oder Kultur liegen. Die Problemstellung prägt somit die Schwerpunktsetzung bei der Entwicklung der Maßnahmen und eröffnet die Möglichkeit, den Dingen tiefer auf den Grund zu gehen. Trotz dieser Schwerpunktsetzung ist es im Kontext des holistischen Prozesses sinnvoll, sämtlichen Handlungsbedarf – wenn auch nur durch die Dokumentation des Status quo – in den ganzheitlichen Zusammenhang aller sechs Dimensionen zu bringen.

Zur Erreichung dieser ehrgeizigen Ziele ist der Einsatz von Prozessmanagement-Instrumenten sinnvoll. Sie helfen, die komplexen Aufgaben zu strukturieren, und erhöhen damit die Transparenz für alle Beteiligten. Die Schaffung einer solchen Transparenz ist unumgänglich, denn nachhaltige Markenmanagement-Prozesse verlangen von allen Beteiligten ein hohes Maß an Engagement und Übereinstimmung bei den angestrebten Zielen.

Für schwerpunktbezogene Problemlösungen wurden eine Reihe von Prozessmanagement-Instrumenten entwickelt. Sie bieten in hohem Maße Prozesssicherheit und ermöglichen eine pragmatische Lösung auch von Teilaspekten im Branding-Prozess.

Erfolgreiche holistische Praxis

In den zehn Jahren seit der Entwicklung von „Holistic Solutions" wurde diese Methode durch Henrion Ludlow Schmidt in zahlreichen Kundenprojekten angewendet und kontinuierlich weiterentwickelt. Mit ihrer Hilfe konnten verschiedene Identitäts- und Brand-Management-Aufgaben und Prozesse erfolgreich unterstützt werden, so z.B. für Unternehmen und Marken der Konsum- und der Investitionsgüterindustrie, der Telekommunikation, der Automobilindustrie, Finanzdienstleister, chemisch-pharmazeutischen Industrie, oder auch global agierende Wirtschaftsprüfer und Unternehmensberater. Das Aufgabenspektrum reichte von Markenpositionierung, -implementierung und -management, Namensentwicklungen und Marketingkommunikation über Corporate- und Retail-Design-Konzepte und deren Implementierungen, Leitbildentwicklungen und kulturbildende

Maßnahmen bis hin zu Kommunikationsmanagement und der Steuerung von Integrations- und Change-Management-Prozessen.

Für die einzelnen Unternehmen wurde nicht immer alles gemacht, und auf den ersten Blick sind diese Aufgaben ausgesprochen heterogen. Sie sind so unterschiedlich, wie Organisationen nun einmal unterschiedlich sind. So wie in der Medizin jeder Patient als Individuum betrachtet werden muss, so ist aus der Perspektive holistischer Markenführung jedes Unternehmen einzigartig und damit auch individuell zu betrachten. Die „Holistic Solutions"-Methode berücksichtigt die jeweils individuellen Rahmenbedingungen und kann den verschiedenen Gegebenheiten flexibel angepasst werden.

Bei unterschiedlicher Ausgangslage und Schwerpunktsetzung der einzelnen Projekte gibt es eine Konstante: Über „Holistic Solutions" konnten durch die vollständige Erfassung der sechs Identitätsdimensionen neue Einsichten über die einzelnen Dimensionen und über ihre Wechselbeziehungen gewonnen und dadurch Lösungen entwickelt werden, die nachhaltige Wertschöpfung darstellen.

Mit der „Holistic Solutions"-Methode können viele Unternehmen dabei unterstützt werden, ihre Marken- und Identitätsentwicklung und -führung auf eine völlig neue Basis zu stellen. Die holistische Positionierung unterscheidet sich grundlegend von herkömmlichen Positionierungsstrategien, weil sie Zielformulierungen ermöglicht, die sich über alle Dimensionen eines Markenkonzepts erstrecken. Auf diese Weise können in der Unternehmenspraxis die Vision und die tatsächliche Leistungserbringung möglichst vollständig zur Deckung gebracht werden. Bei der Implementierung kommt es darauf an, dass alle im Unternehmen von Beginn an involviert sind; von der Geschäftsführung angefangen sollte jeder im Unternehmen dabei unterstützt werden, seinen individuellen Beitrag zur Stärkung der Marke zu leisten – und so bei der Erfüllung des Markenversprechens mitzuwirken.

Kapitel 3

Drängende Probleme verlangen ganzheitliche Lösungen

Neue Antworten auf sich verändernde Rahmenbedingungen

Markenführung wird vor immer neue Herausforderungen gestellt. Manche waren absehbar, andere kamen überraschend, und oftmals waren die Unternehmen ihnen nicht gewachsen. Eines ist sicher: Der Wandel vollzieht sich überall, jederzeit und auf allen Ebenen.

Doch Wandel ist steuerbar. Change Management ist eines der bedeutendsten Themen unserer Zeit und direkte Folge der Internationalisierung, Konsolidierung und allgegenwärtigen Notwendigkeit zur Effizienzsteigerung. Bei Fusionen beispielsweise entstehen Reibungsverluste. Wichtige Synergiepotenziale bleiben ungenutzt, es mangelt an kultureller Kompatibilität, und eine neue gemeinsame Kultur wird nicht gefördert. Damit erhalten Integrationsprozesse einen erhöhten Stellenwert.

Auch die Geschwindigkeit, in der sich das Internet mit der Gesellschaft verwoben hat und damit etablierte Kommunikations- und Wahrnehmungsstrukturen radikal veränderte, ist eine Erscheinung, die für das Branding noch immer unentdeckte Potenziale birgt. Onlinebefragungen oder -chats ermöglichen vollkommen neue Formen der Analyse und Entwicklung der Unternehmenskultur. Für die Einbeziehung und Beteiligung aller Mitarbeiter bieten Intra- und Internet auch in multinationalen Unternehmen effiziente und kostengünstige Möglichkeiten.

Die fundamentalen Veränderungen der Rahmenbedingungen führte z.B. in der pharmazeutischen Industrie dazu, dass sich in den letzten zehn Jahren das „Pharma-Weltbild" von Grund auf wandelte. Angefangen bei den gesetzlichen Bestimmungen und Möglichkeiten, den verschärften Zulassungsbedingungen, den Verschreibungsvorschriften, dem öffentlichen Druck nach mehr Transparenz bis hin zur signifikanten Veränderung der Patienten- bzw. Kundenerwartungen, änderte sich in diesem Markt alles.

Bei aller Komplexität und Vielschichtigkeit der Inhalte können wir nach Jahren der praktischen Erfahrung mit „Holistic Solutions" behaupten: Die Methode bietet ein umfassendes und flexibles Instrumentarium, diesen Anforderungen gerecht zu werden und individuell auf immer wieder neue Situationen einzugehen. Sie schafft grundsätzliche und pragmatische Lösungen, die auf Basis einer umfassenden Analyse der Marken oder Unternehmensidentitäten entwickelt werden und damit die unterschiedlichen Einflussbereiche einbeziehen.

Die „Holistic Solutions"-Methode hilft Unternehmen dabei, gegenwärtige und zukünftige Herausforderungen zu identifizieren und sich ihnen zu stellen. Durch die Optimierung der Geschäftsprozesse unterstützt sie die strategische Einbindung von Unternehmensressourcen und die Veränderung von Einstellungen der Betroffenen. Kurz: „Holistic Solutions" stellt einen zuverlässigen und kosteneffizienten Weg dar, Ziele zu definieren und zu verfolgen sowie Verhalten zu prägen. Sie unterstützt Unternehmen dabei, ihre Leistungsversprechen nicht nur adäquat zu kommunizieren, sondern auch einzuhalten.

Jedes Problem und jede Herausforderung eröffnet auch Chancen. Diese sichtbar zu machen und zu nutzen ist das Erfolgsgeheimnis von „Holistic Solutions". Die Methode bietet den Lösungsansatz und steuert die Entwicklung individueller Prozesse und Vorgehensweisen.

Herausforderungen unserer Zeit

Effizienz und Kosten

Das Thema Kosten ist in schwierigen Konjunkturphasen besonders wichtig. Kostenmanagement wird zur Überlebensstrategie. Doch die Auswirkungen auf alle Bereiche des Unternehmens sind beträchtlich und besonders die, die nicht zur direkten Wertschöpfungskette gehören, haben darunter zu leiden. In Deutschland sind z.B. die Werbeausgaben wieder auf dem Niveau des Jahres 1998 angelangt.

Budgetstreichungen und Kürzungen sind besonders in konjunkturschwachen Phasen verständlich, wichtig und unumgehbar. Dabei ist jedoch zu berücksichtigen, dass nicht die für die Markenführung essenziellen Ausgaben ohne Rücksicht auf Vernachlässigung und Beschädigung der Marke gekürzt werden. Die Diskussion wird allein aus Kostengesichtspunkten geführt. Marketing und Kommunikation sind am ehesten betroffen, weil sich hier schnell hohe Einsparungen ausweisen lassen. Die Werbung hält dagegen, weil sich ja doch mit einer Kampagne die schnellsten Effekte erzielen lassen.

Jede der betroffenen Markenführungsdisziplinen argumentiert aus ihrer disziplinären Sicht, und jede für sich genommen hat sicher auch gute Argumente. Eine umfassende interdisziplinäre Diskussion findet kaum statt, weil die Perspektiven der „anderen" jeweils schlichtweg ausklammert werden. Und so waltet der Rotstift oftmals da, wo es am eindrucksvollsten erscheint.

Die Einseitigkeit der Argumentation resultiert aus der Tatsache, dass die zur Disposition stehenden Ausgaben in der Regel von unterschiedlichen Abteilungen verantwortet werden. Jede will ihr Budget erhalten und Streichungen vermeiden. Sollen Finanzvorstand und Shareholder beruhigt werden, wird dort gekürzt, wo am offensichtlichsten Geld gespart werden kann.

Bei der Markenführung mit „Holistic Solutions" liegt der Schwerpunkt der Aktivitäten nicht nur auf dem Feld der klassischen Kommunikation. Alle Dimensionen der Marken- bzw. Unternehmensidentität werden betrachtet und auf ihre Wechselwirkungen und Abhängigkeiten überprüft. Diese interdisziplinäre Betrachtung stellt den wesentlichen Unterschied zu gängigen Markenführungsmethoden dar. Durch die Identifizierung der wesentlichen Werttreiber der Marke oder Identität (Brand Performance Indicators) wird aus der Bauchentscheidung ein strategisch sinnvolles und rationales Kalkül. Über Brand Performance Indicators lässt sich sehr genau definieren, welche Aspekte die Marke „treiben“, die intendierten Zielvorgaben zu erreichen.

Der wahre Kostenvorteil des ganzheitlichen Brandings liegt darin, dass sämtlich verfügbare Ressourcen in den Entwicklungsprozess der Marke oder der Identität einbezogen werden. Aus ganzheitlicher Sicht ist es daher nicht sinnvoll, den Blick allein auf die Kommunikation und im Speziellen die kostenintensive Werbung zu beschränken, sondern das Problem gesamtsystemisch zu betrachten. Auch Preisdumping und Kosteneinsparung sind nicht die einzig sinnvolle Form, um auf Konjunkturflauten und Verkaufsrückgänge zu reagieren. Das Problem der Konsolidierungsbestrebungen im weitesten Sinne besteht nicht darin, dass gespart werden muss, sondern an der isolierten Betrachtung der Einsparpotenziale. Dadurch werden Wechselwirkungen nicht bedacht, die nachhaltige Auswirkungen auf die Marke haben können.

In erster Linie besteht die Notwendigkeit einer fundierten Analyse, um die kritischen Erfolgsfaktoren zu definieren, die den Erfolg oder Misserfolg einer Marke ausmachen.

Die Identifikation und Definition der Brand Performance Indicators wird auch sehr klar Auskunft darüber geben, dass unter Umständen ein Schulungsprogramm für Außendienstmitarbeiter die zielführendere und dazu preiswertere Alternative zu einer Imagekampagne darstellt.

Es ist genau diese effiziente Nutzung oder Optimierung von Ressourcen, die „Holistic Solutions“ von anderen Methoden abhebt. Alles, was das Unternehmen tut, wird auf ein gemeinsames Ziel ausgerichtet.

Transparenz und Relevanz

Die Forderung nach mehr Transparenz ist eine Forderung, die sowohl ein Ziel definiert als auch eine Voraussetzung für effiziente betriebliche Abläufe darstellt. Sie resultiert aus den gravierenden Veränderungen der Unternehmenswirklichkeit in den vergangenen Jahren. „Transparenz" ist ein Aspekt, der entscheidend zur Vertrauensbildung beiträgt und die Grundbereitschaft erhöht, sich mit einem Thema auseinander zu setzen.

Der aufgeklärtere Umgang mit Unternehmen und Marken und das stark selektierende Informationsbedürfnis der verschiedenen Zielgruppen haben den Begriff „Relevanz" zu einem Schlüsselfaktor des Markenerfolges werden lassen. Nur was relevant ist, wird wahrgenommen. Transparenz und Relevanz stehen in unmittelbarem Zusammenhang und können einander in ihrer Wirkung verstärken.

Schlankere Unternehmensstrukturen, flachere Hierarchien und verkürzte Entscheidungswege erfordern mehr Eigeninitiative und Verantwortung. Sie ermöglichen aber auch eine größere Teilhabe an Entscheidungen. Die erweiterte individuelle Verantwortung für definierte Aktionsfelder hat in vielen Unternehmen das altbewährte Prinzip von „Führen und Folgen" abgelöst. Die Voraussetzung dafür ist, dass die Entscheidungsprozesse sowie die individuellen Handlungsweisen und Interessen für die Mitarbeiter transparent gestaltet sind. Sie erfordern aber auch, um bei diesem unternehmensinternen Beispiel zu bleiben, dass der Gegenstand der Entscheidung mit dem eigenen „Wirkungskreis" in Verbindung steht. Daher ist die Übersetzung der übergeordneten Strategie auf den eigenen Arbeitsbereich von großer Bedeutung. Ohne Relevanz kann kein Engagement entstehen.

Die Interessen der traditionell als separat zu betrachtenden Zielgruppen überschneiden sich zunehmend. So kann ein Mitarbeiter durchaus auch Shareholder des Unternehmens sein, bei dem er beschäftigt ist. Alle Interessensgruppen, die in irgendeinem Verhältnis zur Marke oder zum Unternehmen stehen, werden auch unter dem Begriff „Stakeholder" zusammengefasst – keineswegs eine homogene Zielgruppe. Die Interessen der Aktionäre und die der Mitarbeiter oder der Verbraucherschützer können nach wie vor konträr verlaufen, nur hat man erkannt, dass eine Trennung zwischen diesen Zielgruppen so einfach nicht mehr zu ziehen ist. Und doch wird es immer wichtiger, Relevanz und Glaubwürdigkeit bei allen Stakeholdern zu erlangen, das heißt, einen transparenten, nachvollziehbaren Auftritt zu entwickeln, der alle gleichermaßen und dennoch individuell überzeugt.

Die Lösung liegt auch hier in der holistischen Positionierung. Botschaften und Handeln werden nicht von dem bestimmt, was die entsprechende Zielgruppe gern hören oder sehen möchte, sondern werden aus der Vision als der grundlegenden Übersetzung der Unternehmensstrategie und Zielsetzung entwickelt. Durch die Entwicklung und Anwendung von Vision, Mission und Werten lässt sich ein Selbstverständnis entwickeln, das aus dem Kern der Positionierung resultiert und argumentiert. Die Positionierung sollte kontinuierlich mit den sich ändernden Bedingungen abgeglichen und gegebenenfalls weiterentwickelt werden, um somit zu gewährleisten, dass die Marke oder das Unternehmen mit ihren Leistungen, Aussagen und ihrem Verhalten Relevanz für alle Stakeholder behält.

Die Entwicklung von Vision, Mission und Unternehmens- bzw. Markenwerten, die Interpretation dieser Werte für den individuellen Arbeitsalltag, die Einführung von Standards für den Kundenservice oder das Verhalten und nicht zuletzt die klare Darstellung von Unternehmens- und Markenstrukturen: All diese Aspekte können Elemente einer ganzheitlichen Markenmanagement-Strategie sein und die Transparenz und Relevanz erhöhen.

Globale Markenführung

Sind globale Marken wirklich erstrebenswert? In welchem Maße lassen sich Synergien generieren? Kann ein Unternehmen durch die Globalisierung einer Marke Kosten reduzieren? Ist die Internationalisierung einer

Marke unumgänglich, wenn man ihre Ertragskraft steigern will? Oder handelt es sich um eine riskante Strategie mit erheblichen Nachteilen?

All diese Fragen sind sicherlich berechtigt, doch viele Unternehmen haben kaum die Wahl. Für sie wird die grenzüberschreitende Ausweitung des Markenauftritts auf Grund kleiner Heimatmärkte, begrenzter Marktsegmente und der Skaleneffekte zur Notwendigkeit.

Dabei gibt es nur wenige wirklich globale Marken, vielleicht weil fast jede Marke mit einem bestimmten Land in Verbindung gebracht wird. Sie werden international angeboten, rufen aber nationale Assoziationen hervor – so z.B. Konsummarken wie Nike oder Automobilmarken wie Mercedes-Benz. Wobei diese in den einzelnen Märkten durchaus unterschiedlich wahrgenommen werden.

Globale Marken mit nationalen Assoziationen

Alle Marken, die international agieren, müssen spezifischen internen und externen kulturellen Aspekten gerecht werden. Um sich in unterschiedlichen Umgebungen durchsetzen zu können, ist oftmals eine lokale Adaption der Positionierung notwendig. Die Schwierigkeit ist, dabei trotzdem einen Kern gemeinsamer Werte zu bewahren. Die koordinierte Betrachtung der sechs Dimensionen der „Holistic Solutions"-Methode schafft die notwendige Basis, den Anforderungen eines jeden Kulturkreises gerecht zu werden.

Marken, die nach der „Holistic Solutions"-Methode entwickelt wurden, haben das Potenzial für dieses flexible

Vorgehen. Denn der Kern der holistischen Marke wird durch Substanz und Ausdruck bestimmt, durch die rationalen und emotionalen Differenzierungsaspekte. Regional interpretiert müssen sie trotzdem an Vision, Mission und Werten der Marke ausgerichtet sein. „Holistic Solutions" unterstützt damit die kulturellen Besonderheiten und individuellen Konstellationen einzelner Tochtergesellschaften und Auslandsbeteiligungen. Gleichzeitig hilft die Methode, entsprechende Kontrollmechanismen zu installieren, die ein global durchgängiges Markenversprechen gewährleisten. Oftmals wird durch den Prozess der lokalen Adaption die gemeinsame Basis sogar größer als anfänglich vermutet. Denn hier geht es schließlich darum, dieselbe Grundlage entsprechend lokaler Bedürfnisse zu interpretieren. Das heißt, regional relevante und akzeptierte Aspekte zu definieren, die den Kern der Marke stützen. In vielen Fällen erzeugt das eine Atmosphäre konstruktiver Zusammenarbeit. In einer solchen Atmosphäre können die Potenziale einer globalen Marke optimal ausgeschöpft werden. Hier geht es darum, die Gemeinsamkeiten zu stärken und die Unterschiede zu nutzen, um die Marke insgesamt facettenreicher zu gestalten.

Markenführung als Unternehmensstrategie

Operative Relevanz von Leitbildern

„Wenn ich eine Vision habe, gehe ich zum Arzt", so wurde der frühere Bundeskanzler Helmut Schmidt gern zitiert. Diese Aussage ist typisch für die Geringschätzung, mit der das Thema „Leitbild" oft behandelt wird. Dabei zeigt sich schon bei flüchtiger Betrachtung, dass kaum ein erfolgreiches Unternehmen ohne eine Vision auskommt; eine Vision, an der sich alle Mitarbeiter orientieren können – die zugleich Zielbeschreibung und Wegweiser ist.

Niemand kann wirklich sinnvoll – und damit effektiv – arbeiten, wenn er nicht weiß, warum und wofür er das tut. Fehlt die Vision, dann beeinträchtigt das die Motivation, verhindert die Konzentration auf das Wesentliche und unterminiert die Qualität der Arbeit des Einzelnen. Das gilt im Großen wie im Kleinen, ohne Ziel ist jede Arbeit verschenkte Mühe. Alles eigentlich selbstverständlich, doch stößt die intensive Beschäftigung mit dem Thema „Leitbild", das Vision, Mission und Werte zusammenfasst, in vielen Unternehmen immer noch auf Widerstände.

Ein Grund für die Scheu, sich durch Visionen, Missionen und Werte „leiten" zu lassen, liegt oftmals in der starken Beliebigkeit der Aussagen – Allgemeinplätze wurden und werden oft genug „aufgerüscht" und als Leitbilder verkauft. Manchmal erscheint es, als wären die Leitbilder der einzelnen Unternehmen voneinander abgeschrieben. So differenziert sich kein Unternehmen von anderen, und so werden Beteiligung und Motivation der Mitarbeiter von vornherein ausgeschlossen.

Dazu kommt die unglücklich gewählte Begrifflichkeit (Vision, Mission ...), die vom englischen „Vision Mission Value Statement" übernommen wurde. Mit ihr wird leicht etwas Abgehobenes und Esoterisches verbunden, und niemand kann sich des Gedankens an Manipulation von außen oder „oben" erwehren.

Auch mangelnder Realismus kann bei so manchem Versuch beobachtet werden, einem Unternehmen eine Vision zu vermitteln. Ist das Ziel zu weit gesteckt und von der Wirklichkeit entfernt, fehlt die Wegbeschreibung für das Erreichen des Zieles, dann haben viele Mitarbeiter für den „tapferen Visionär" nur Ironie übrig.

Ähnlich liegen die Dinge, wenn keine Verbindung zwischen „visionären" Aussagen und der Realität der täglichen Arbeit besteht, also die operative Relevanz fehlt. Die Reaktion ist ein fröhliches „Na und!?", der „Visionär" wird ignoriert, sein Leitbild vergessen.

Die Vision, als Kern eines Leitbildes, gibt zunächst einmal die übergeordneten Ziele des Unternehmens oder der Marke vor und ist damit auch Kernbestandteil der Positionierung. Die Mission beschreibt den Weg, auf dem ein Ziel erreicht werden kann, und ist damit die Basis für die operative

Umsetzung und „leitet“ gemeinsam mit den übergeordneten Werten das künftige Handeln. Und natürlich müssen Vision, Mission und Werte aufeinander abgestimmt sein.

Nach „Holistic Solutions“ sind die Vision, die Mission und die Werte bereits Bestandteile der holistischen Positionierung. Relevanz, Glaubwürdigkeit und vor allem Wirksamkeit erhält das Leitbild dadurch, dass es nicht nur bei der Formulierung von Vision, Mission und Werten bleibt. Diese Elemente bilden die strategische Basis. Die operative Relevanz allerdings erhält das Leitbild erst durch die Entwicklung von Richtlinien z.B. für Führungsverhalten, Qualität, Service, Kommunikation oder Design, welche die Inhalte von Vision und Mission in alltagsrelevante Handlungsgrundsätze übersetzen. Diese handlungsrelevanten Grundlagen fassen wir mit dem Begriff operative Standards zusammen. Auf diese Weise wird die Voraussetzung geschaffen, das Markenversprechen zu erfüllen, eine fokussierte und positive Markenwahrnehmung zu erzielen und damit zusätzlichen Markenwert zu schaffen.

James Collins und Jerry Porras beschreiben in ihrem empfehlenswerten Buch „Built to last“ ein Verständnis, das „Holistic Solutions“ sehr nah kommt: „Ein wirklich visionäres Unternehmen entsteht in dem Augenblick, in dem der Kerngedanke und die ureigenen, einmaligen Triebkräfte eingewoben werden in die Struktur des Unternehmens: in Zielsetzungen, Strategien, Taktiken, Grundsätze, Prozesse, kulturelle Praktiken, Führungsverhalten, Gebäudegestaltung, Gehalts- und Abrechnungssysteme, in Arbeitsgestaltung – in schlichtweg alles, was ein Unternehmen tut.“

Den Wandel steuern

Firmenzusammenschlüsse und Akquisitionen, Börsengänge, Management-Buy-outs und Umstrukturierungen: All diese Entwicklungen beinhalten neben strategischen, finanziellen und operativen Fragen das Branding als wichtiges Element. Damit wird Brand Management zum Teil, ja sogar Treiber des Change Managements, besonders wenn es sich um Unternehmensmarken handelt.

Oftmals wird die Entwicklung der Marke in Change-Prozessen als „Fassadenschmuck“ verstanden. Der ganzheitliche Branding-Prozess kann dagegen zum Katalysator im Gesamtszenario werden. Durch ihn kann die Verknüpfung von rationalen und emotionalen Aspekten, die Initiierung und Unterstützung von Verhaltensänderungen und die Förderung und Lenkung des kulturellen Wandels geleistet werden. Alle wesentlichen Stellhebel, Treiber und Faktoren werden mit Hilfe der „Holistic Solutions“-Methode identifiziert, gebündelt und in den Change-Prozess integriert.

Bei Mergers & Acquisitions besteht eine der Gefahren für das Gelingen darin, dass die aufeinander treffenden Kulturen und Strukturen nicht zusammenfinden. Bei jenen Fusionen, die schließlich fehlschlugen, wurde die Inkompatibilität der Unternehmenskulturen meist als Hauptursache genannt. Harte Faktoren wie Mitarbeiterzahlen, Marktanteile oder Gewinnvorhersagen sind leicht quantifizierbar und somit berechenbar. Es sind oftmals die weichen – die „unberechenbaren“ – Faktoren wie die Unternehmenskultur, die Probleme bereiten.

Nicht, dass diesen Bereichen keine Beachtung geschenkt würde. Nur gehen die Unternehmen bei der Bearbeitung der Probleme oftmals selektiv und nicht umfassend vor. Die Verantwortung für die kulturellen Prozesse liegt häufig allein bei der Personalabteilung, die die Probleme aus ihrer Perspektive betrachtet und der meist das Bewusstsein für die markenrelevanten Aspekte fehlt. Kulturelle Aspekte werden schlichtweg unterschätzt.

Nach „Holistic Solutions“ wird die Kultur als eine Dimension der ganzheitlichen Identität verstanden. Die Methode berücksichtigt daher, dass auch andere Dimensionen – wie Märkte und Kunden – Auswirkungen auf die Unternehmenskultur haben und wiederum durch sie beeinflusst werden.

Der „Holistic Solutions“-Prozess verdeutlicht diese Zusammenhänge und stellt die Instrumente zur Verfügung, sie zu nutzen. Selbst wenn die Handlungsempfehlungen sich auf eine oder zwei Dimensionen beschränken, bewirkt das Wissen um Wahrnehmungs- und Wirkungszusammenhänge in den anderen Dimensionen letztendlich ein umfassenderes Ergebnis. So kann in einer Mergersituation jeder der folgenden Aspekte von Bedeutung sein:

- Kulturelle Differenzen, Ablehnung und Widerstand führen zu mangelnder Zusammenarbeit.
- Inflexibles Verhalten beeinträchtigt die Ausschöpfung des Potenzials einer Fusion.
- Das Wegfallen von Wettbewerbszielen (früherer Wettbewerber = Fusionspartner) erfordert die Entwicklung neuer Ziele und einer neuen gemeinsamen Vision.
- Etablierte Marken bei fusionierten Unternehmen verlangen strategische Entscheidungen: Markenfusion oder unabhängige Einzelmarken?
- Strategische Entscheidungen über Name und Corporate Design sind nötig: beibehalten, kombinieren oder erneuern?

Obwohl all diese Probleme unabhängig voneinander betrachtet werden können, sind sie doch alle Teile des Ganzen – sie bedingen einander. Die Entwicklung einer neuen, gemeinsamen Positionierung und neuer Unternehmensziele kann z.B. dabei helfen, unterschiedliche Kulturen zusammenzubringen. Auch das Leitbild ist ein wichtiges Instrument, die neue Strategie zum Leben zu erwecken. Die Lösung der Namensfrage setzt ein deutliches Signal und wird es allen ermöglichen, unter der gleichen Fahne zu marschieren.

Veränderung ist unvermeidlich, stellt aber auch immer ein Risiko dar. „Holistic Solutions" bietet einen Weg, dieses Risiko zu minimieren und die Ausschöpfung der Potenziale zu maximieren. Die Methode berücksichtigt alle wesentlichen Dimensionen im Veränderungsprozess und lässt aus Betroffenen wie den Mitarbeitern Beteiligte werden. So kann der Prozess kontrolliert, gesteuert und auf die spezifischen Unternehmens- und Markengegebenheiten abgestimmt werden.

Den Markenwert steigern

War der Wert einer Marke lange nur für die Marketingleute eines Unternehmens interessant, so spielt er heute in vielen Bereichen eine zentrale Rolle: bei der Bilanzierung, bei Firmenkäufen und -fusionen, im Falle möglicher Markenrechtsverletzungen und bei Lizenzvergaben.

Für viele Unternehmen stellt ihre Marke einen herausragenden Vermögenswert dar. Eine Umfrage der Beratungsgesellschaft Pricewaterhouse-Coopers unter den 100 größten deutschen Unternehmen aus dem Jahr 2002 ergab, dass im Durchschnitt auf Marken etwa 56 % des Gesamtunternehmenswertes entfällt.

Hinzu kommt: Starke Marken stabilisieren den Kurswert eines Unternehmens. Die Markenberatungsagentur Equity Added analysierte über einen Zeitraum von vier Jahren Dax- und MDax-Werte wie VW, BASF oder Escada und fand heraus: „Je höher der Anteil vom Markenwert am Kurswert, desto stabiler der Kursverlauf."

Analysten erwarten denn auch, dass der Wert der Marken bei der Gesamtbewertung eines Unternehmens zukünftig ein wichtiger Faktor sein wird. In den USA müssen Unternehmen bereits nach dem Rechnungslegungsstandard US-GAAP den Wert ihrer Marken einzeln ermitteln und in der Bilanz ausweisen. Auch für dort gelistete ausländische Unternehmen wie Siemens oder die Deutsche Telekom gab es nur eine „Gnadenfrist" bis zum 1. Januar 2003. Jetzt müssen auch sie ihre Markenwerte bilanzieren.

Doch bisher konnte sich auf kein allgemein anerkanntes Modell der Wertermittlung geeinigt werden. Im Gegenteil: Nicht weniger als 23 Verfahren zählt der Gesamtverband Kommunikationsagenturen (GWA) in einer Broschüre zum Thema Markenwert auf.

Kein Wunder, dass bei der Vielzahl der Methoden die Ergebnisse weit auseinander klaffen. So kommt die Agentur Interbrand für BMW auf einen Markenwert von 12,89 Milliarden Euro, Semion hingegen bewertet die Marke mit dem blau-weißen Signet nur mit 7,53 Milliarden Euro.

Solche Differenzen führen dazu, dass viele Fachleute und die betroffenen Unternehmen den bisherigen Ansätzen skeptisch gegenüberstehen. Die Ursache für die mangelnde Praxistauglichkeit der Modelle: Sie sind zu pauschal, berücksichtigen zu wenig die unterschiedlichen Bedingungen für verschiedene Märkte, Branchen und Produkte. Dazu kommt, dass die einzelnen Methoden als sehr subjektiv wahrgenommen werden und durch fehlende Transparenz nicht nachvollzogen werden können.

Aus der Markenmanagement-Perspektive ist jedoch ein Argument das Entscheidende: Ein Preisschild an der Marke, egal welches Modell zur Berechnung des monetären Wertes nun gewählt wurde, sagt nichts über die Stärken und Schwächen der Marke und erst recht nichts über die notwendigen Maßnahmen der zukünftigen Ausrichtung.

„Holistic Solutions“ bietet mit dem BrandPerformanceDriver eine Lösung, die auf die Ermittlung einer absoluten Zahl für den Markenwert verzichtet. Die Brand Performance Indicators (BPIs) – die Werttreiber der Marke – stehen auch hier und besonders hier wieder im Mittelpunkt. Sie geben unter den spezifischen Bedingungen der Marke am besten Auskunft über ihre Stärken, vor allem aber ihre Ausbaupotenziale. Einmal identifiziert, werden die Wertreiber fortlaufend beobachtet. Sie geben detaillierte Auskunft über die physische Grundlage der Marke (die Produkte, Leistungen, Prozesse und Ausrüstung etc.), die Form in der sich die Marke präsentiert, die Art und Weise, in der sie wahrgenommen wird, und ihre wirtschaftliche Entwicklung. Dadurch erfolgt eine mehrdimensionale und dynamische Bewertung, Kontrolle und Steuerung der Wertschöpfung der Marke.

Das markengeführte Unternehmen

Wandel ist immer und überall, vollzieht sich auf allen Ebenen. Auch im Branding findet derzeit eine Konsolidierung statt. Unternehmen wie Unilever und Procter & Gamble räumen gewaltig auf und trennen sich von einer Vielzahl unprofilierter und unprofitabler Marken. Zum ersten Mal in der Geschichte werden weniger neue Marken eingeführt als alte abgeschafft. Die Qualität scheint wichtiger zu sein als die Quantität, die Tiefe entscheidender als die glitzernde Oberfläche. Und es sind wieder die Konsumgüter – die Pioniere der Markenbildung –, die zuerst und sehr heftig reagieren. Substanzlose Marken, so scheint der Trend, sind eine Erscheinung der Vergangenheit. Sie mögen sich hier und da noch halten, doch langfristig haben sie keine Chance.

Natürlich haben all diese Entwicklungen große Veränderungen mit sich gebracht. Aber sie haben das Branding auf ein völlig neues Niveau gehoben. Marken sind heute wichtiger denn je. Bei aller Veränderung in der Gesellschaft, Politik und Wirtschaft stellen sie, in ihren unterschiedlichen Ausprägungen und Formen, ein stabilisierendes Element dar, ein Bindeglied zwischen verschiedenen Welten. Dieser Bedeutung gilt es, sich bewusst zu werden und die Potenziale, die in ihr stecken, zu nutzen.

Wenn Marken der Schlüssel zum Erfolg sind, dann sind markengeführte Unternehmen die logische Konsequenz. Ob Unternehmensmarken, Produkt- oder Dienstleistungsmarken, die Anforderungen bleiben gleich: Die Marke bildet mit ihrer ganzheitlich entwickelten Positionierung die Basis für den Erfolg des Unternehmens und gibt damit den Weg des Unternehmens vor.

„Holistic Solutions“ wird zu einem anspruchsvollen Managementsystem zur Steuerung von Marken- und Unternehmensidentitäten. Es macht die Markenstrategie zu dem wichtigen Unternehmensführungsinstrument. Hierbei geht es in erster Linie darum, die strategische Ausrichtung der Marke oder des Unternehmens auf den individuellen Einflussbereich des Einzelnen im Unternehmen zu übertragen. Ziel ist es, auf der Grundlage der Positionierung und ihrer tief greifenden Interpretation in Form von Leitlinien und formulierten Standards alle Mitarbeiter zu ermutigen, sich mit der Vision zu identifizieren und gemeinsam das in ihr definierte Ziel zu erreichen. Damit wird eine sehr konkrete Handlungsanweisung geboten, die letztendlich Relevanz und Identifikation erzeugt.

„Holistic Solutions“ ist somit Instrument der Unternehmensführung und unterstützt gleichzeitig die Eigeninitiative der Mitarbeiter.

In den vorangegangenen Kapiteln wurde aufgezeigt, wie sich die Marke von der reinen Markierungsfunktion gelöst hat und immer mehr die Rolle einer Identifikations- und Orientierungsgröße nahm. Marken, so wurde aufgezeigt, sind heute bereits über dieses Niveau hinausgewachsen und stellen sehr komplexe Gebilde dar, die auf verschiedenen Ebenen wirken. Ein Ausdruck dessen sind die unzähligen Ansätze, den Begriff „Marke“ festzulegen. Immer wieder wurden neue Definitionen entwickelt, die für sich allein genommen durchaus berechtigt sind, die Komplexität der Marke jedoch kaum zu umfassen vermögen.

Die „holistische Marke“ ist die Interpretation komplexer Strategien. Sie bündelt sämtliche Aspekte wirtschaftlichen Erfolges. Die ganzheitliche Betrachtung aller Wahrnehmungs- und Wirkungszusammenhänge begegnet dem Spartendenken und der Verschwendung wertvoller Ressourcen und macht das Markenmanagement damit zur effizienten Führungsdisziplin.

Kapitel 4

Aus dem wirklichen Leben

Für die Marke sind alle verantwortlich

In den folgenden Fallbeispielen geht es nicht um theoretische Betrachtungen, es sind vielmehr „Geschichten“ aus dem wirklichen Leben. Nicht alle Beispiele basieren auf einer umfassenden Anwendung einer ganzheitlichen Markenführung. Doch sie demonstrieren, dass in den Unternehmen Verständnis und Akzeptanz für einen solchen Ansatz größer werden. Und sie zeigen, dass diese Unternehmen die Wechselwirkungen zwischen den verschiedenen Dimensionen der Markenbildung erkannt haben und die so erzielten Vorteile zu nutzen wissen.

Die Fallstudien wurden von denen verfasst, die sich in den Unternehmen mit dem Thema Marke beschäftigen. Sie sind prädestiniert, die Herausforderungen, Möglichkeiten, innovativen Ideen und Erfolge zu schildern, die Teil der Aufgabe „Marke“ sind. In den Fallstudien wird deutlich, dass gerade erfolgreiche Unternehmen – und erfolgreiche Unternehmer – ganz genau wissen, dass in ihren Marken die Wurzeln des Erfolges ruhen.

Und es wird deutlich: Starke Marken stammen aus jenen Unternehmen, in denen die Unternehmensleitung die Verantwortung für die Marke ernst nimmt und sie mit den nötigen Ressourcen ausstattet – die Marke also strategisch und operativ führt und aktiv unterstützt. In solchen Unternehmen bestimmt das Bewusstsein für die Marke sämtliche Überlegungen, solche Unternehmen sind in der Lage, entsprechend auch auf unvorhergesehene Herausforderungen zu reagieren und die sich erge-benden Chancen zu nutzen.

Die Fallbeispiele schildern Erfahrungen aus einer Vielzahl von Branchen und Industriezweigen. Daher unterscheiden sich die Ausgangssituationen.

Auch die geschilderten Probleme und Aufgabenstellungen variieren. Die Autoren haben unterschiedliche berufliche Hintergründe und Jobtitel, aber eine wichtige Gemeinsamkeit: Sie haben die Verantwortung für die Führung ihrer Marke.

Alle Beispiele verdeutlichen: Ihr Erfolg – und damit der Erfolg ihrer Marken – hängt entscheidend davon ab, dass alle im Unternehmen an einem Strang ziehen, dass alle – vom Vorstandsvorsitzenden bis zum Vertriebsmitarbeiter – ihrer ganz spezifischen Verantwortung für die Marke gerecht werden. Nur auf diese Weise können Marken den hohen Erwartungen entsprechen, die in sie gesetzt werden. Und nur so kann das Markenversprechen auch wirklich erfüllt werden.

Die Fallbeispiele

Mercedes-Benz ist ein Paradebeispiel für eine globale Marke. Sie ist geprägt durch ihre Wurzeln in der deutschen Ingenieurkultur. Die Marke Mercedes-Benz ist regelmäßig auf den obersten Plätzen im Ranking globaler Superbrands zu finden. Als wichtigste Marke im Portfolio von DaimlerChrysler steht sie vor der Aufgabe, sich wieder stärker auf ihre Werte zu besinnen. Diese Werte gilt es, allen Stakeholdern gegenüber zu kommunizieren und eine weltweit konsistente Implementierung sicherzustellen. Seite 111

Trotz mehrmaligem Besitzerwechsels wurde **Orange** in ihrer kurzen Geschichte zu einer starken, unverwechselbaren und wirtschaftlich sehr erfolgreichen Marke. Mit dem Eintritt in einen extrem wettbewerbsintensiven Markt, der bereits durch starke Konkurrenten dominiert war, kreierte Orange eine individuelle Markenwelt, die sich auf die Entwicklung und Darstellung eines innovativen und kundenorientierten Angebotes konzentrierte. Die Marke genießt großen Respekt und wird weltweit als Benchmark anerkannt. Seite 133

Die Marke **BUPA** wurde während ihrer langen Geschichte in Großbritannien zum Synonym für private Krankenversicherungen. Um auf die Veränderungen des Marktes reagieren zu können, musste BUPA dieses lang gepflegte Image ändern und das Angebot auf neue Marktsegmente ausweiten. Das Unternehmen startete ein umfangreiches Repositionierungsprojekt. Dieses umfasste eine Reihe ganzheitlicher Maßnahmen, angefangen mit einem Change-Programm für Mitarbeiter und Führungskräfte bis hin zu einer neuen Produktmarken-Architektur und Werbekampagne. Seite 176

Die Sport- und Freizeitindustrie ist ein Sektor mit enormem Wachstumspotenzial. Im Profisport gibt es wohl kaum eine stärkere Marke als **Manchester United**. Noch vor wenigen Jahren war es beinahe undenkbar, von einem Fußballclub als Marke zu reden. Doch heute wird der renommierte Club nicht anders geführt als ein Markenartikler. Manchester United erreichte durch Marketing und Markenpflege einen professionellen, selbstbewussten und erfolgreichen Auftritt. Wenn auch die Ergebnisse auf dem Spielfeld letztendlich unvorhersehbar bleiben, schafft die Marke Loyalität und Enthusiasmus, die den Fans über Höhen und Tiefen im Wettkampf hinweghelfen. Seite 176

Von allen britischen Marken ist **Virgin** wohl die umstrittenste. Untrennbar mit ihrem Gründer Richard Branson verbunden, blieb Virgin immer ihren Prinzipien treu: Die Marke steht zu ihren Werten, und sie demonstriert das auch nach außen – nicht eben zurückhaltend, nicht gerade auf die feine englische Art, aber immer mit Charme. Häufiger schon wurde der Marke wegen ihres fast zwanghaft scheinenden Expansionsdranges das Ende voraus gesagt. Aber die Kernwerte, zusammen mit intelligenter PR und exzellentem Marketing, erhielten die Marke stets in jugendlichem Schwung. Seite 197

Eine Branche, in der Marken ursprünglich nur auf Klientenseite eine Rolle spielten, war die der Rechtsanwälte, Notare, Steuerberater und Wirtschaftsprüfer. Die Aktivitäten der Anwaltskanzelei **CMS** können daher wegen ihrer systematischen und umfassenden Art als Pionierleistung verstanden werden. Rechtsanwälte, Notare und Steuerberater tun sich oft schwer mit dem Konzept der „Differenzierung". CMS ging zu seinen Ursprüngen zurück, um sich auf der Grundlage der Vision, der Mission und der Werte am Markt zu positionieren. Alle anderen Branding-Dimensionen wurden später auf dieser überzeugenden und glaubwürdigen Grundlage aufgebaut. Seite 220

Als Premiummarke hat sich der deutsche Haushaltsgeräte- und Küchenhersteller **Miele** eine Reputation geschaffen, die auf Werten basiert und nicht allein auf spezifischen Produkteigenschaften. Die Geschichte der Marke ist eine Geschichte der sorgfältigen Pflege der Markenwerte über eine lange Zeitspanne des organischen Wachstums. Die Erfolge von Miele demonstrieren, dass ein Markenauftritt auf ganzheitlichen Prinzipien aufbauen muss, um das Markenversprechen umfassend einhalten zu können. Ein ganzheitlicher Branding-Prozess sichert ab, was über viele Jahre aufgebaut wurde. Seite 241

Das Fallbeispiel **Dunlop Sport** beschreibt die Verjüngung einer Marke, die lange Zeit vernachlässigt wurde. Ein großes Problem war, dass die meisten Menschen den Markennamen Dunlop eher mit der Konzernmutter, dem Reifenhersteller, in Verbindung brachten als mit einem Produzenten von Tennis- und Golfartikeln. Das Markenimage von Dunlop Sport profitierte in früheren Jahren von der engen Verbindung zu den Stars der Sportszene. In den 80er Jahren löste sich diese Bindung auf, und auch das Produktangebot verlor seine Aktualität. Die Wechselwirkung solcher Aspekte demonstriert einmal mehr die Wirkungsmechanismen des ganzheitlichen Markenmanagements. Das Team, das die Dunlop-Verjüngungsoffensive begleitete, vereinte Führungskräfte aus Marketing, Logistik, Finanzen, Vertrieb, Personal, Produktion in dem erfolgreichen Versuch, die internen Barrieren zu durchbrechen und alle verfügbaren Ressourcen zu optimieren. Seite 266

Die **DekaBank** ist eine Bank mit ungewöhnlicher Entstehungsgeschichte und Herkunft. Die beiden Unternehmen der Sparkassenorganisation DGZ (Deutsche Girozentrale) und Deka (Deutsche Kapitalanlage GmbH) hatten nach ihrem Merger nicht nur zwei unterschiedlich geprägte Unternehmenskulturen zu vereinen, sondern mussten auch ein neues, gemeinsames Selbstverständnis im Wettbewerb entwickeln. Eine Aufgabe, die nur durch einen ganzheitlichen Prozess zu bewältigen war. Mit der Stärkung der Produktmarke Deka Investmentfonds durch eine Produktmarkenpositionierung, ein konsistentes Corporate Design und die konsequente strategische Neuausrichtung des Gesamtkonzerns konnte der Wandlungs- und Erneuerungsprozess der Bank durch die Entwicklung eines Unternehmensleitbildes und dessen Implementierung von Grund auf angetrieben werden.
Seite 293

Kapitel 5

Einfach nur das Beste: Mercedes-Benz

Hans-Georg Brehm
Leiter Markenmanagement, Mercedes-Benz PKW

Eine Automarke wie keine andere

Die heutige Position von Mercedes-Benz als führende Premiumautomarke ist nahezu unangefochten: Die Absatzentwicklung bei Pkws ist innerhalb weniger Jahre um fast die Hälfte auf über eine Million weltweit angewachsen; Imageuntersuchungen sehen die Marke in allen Regionen über die Summe der Werte an der Spitze des Prestiges. Die zunehmend ernsthafter betrachteten Markenwert-Ermittlungen setzen Mercedes-Benz bei den Automarken nach ganz oben. Auf neue Produkte wie z.B. den Mercedes-Benz SL warten die Kunden bis zur Auslieferung bereits wieder mehr als ein Jahr. Die erzielten Gewinne aus den Mercedes-Benz-Geschäftsfeldern sind für den DaimlerChrysler-Konzern eine sichere Bank und reichen für die Akquisition eines kompletten Automarken-Portfolios.

Wolfgang Reitzle, ehemals BMW-Vorstand und danach Chef der P.A.G., mit den Marken Volvo, Aston Martin, Jaguar, Landrover, Lincoln und Mercury, schrieb in seinem Buch „Luxus schafft Wohlstand“: „Sicherlich ist Mercedes unter allen Automarken die, die am wenigsten leicht zu verletzten ist. Diese Marke übersteht vieles und ist genau deshalb so wertvoll, weil sie ein großes Volumen bei gleichzeitig hohen Preisen zulässt.“

Wir wollen hier versuchen, eine Antwort darauf zu geben, weshalb diese Marke mit dem Stern diesen Mythos-Status erreicht hat und gleichzeitig auch noch erfolgreich ist.

Vom Start weg die Nr. 1

Nicht etwa der geschäftliche Erfolg steht am Anfang der automobilen Entwicklung, sondern der unbeugsame Wille, die Leidenschaft einiger – ansonsten ganz unterschiedlich charakterlich konstruierter – genialer Dickköpfe. Persönlichkeiten wie diese sind Voraussetzung für jeden Firmen- und Markenerfolg.

Gottlieb Daimler verfolgt den Jahrhundertgedanken, mit dem kleinen, schnell laufenden, nicht stationären Motor buchstäblich alles – und damit den Fortschritt – zu beschleunigen: Zweiräder, Schiffe, Kutschen, Luftschiffe, Straßenbahnen.

Carl Benz – und seine Frau Bertha – sind die wirklichen Autopioniere. Sie basteln keine 100 Kilometer von Daimlers Werkstatt entfernt unermüdlich am ersten fahrfähigen und straßentauglichen Automobil.

Wilhelm Maybach, Weggefährte Daimlers, ist der wohl genialste Konstrukteur seiner Zeit und Emil Jellinek, österreichischer Generalkonsul in Nizza und Daimler-Vertreter, der Marketingmann schlechthin. Denn er treibt Maybach nicht nur zu immer besseren, leistungsfähigeren Konstruktionen, die anderen Fahrzeugen überlegen sind, er nutzt auch die beliebten Automobilrennen als Leistungsbeweise und macht zum ersten Mal eine Automobilmarke wirklich berühmt, indem er den Namen einer seiner Töchter einsetzt: Mercedes!

Und er kümmert sich um die richtigen Kunden, die ambitionierten Herrenfahrer, Prinz Heinrich, den Bruder des deutschen Kaisers, der übrigens als Erfinder des Scheibenwischers gelten darf, oder Franz-Josef I. von Österreich oder den Maharadscha von Jodhpur. Mit dem ältesten noch erhaltenen Mercedes, einem Mercedes-Simplex von 1902, fährt Vanderbilt junior damals die unglaubliche Geschwindigkeit von 111,2 km/h. Solche Leistungen und das betuchte Klientel sorgen dafür, dass in besseren Kreisen Klarheit herrschte, welchen Wagen man zu chauffieren hat.

Eine Premiummarke von Anbeginn: technisch überlegen, bekannt, beliebt, teuer – etwas für Kenner und Liebhaber!

Was für ein Erbe: die ersten beiden Autos der Welt, das erste Gefährt, was einem Motorrad glich, der erste Omnibus, der erste Lastkraftwagen, das erste Taxi, der erste Mercedes – ein Riesenerfolg!

Intervalltraining

Persönlichkeiten also – und wirkliche Innovationen als Triebkräfte für den Erfolg. Aber da gibt es rückblickend viele, die Ruhm ernteten und doch scheitern. Von über 1000 Automarken bleiben bis heute nur ein paar Dutzend übrig.

Die Parole heißt: Durchhalten! Täler und Krisen überwinden und daraus gestärkt hervorgehen. Weniger Fehler machen als die Konkurrenz! Ja, der Erfolg als eine Folge überstandener Krisen, aber auch als ein langer Weg gepflastert mit Highlights: Rennerfolge in der Frühzeit, in den 30er und 50er Jahren, berühmte Autos wie der 300 SL oder der SSK, Sicherheitsentwicklungen wie die Fahrgastzelle, ABS oder ESP, die Entwicklung der Benzineinspritzung und des Dieselantriebs zur Pkw-Tauglichkeit, die Definition der automobilen Oberklasse im Weltmaßstab (S-Klasse).

Ohne den Erfindergeist, das Tüftlertum, die Suche nach der besten Lösung gäbe es Mercedes-Benz nicht und eine ganze Reihe automobiler Annehmlichkeiten, die wir heute für selbstverständlich nehmen.

Die „enduring passion“ mit dem deutschen Hang zum Perfektionismus und die Offenheit für Wünsche von Kunden in aller Welt wird zum bestimmenden Charakterzug.

Im Zeichen des Sterns

Natürlich gab es keine Planung von Identitätselementen in den früheren Jahren. Aber wohl immer die Suche nach der einen Symbolik, die dem Anspruch, an der Spitze des Fortschritts und Erfolgs zu stehen, Ausdruck verleihen konnte.

Mercedes als Markenname existiert seit 1901. Die Entwicklung des Sterns als Markenzeichen wird auf Gottlieb Daimler zurückgeführt.

Er malte erstmals einen Dreizackstern auf eine Postkarte an seine Familie mit dem Hinweis „und dieser Stern wird einmal segensreich über meinem Werke stehen“. Die drei Zacken werden interpretiert als Verkehrsmotorisierung auf dem Lande, zu Wasser und in der Luft.

Nach der Fusion der Firmen Daimler und Benz 1926 wird aus 2 dann 1, ganz einfach Daimler-Benz als Unternehmen und Mercedes-Benz als Marke; auch das Markenzeichen verschmilzt. Lorbeerkranz von Benz und der gemeinsame Schriftzug umgeben als Ring den Stern.

Noch heute trägt jedes Mercedes-Benz-Fahrzeug dieses historische Markenzeichen zusätzlich zum Kühlerstern.

Es wurde niemals wirklich untersucht, wie viel dieses Markenzeichen zum Mercedes-Erfolg beigetragen haben mag.

Vom Kühlerschmuck zum heutigen Markenzeichen: die Entwicklung des Mercedes-Sterns über ein Jahrhundert hinweg

Natürlich lässt sich das auch überhaupt nicht voneinander trennen, da Leistung und Symbolik untrennbar verschmolzen sind – und sich immer weiter befruchten. Der Zusammenhang ist immer präsent: die Ästhetik, Ganzheitlichkeit, Distanz und Attraktion der Sternsymbolik, welche weltweit wortlos zu verstehen ist, und die Herausforderung, der sich ein Produkt mit diesem Zeichen zu stellen hat.

Es gibt wohl auch kein Zeichen als Marke, welches zugleich so schön, so leicht erkennbar, selbst in gekritzelter Form, so unzerstörbar und unverwechselbar ist.

Der Stern wird folgerichtig auch über die Jahrzehnte kaum verändert und vermittelt Kontinuität über alle Entwicklungen des Unternehmens hinweg.

Der Name Mercedes, der Stern – da fehlt noch: die Farbe. Die Story klingt legendär, ist aber nichts weniger als wahr. Beim ersten Grand-Prix-Start in die Rennsaison 1934 am Nürburgring stellte man mit Erschrecken fest, dass der neue Wagen das Gewichtslimit überschritt. In höchster Not wurde über Nacht der weiße Lack entfernt, mit dem die deutschen Renner bis dato gekennzeichnet waren. Die Fahrzeuge glänzten nun in der Original-Leichtmetallblechfarbe: silbern. Mit dem folgenden Sieg war der Name „Silberpfeil" geboren und das dritte, bleibende Identity-Element: die Farbe Silber.

Anhaltender Erfolg und gewachsene Identity-Symbolik erleichtern die Identifikation mit dem Markencharakter in der Öffentlichkeit und bei den Mitarbeitern.

Das Verständnis für eifriges Perfektionsstreben vereint Kunden, Ingenieure und einfache Mechaniker; die großen, schönen, schnellen, stolzen Autos sind ebenso statusfördernd für Mitarbeiter und Besitzer. Die „Identity" wird selbstverständlich und täglich gelebt.

Die Markenpositionierung von Mercedes-Benz

Den ersten Rang, die oberste Position, das überlegene Prestige macht Mercedes-Benz so schnell keiner streitig. Die Konkurrenz aus Europa und Japan holt aber Anfang der 90er Jahre auf – mit Sportlichkeit, Eleganz, Hightech, Fahrfreude, Qualität und günstigen Preisen. Mercedes-Benz wird in Richtung der Altertumsecke gedrängt, jüngere Käufer und Frauen als Anhänger sind Mangelware.

Das Produktangebot im Pkw-Bereich beschränkt sich auf typische Limousinen, ältliche Coupés und praktische Kombis. Die Zukunft sollte anders aussehen!

Eine neue, weit greifende Wachstumsstrategie wurde entwickelt. Statt Selbstgefälligkeit rückte Kundenorientierung in den Blickpunkt, neue Produkte in vielen neuen Segmenten wurden ins Auge gefasst, eine Lernoffensive unterstützte die Einführung schlanker Entwicklungs- und Produktionsmethoden.

Keine der konkurrierenden Marken kann eine vergleichbare Wertebasis aufweisen.

Qualität, Sicherheit, Komfort, Langlebigkeit, das sind Stärken, die es zu verteidigen und auszubauen gilt. Sie werden als unveräußerliche, charakteristische Grundwerte definiert.

Klar erkennbar ist, dass künftig noch mehr die Individualisierung auf hohem Niveau eine kaufentscheidende Rolle spielen wird. Unter dem Begriff Trendwerte sieht Mercedes-Benz dieses Set von Werten, dem wir zwar nicht hektisch, modisch folgen, aber über ein emotionales Innen- und Außendesign, vielfältige Ausstattungsvarianten, unterschiedliche Fahrzeugkonzepte, eine größere Bandbreite von Leistungscharakteristiken gerecht werden möchten.

Ein dritter Wertebereich mit zunehmender Bedeutung ist der Sektor Solidarität.

Akzeptanz von Größe, Leistungsfähigkeit, Geschwindigkeit, Energieverbrauch hängt zunehmend ab von der Bereitschaft, auch den Forderungen der Gesellschaft nach Schonung der Ressourcen gerecht zu werden, und zwar nicht nur durch Befolgung behördlichen Regelungen.

Mercedes-Benz definiert sich hierzu mit einer Reihe von Orientierungswerten. Zusammengefasst lautet die Positionierung:

- Mercedes-Benz ist die begehrenswerteste Marke in der automobilen Welt, unübertroffen in Qualität, Innovation und Faszination; authentisch in den Grundwerten, faszinierend in den Trendwerten, visionär in den Orientierungswerten und mit einer leidenschaftlichen Haltung.
- In diesem Spektrum von Werten sind alle für eine Premiumautomarke relevanten Bedürfnisstrukturen abgedeckt, psychologisch hinterlegt, auf automobile Nutzendimensionen übertragen, insofern – wie viele Positionierungsmodelle – austauschbar. Das Besondere besteht in vier ergänzenden Betrachtungen:
  a) die Verbindung aller dieser emotionalen und rationalen Werte durch eine Haltung von Offenheit, fortwährendem Engagement und Fairness, welche die Marke schon immer prägt hatte und die das heimliche Bindeglied von Mitarbeitern, Unternehmen und Produkten ist
  b) die Sicherheit, dass sich nur Mercedes-Benz mit seinem Erbe und seinen Fähigkeiten der Realisierung eines solch ganzheitlichen Anspruchs ernsthaft widmen kann und
  c) in der spezifischen, nur für Mercedes-Benz gültigen Gewichtung dieser Dimensionen
  d) in der vereinfachten visuellen Darstellung des anspruchsvollen und komplexen Wertesystems als Kreis mit Segmenten, welcher für die Marke insgesamt als auch zur Positionierung einzelner Baureihen und Dienstleistungen sowie für die kommunikative Umsetzung benutzt werden kann

Die Kommunikation als Aufbruchssignal

Automobile zu entwickeln dauert Jahre, früher sechs bis acht, heute immer noch zwei bis vier Jahre. Die Komplexität und Funktionssicherung im Premiumbereich setzt Grenzen in der Beschleunigung. Das heißt jeder Plan zur deutlichen Veränderung braucht langen Atem und gute Nerven, da auch ein wirklicher Flop nicht schnell aus der Welt zu schaffen ist. Mercedes-Benz ist sich seiner Sache sicher. Die Kommunikation kann den Weg für den Erfolg bereiten!

Betuliche und zurückhaltende Bestätigungswerbung wird abgelöst durch einen selbstbewussten Markenauftritt. Die Werbebudgets werden nahezu verdoppelt und erreichen damit fast das langjährige Niveau des Wettbewerbs. Die internationalen Ausstellungen in Genf, Frankfurt, Detroit und Tokio werden zu Demonstrationswelten der Zukunftsfähigkeit der Marke. Der Motorsport als Wettstreit der Besten mit weltweiter Präsenz und Fun-Faktor für die Autofans wird zum Medienereignis mit immer neuen Helden. Sponsorings und Placement bei Sport, Kultur und Film sorgen für eine hohe Präsenz der Produkte und der Marke.

Die Aufmerksamkeit für Mercedes-Benz erhöht sich schlagartig. Die Wahrnehmung verändert sich. Alte, unveränderte Markenwerte werden neu gesehen. Die Freunde der Marke reiben sich erstaunt, aber erfreut die Augen. Heimliche Anhänger blicken erwartungsvoll in die verheißungsvolle Zukunft. Die Konkurrenz kann nicht so recht an den Aufbruch glauben.

Von entscheidender Bedeutung in dieser Phase sind die Mitarbeiter, von der Entwicklung bis zum Service. Sie tragen die Markenwerte unausgesprochen in sich und sind spielend zu motivieren. Der innere Aufbruch zu neuen Anstrengungen wird über die öffentliche, dynamische Darstellung der Marke unterstützt. Es gibt keinen Bruch zwischen kommunikativen Behauptungen und dem Erlebnis am P.O.S.

Markenmanagement

Die Marke wird zum Thema auf höchster Unternehmensebene. Das ingenieurgetriebene Produktions- und Technikgebilde mit dem Charakter eines Ozeanriesen wandelt sich in einen wendigen, schnellen Katamaran. Bisher liegen die Kenntnisse zur Marke Mercedes-Benz separiert im Kommunikationsbereich, in der Patentabteilung, im Classic-Bereich mit dem Museum, in den strategischen Stabsbereichen, im Bereich der Unternehmensdarstellung etc. Das Verständnis über die Bedeutung der Marke ist zwar nicht so verschieden, aber eine einheitliche Strategie, ein gemeinsames Ziel ist nicht vorhanden.

Markenmanagement als Funktion wird beim Vorstand für Marketing und Vertrieb fest installiert, die Aufgaben werden klar umrissen:

Aufgabenstellung für das Markenmanagement Mercedes-Benz

Aufgaben:

1. Definition und Weiterentwicklung der Mercedes-Benz-Markenphilosophie/-Markenstrategie (Pkw, Nfz)
2. Definition der Markenrechte von Ressorts, Sparten, Center und Retail-Organisationen in Bezug auf Fahrzeuge, Dienstleistungen, Kooperationen und Lizenzen mit der Marke Mercedes-Benz
3. Verantwortliche Koordination der Markenbelange für die Marke Mercedes-Benz im Vertriebsressort
4. Führung der Marke durch Integration der Anforderungen und Festlegung von Standards und Leitlinien für alle Produkte, Vertriebsleistungen und Kommunikationsmaßnahmen

Ziel:

- Weiterentwicklung und Steigerung des Wertes der Marke Mercedes-Benz
- Schutz der Marke vor Schädigung, Schwächung, Ausverkauf

Der Markenkodex

Die zweite Strukturebene zur Umsetzung der Markenpositionierung und der daraus abgeleiteten Strategien stellt der so genannte Markenkodex dar. Wie der Name schon andeutet, ist er das eigentliche Regelwerk für die ganzheitliche Anwendung aller markenprägenden Verfahren in den drei Sektoren Primär- und Sekundärprodukte, Dienst- und Betreuungsleistungen sowie Vertrieb und Kommunikation.

Für jeden der Bereiche gibt es zwar eine in Worten formulierte Guideline, entscheidend ist aber, dass die hinterlegten Systeme und Prozesse eine schlüssige Ableitung aus der Markenpositionierung und Markenstrategie enthalten, die zu einer nachvollziehbaren Identity-Logik führt, die am Ende auch kontrollierbar ist.

Es wäre eine abwegige Vorstellung, zu glauben, dass ein solches Regelwerk total konsistent und überschaubar sein könnte. Seine Gestaltung liegt in den Händen zahlreicher verantwortlich Handelnder, und sein Inhalt ist selbstverständlich einem ständigen Anpassungsprozess unterworfen.

Eines wird bei der Betrachtung eines solchen Systems jedem deutlich: Eine Premiummarke braucht rundherum Zuwendung, das heißt, an jeder Stelle der Wertschöpfungskette ist die Marken-Identity mit dem Blick auf Ganzheitlichkeit zu definieren, beginnend bei Design, Forschung und Entwicklung über den Einkauf und die Produktion bis zu Marketing und Verkauf und Service – und keine Stelle darf dabei über längere Zeit unbeachtet bleiben, wenn man das gesamte Gefüge nicht in Gefahr bringen will.

Werfen wir einen Blick auf einige der Systeme, die heute für die Mercedes-Benz-Identity prägend sind.

Die Mercedes-Benz-Fahrzeuge und ihre Einordnung, Pkws und Nfz

Ein wichtiger Schritt für die Identity-Entwicklung ist bei Mercedes-Benz die Zusammenführung und gleichzeitig Differenzierung der Geschäftsfelder für Personenwagen und Nutzfahrzeuge. Bei aller Unterschiedlichkeit in der Nutzung – sehr wirtschaftlich zu betrachtende Lkws, Transporter und Busse einerseits und die weitgehend emotional funktionierende Pkw-Welt andererseits – ist die historische Vereinigung unter demselben Markenzeichen so stark und natürlich, dass sie das Markenprofil eher stärkt als schwächt.

Dabei ist das Markenbild von Land zu Land und Region zu Region unterschiedlich gewichtet, je nachdem, welche Produkte in diesen Gebieten produziert und verkauft werden. In Brasilien und Argentinien z. B., Ländern mit langjähriger Produktion von Mercedes-Benz-Nutzfahrzeugen, wird das Image stark von diesen Fahrzeugen und auch von der unternehmerischen Funktion im Land bestimmt. Ein Amerikaner dagegen tut sich schwer damit, bei seinem Europabesuch einem Mercedes-Lkw zu begegnen oder gar in ein Mercedes-Taxi zu steigen.

Jedenfalls werden heute alle Mercedes-Benz-Produkte nach dem gleichen Grundverständnis von Werten positioniert – und die Identity-Umsetzung in der Kommunikation enthält dieselben Guidelines.

Die horizontale und vertikale Programmstruktur für Personenwagen

Wir gehen davon aus, dass eine hierarchische vertikale Struktur beim Automobil immer Bestand haben wird, weil sie eine überall gelernte Orientierungsgröße ist. Das heißt, je größer ein Auto ist, desto wertvoller, leistungsfähiger und teurer wird es gesehen – und umgekehrt. Wir gehen auch davon aus, dass die klassische Automobilform Limousine im Kern die wirtschaftlichste und damit häufigste Nutzungsform bleibt.

An dieser klassischen vertikalen Vorstellung, die wir in die Mitte unserer Logik stellen, orientieren und messen sich alle neuen und wiederbelebten Entwicklungen mit zwei wesentlichen horizontalen Richtungen: die mit weniger rationalem und Raumnutzen zu bewertenden Coupés, Cabrios, Roadster etc. sowie als Gegenpol die auf mehr Raum und Nutzen ausgerichteten Minivans, MPVs (Multi Purpose Vehicles) und SUVs (Sports Utility Vehicles).

Jetzt haben wir das komplette Bild der Entwicklungschancen für unsere Automarke. Entscheidend sind die Fragen: Wo kommt sie her? Was traut man ihr zu? Was kann sie sich leisten? Gelingt es ihr, Entwicklungen schrittweise und ohne Brüche zu vollziehen? Kann sie ein Begriffssystem entwickeln, welches markentypisch und unterscheidungskräftig ist zur Konkurrenz und gleichermaßen die Zugehörigkeit und Einordnung innerhalb des Gesamtsystems erlaubt?

Das Mercedes-Benz-Nomenklatursystem

Traditionell verwendet Mercedes-Benz Buchstaben und Leistungsdaten bzw. Hubraumangaben als Kennungssystem. Zusätzlich haben sich bestimmte Baureihen oder Fahrzeuge als Icons festgesetzt, wie z.B. der SL als Inbegriff eines Sportwagens oder die S-Klasse als Inbegriff einer Luxuslimousine.

Diese Grundelemente wurden zu einem System entwickelt, welches eine hierarchische Einordnung der Limousinengrundform durch die Klassenbezeichnung erlaubt (S-, E-, C-, A-Klasse), die durch die leistungsorientierte Hubraumangabe unterstützt wird (140–600) und andererseits mit Buchstabenkombinationen (SL, SLK, CL, CLK) die eher weniger hierarchisch zu sehenden emotionalen und alternativen Fahrzeugkonzepte belegt. Dabei taucht der Begriff „Klasse“ nur in der Kommunikation auf und wird in Sprachen übertragen, während die Fahrzeuge nur die gleich bleibenden Buchstaben-Zahlen-Kombination tragen, deren Platz und Reihenfolge wieder exakt definiert ist.

Ein neues Fahrzeugkonzept wird auch darüber positioniert, wie es sich in dieses Kennzeichnungs- und Orientierungssystem einordnet. Von welcher bestehenden und gelernten Baureihe wird es abgeleitet? Wird das durch die Nomenklaturbezeichnung sichtbar gemacht? Oder ist es ein neues Crossover-Konzept, welches völlig neu positioniert und kommuniziert werden muss und damit eine eigene Klasse mit eigenem Klassenbuchstaben oder einer Buchstabenkombination begründet? Das System ist Zwang und Hilfe zugleich!

Die Ziffern-Buchstaben-Kombination ist für Premiumfahrzeuge heute die Norm, weil sie sich weltweit behaupten müssen und sich nicht auf die fragile Emotionalität künstlicher Namen und Begriffe verlassen können, die auch nicht mit einer Systematik in Verbindung gebracht werden kann.

Das Mercedes-Benz-Fahrzeugdesign

In der Autobranche liegt der Schwerpunkt einer Identity-Wahrnehmung fraglos auf den Produkten selbst. Sie sind für jeden täglich im direkten Konkurrenzvergleich sichtbar. Sie sind wichtig, weil wir sie praktisch alle täglich benutzen, als Fortbewegungsmittel und als Statussymbol. Wir geben viel Geld dafür aus und sind so jedenfalls zu einer wiederholten Meinungsbildung gezwungen. Konsistenz und Kontinuität ihrer Gestaltung sind deshalb entscheidend für das Markenbild.

Über Jahrzehnte war das Mercedes-Benz-Design eher als zu sachlich, rational, schwerfällig, gemächlich und wenig aufregend und abwechslungsreich angesehen.

Diese Tendenz entsprach aber der gewählten Markenstrategie, die auf Wert, Haltbarkeit, Langlebigkeit und sanfte Evolution ausgerichtet war. Gleichzeitig entwickelte sich die Logik einer vertikalen (über alle Fahrzeuggattungen hinweg) und horizontalen (Folgefahrzeuge) Designkonstanz. Typische Branding-Merkmale wie Kühler, Scheinwerferpartie,

Heckleuchten, Seitenlinie etc. wurden äußerst behutsam gepflegt, so dass ein Mercedes jederzeit sofort zu identifizieren ist. Keine andere Automarke hat dies so konsequent über Jahrzehnte verfolgt.

Mehr Dynamik und Emotionalität wurde notwendig mit der Erweiterung der Modellpalette in neuen Segmenten. Von fünf Modellreihen mit zwölf Typen 1990 wächst schließlich die Flotte bis heute auf elf Modellreihen und rund 35 Typen an, die voneinander zu differenzieren sind.

Bei aller Lebendigkeit, die mit der weiterentwickelten Designcharakteristik verbunden ist, die Logik des technisch innovativ, sachlich ausgerichteten „deutschen“ Auftritts wurde beibehalten. Die ergonomischen Errungenschaften werden niemals einem Gestaltungsgag geopfert – und das Branding, insbesondere auch der Markenzeichen selbst, noch konsequenter definiert.

Behalten wir bei der Beurteilung eines Designs das hohe Wertversprechen eines Premiumfahrzeugs im Gedächtnis, so wird klar, dass bei mehreren Jahren Entwicklungszeit, etlichen Jahren Bauzeit und noch längerer Lebensdauer die Gültigkeit zwei Jahrzehnte überdauern soll.

Das mehrdimensionale Wertesystem der Marke bildet für alle, auch die folgenden Designentwicklungen, den Hintergrund, da es die Grundwerte Qualität, Komfort, Langlebigkeit, Sicherheit unveräußerlich über alle Baureihen einfordert, bei den Trendwerten aber eine unterschiedliche Ausprägung des sportlichen oder praktischen oder statusorientierten Charakters eines Fahrzeugtyps erlaubt.

50 Jahre und fünf Generationen des Mercedes SL: Es gibt kein besseres Beispiel für die Kontinuität und Dynamik der Mercedes-Benz-Designentwicklung

Das Mercedes-Benz „Brand Design System"

Für die Kommunikation und damit das gesamte Feld der Darstellung und Steuerung des Auftritts der Marke sind die Festlegung der Brand-Designelemente und deren Anwendung das wichtigste Instrumentarium.

Mercedes-Benz hat einen neuen Weg eingeschlagen, indem es Richtlinien für seinen Markenauftritt komplett online im Intra- und Extranet umgesetzt hat. Um die Marke weltweit unter einer ganzheitlichen Sicht anwendbar zu machen, wurde das so genannte „Brand Design System" (BDS) entwickelt. Als Tool für ein weltweit konsistentes Markenmanagement des breit gefächerten Pkw- und Nutzfahrzeugangebots bezieht das BDS sämtliche Instrumente und Maßnahmen der Kommunikation ein und sorgt für Einheit in der Vielfalt verschiedenster Anwendungen.

Das System ist universal einsetzbar. Die Nutzer – Marken- und Kommunikationsverantwortliche zentraler Bereiche und der Vertriebsorganisation sowie externe Partner wie Agenturen, Lieferanten oder Händler – können sich per Mausklick jederzeit nach den neuesten Entwicklungen rund um das Erscheinungsbild der Marke Mercedes-Benz erkundigen. Das heißt, sämtliche Informationen und Vorlagen zu aktuellen Standards können umgehend aus dem Netz heruntergeladen werden.

Wie sieht das „Brand Design System" konkret aus? Aus welchen Elementen besteht es? In welchen Bereichen findet es Anwendung? Den Inhalt des BDS bilden Gestaltungsrichtlinien, die auf Grundlage der Markenpositionierung entstanden sind. Insgesamt besteht das BDS aus vier verschiedenen Bausteinen, die miteinander vernetzt sind: der „Brand Expression", den „Basic Design Elements", den „General Design Guidelines" sowie den „Specific Design Guidelines".

Die „Brand Expression" bildet das Herzstück des Systems. Sie beschreibt Positionierung, Persönlichkeit und Werte der Marke, erläutert ihre Herkunft und stellt zugleich den Bezug zur Zukunft her (Vision). Aufgabe der „Brand Expression" ist es, das Erbe der Marke und die Markenpersönlichkeit so zu vermitteln, dass alle Markenverantwortlichen immer im Sinne der Marke denken, fühlen und handeln – und diese Botschaft entsprechend kommunizieren.

Die „Basic Design Elements" beschreiben Grundgestaltungselemente der Marke und stellen das Fundament ihres Erscheinungsbilds dar. Hier ist z.B. festgelegt, welche Proportionen das berühmte Markenzeichen hat, hier werden die Markenfarben genau bestimmt und Schriftarten in den verschiedenen Anwendungen beschrieben. Dieser Baustein stellt sicher, dass die Grundelemente des Erscheinungsbildes der Marke einheitlich in allen Bereichen der Mercedes-Benz-Kommunikation angewandt werden. Die „Basic Design Elements" bilden die Basis für alle weiteren Komponenten des BDS.

Die „General Design Guidelines" erfüllen eine weiter reichende Funktion. Sie definieren Richtlinien für bereichsübergreifende Anwendungen. Das heißt konkret: Hier wird festgelegt, wie Broschüren und Anzeigen gestaltet werden, welchen Vorgaben Präsentationen und Geschäftspapiere zu folgen haben oder wie der Auftritt auf Messen oder im Internet geplant wird. Gerade das Thema Webdesign beziehungsweise Webguide wird einen wesentlichen Beitrag dazu leisten, den Markenauftritt in den Onlinemedien über alle Anwendungsgebiete, beispielsweise E-Business, E-Commerce und E-Customer Relationship Management, zu gewährleisten.

Die „Specific Design Guidelines" schließlich umfassen – wie der Name sagt – spezifische Adaptionen und sind speziell nur für einen Bereich z.B. eine bestimmte Geschäftseinheit gültig. Ein Beispiel hierfür ist der „Mercedes-Benz CharterWay", eine Dienstleistung, die für das Fuhrparkmanagement angeboten wird.

Die speziell für den Bildschirm entwickelte Version des Mercedes-Benz-Markenzeichens

CharterWay übernimmt die komplette Wartung, Instandhaltung und den Service rund um das Fleet-Management – nach dem Motto „Nur fahren müssen Sie noch selbst“. Die „Specific Design Guideline“ für CharterWay definiert, wie die „Basic Design Guidelines“ sowie die „General Design Guidelines“ in diesem speziellen Bereich angewandt werden. Hierzu zählen Markenfarben (neben den für Mercedes-Benz definierten Farbkodierungen sind auch sekundäre Markenfarben vorgesehen); darüber hinaus sind hier die Anwendung des Markenzeichens in Verbindung mit der CharterWay-Wortmarke definiert und Vorgaben für die Fahrzeugbeschriftung und Beschilderung festgelegt.

Integrierte Kommunikation

Welch heilsamen Einfluss ein durchgehendes Gestaltungssystem wie das BDS bewirkt, ist im Mercedes-Benz-Medienauftritt sichtbar.

Das Mercedes-Benz-Anzeigenlayout z.B. wird inzwischen seit mehr als zwölf Jahren nahezu unverändert eingesetzt und wirkt als Konstante mit der Grundfarbe Grau/Silber, der eigens entwickelten Schrifttype „Corporate A“ und einem klassischen Aufbau von Bild, Headline und Text. Die kreative Umsetzung in diesem manchmal als streng empfundenen Rahmen ergibt die eigentliche Spannung und interpretiert, was für die Marke typisch ist: die Mischung aus vertrauenerweckenden ruhigen Elementen und Werten mit Emotion, Ideenreichtum, variantenreicher Bildgestaltung und Sprachwitz.

Mit diesem Spielraum gelingt es dutzenden von Werbeagenturen rund um den Globus, erfolgreiche und preisgekrönte Kampagnen zu lancieren im typischen Look von Mercedes-Benz, aber mit lokalem Bezug in der Umsetzung.

Ein wichtiger Aspekt für eine Marke, die international in allen wichtigen Märkten eigenverantwortliche Vertriebs- und Marketingprofis beschäftigt, ist eine integrierte Planung aller Aktivitäten, die über den einzelnen

Anzeigen spiegeln die globale Konsistenz des Brand Design Systems im Layout wider, berücksichtigen jedoch lokale Besonderheiten in Inhalt und Bildwahl

Markt hinausgehen, sowie die Erfassung und gemeinsame Nutzung aller Ressourcen. Auch hierzu hat Mercedes-Benz ein Netzwerk installiert, das „Communication and Informations-System“ (ComIn), in welches online sämtliche strategischen und konzeptionellen Planungen der Märkte wie auch die Umsetzungen eingestellt werden können, so dass eine aktuelle Information über alle Kommunikationsmaßnahmen hinweg verfügbar ist. Hinzu kommen Daten einer zentralen Wettbewerbsbeobachtung. Entscheidend schließlich für die Effizienz im immer globaler agierenden Mediennetzwerk ist die Vereinbarung von Strategien, die eine Verbin-dung von zentraler Initiative und Steuerung und lokaler Nutzung verbinden.

Seit Jahren gibt es bei Mercedes-Benz z.B. eine durchgehende Strategie im Sportsponsoring. Neben dem direkten Engagement im Motorsport ist Tennis eine weitere international medial das ganze Jahr über präsente Sportart, die sich in allen Märkten auf nationaler, regionaler und lokaler Ebene für Kundenevents und Nachwuchsförderung nutzen lässt. Für die glaubhafte Präsenz der Marke ist es von enormer Bedeutung, ob es gelingt, die verschiedenen Wahrnehmungsebenen natürlich zu vernetzen. Der Mercedes-Stern im Tennisnetz ist eine musterhafte Idee zur Platzierung der Marke mitten im Geschehen.

Motorsport- und Tennisidole wie z.B. Mika Häkkinen, David Coulthard, Tim Henman und Boris Becker sind als Integrationsfiguren zusätzlich engagiert; sie stehen auf der Skala von Beliebtheit und Glaubwürdigkeit in ihrer Verbindung zu einer Premiummarke wie Mercedes-Benz weit oben. Die eigentliche Wirkung ihres Einsatzes beginnt, wenn sie es schaffen, über ihr ureigenes Medium hinauszugelangen und bei Events oder in der klassischen Werbung eine überzeugende Rolle als Partner der Marke zu spielen, und wenn sie sogar noch als humorbegabtes Paar agieren, wie das bei Boris Becker und Mika Häkkinen mehrfach in TV-Spots für die C-Klasse oder A-Klasse der Fall war.

Das Sportsponsoring-Konzept von Mercedes-Benz erhält seine Ergänzung durch national bedeutende weitere Sportarten, z.B. Golf in USA und Asien oder Fußball in Deutschland – aber immer unter der Vorgabe, mit Topspielern, Topmannschaften und Topevents zu kooperieren, um die Führungsposition von Mercedes-Benz auch über die Wahl des Partners und des Mediums spürbar zu machen.

Und zur Abrundung des Sportengagements kommt eine weitere zentral gesteuerte Aktivität internationalen Zuschnitts hinzu: Bereits zum dritten Mal findet 2002 die Verleihung des „Laureus Sports Award" in Monaco an die zehn weltbesten Sportler statt, eine gemeinsame Unternehmung von Mercedes-Benz und der Richmont-Gruppe mit ihren Luxusmarken Cartier, Dunhill, Officine Panerai etc. Dieser Event ist auf dem besten Wege, zum „Oscar des Sports" zu werden und so eine medienwirksame Plattform für die Präsentation der genannten Marken darzustellen.

Diese Branding-Strategie von Mercedes-Benz, sich in einem international medienwirksamen Lifestyle-Umfeld zu etablieren, setzt sich auch außerhalb des klassischen Sports fort. Im Aufbau befindet sich die Kooperation mit der Modebranche, deren Dynamik und Kreativität gut zu Mercedes-Benz passt: Zu dem Engagement bei der Australien- und New York Fashion Show kommen demnächst die Shows in Paris und anderen Städten.

Neben der klassischen Werbung und dem Sponsoring gibt sich Mercedes-Benz natürlich in allen anderen wichtigen Auftrittsformen ähnliche Mühe, die Charakteristik der Marke erlebbar zu machen.

Fazit

Große Marken mussten schon immer ihr Produkt zu einem Paket aus Story, Kundennähe und Mythos verpacken, um den entscheidenden Mehrwert zu erzeugen. Das ist Mercedes-Benz immer wieder gelungen. Im großen Orientierungsraster der Gegenwart spielt die Inszenierung der global gültigen Marken als Träger der Identifikation, als Zeichen der Zugehörigkeit zu einer Gruppe und zur Unterscheidung zugleich eine noch bedeutendere Rolle als früher.

Die professionelle Handhabung aller dazu notwendigen Instrumente erfordert deshalb mehr denn je Gefühl und Verstand. Entscheidend aber für das Verständnis aller am Prozess Beteiligten ist die Tatsache, dass die Werthaltung des „Unternehmens" Mercedes-Benz über 100 Jahre im Prinzip unverändert geblieben ist. Schon Gottlieb Daimler wird der Spruch zugeschrieben: „Das Beste oder nichts". Gemeint ist das richtungsweisende Streben nach der faktischen Produktüberlegenheit – gepaart mit dem Willen und der Fähigkeit, alle Handlungen, durch die sich die Marke äußert, im Zusammenspiel schlüssig und konsequent zu gestalten: Produkte und Dienstleistungen, den Vertrieb, Werbung und Verkaufsförderung, Presse und PR-Arbeit, das soziale und kulturelle Engagement.

Kommentar des Herausgebers

Mercedes ist eine durch und durch ganzheitliche Marke. Entstanden in der Frühzeit der Automobilindustrie, besticht sie durch einmalige Konsistenz in Ausrichtung und Wertgefüge. Wie Hans-Georg Brehm beschreibt, die Marke profitiert von der Philosophie, sich nur mit dem Besten zufrieden zu geben; einer Philosophie, die vor allem anderen auf die hohe Qualität der Produkte ausgerichtet ist. Dieser Qualitätsanspruch wird bei Mercedes-Benz auf alle Tätigkeitsfelder ausgedehnt. Positionierung und Markenkern sind maßgeblich für die Gestaltung aller Unternehmensaktivitäten; sie wurden im Zuge der Etablierung von Mercedes als Premiummarke innerhalb des Daimler-Chrysler-Portfolios noch exakter definiert. Bei aller Konsequenz und Professionalität hatte es Anfang der 90er Jahre, hervorgerufen durch die rasante Marktentwicklung bei den Premiummarken in der Autoindustrie, Ermüdungserscheinungen bei der Marke Mercedes gegeben. Die Reaktion des Unternehmens war typisch ganzheitlich: Man passte die Positionierung radikal den veränderten Marktbedingungen an – ohne die alten Werte über Bord zu werfen; es gab eine Offensive mit vielen innovativen Produkten; schließlich startete man das Mammutprojekt, alle Manifestationen der Marke weltweit einheitlichen Gestaltungsrichtlinien zu unterwerfen. Wie nicht anders zu erwarten, ist Mercedes-Benz heute wieder Innovationsführer – im Markenmanagement wie in der Automobiltechnik –, und die Marke wird besser denn je gepflegt. Im heutigen wettbewerbsintensiven Konkurrenzumfeld, so lautet die Lehre aus diesem Fallbeispiel, kann sich selbst der Beste nicht auf seinen Lorbeeren ausruhen.

Kapitel 6

Leuchtende Markenzukunft: Orange

Denise Lewis
Bereichsleiterin Unternehmenskommunikation

Orange ist Name und Hausfarbe

Orange ist ein Paradebeispiel für eine ganzheitliche Marke. Ohne unseren tiefen Glauben an die Marke, der alles durchdringt, was wir tun, hätte Orange niemals aus dem Nichts zu einem der führenden Unternehmen für mobile Kommunikation aufsteigen können, mit 40 Millionen Kunden in 20 verschiedenen Märkten.

Als die Marke am 28. April 1994 in Großbritannien vorgestellt wurde, erwarteten selbst viele kluge Köpfe nicht, dass sie das Jahrzehnt überdauern, geschweige denn den Markt auf den Kopf stellen und in nur acht Jahren zum Marktführer avancieren würde.

Orange war der letzte Einsteiger in den gedrängten und unattraktiven britischen Mobilfunkmarkt. In den frühen 80er Jahren hatten Vodafone und Cellnet (eine gemeinsame Tochter von BT und Securicor) je eine Analoglizenz erhalten. Sie durften nicht direkt an die Verbraucher verkaufen, sondern vertrieben de facto Airtime an eine Vielzahl von Service Providern, die Airtime-Pakete an die Konsumenten verkauften, teils direkt, teils über den Handel.

Heute ist das Handy allgegenwärtig und gilt als notwendiger Bestandteil eines modernen westlichen Lebensstils. Vor weniger als zehn Jahren jedoch wurden Mobiltelefone als reine Zweckobjekte betrachtet, sie waren schwer, umständlich und sehr teuer.

Unternehmen und Einzelpersonen wurden an jahrelange Verträge gefesselt, mussten An- und Abmeldegebühren plus Grundgebühr zahlen und natürlich die eigentlichen Gesprächsgebühren noch dazu. Die Service Provider brachten keinen Mehrwert ein, sondern addierten einfach einen Prozentsatz zum Großhandelspreis der Gespräche.

Die Konsumenten hatten bei der Auswahl der Telefonanbieter kaum Mitspracherecht und verließen sich auf den Händler oder den Service Provider. Tarife waren schwer verständlich und durchsetzt mit komplizierten Berechnungen, dabei lagen die Preise innerhalb einer geringen Bandbreite.

Kundenbedürfnisse spielten zu dieser Zeit keine große Rolle. Nur 4 % der Haushalte verfügten 1994 über Mobiltelefone, und die stärksten Nutzer waren Geschäftskunden: oftmals Vertriebsmitarbeiter und Firmenchefs.

Anfang der 90er Jahre führte eine Gesetzesinitiative zu einer grundsätzlichen Veränderung der mobilen Kommunikation. Ein Weißbuch „Phones on the Move" erlaubte es Vodafone und Cellnet, digitale Dienste anzubieten. Drei neue Lizenzen wurden an Microtel, Mercury Personal Communications und Unitel vergeben.

Microtel wurde von der in Hongkong niedergelassenen Telekommunikationsfirma Hutchison Whampoa aufgekauft. Diese hatte bereits Anteile am britischen Markt mit einer Pagingfirma und stellte als Service Provider die Verbindungen für Kunden von Cellnet und Vodafone her. Markterfahrung war also schon vorhanden.

Microtel hatte sich jedoch auch an dem fehlgeschlagenen mobilen Kommunikationsservice Rabbit beteiligt, was einige Branchenbeobachter gegen die neue Marke einnahm. Damit das Telefon funktionierte, musste sich ein Anrufer in Sichtweite eines Rabbit-Zeichens befinden, was das Senden und Empfangen von Anrufen erheblich einschränkte.

Wie sah der Wettbewerb aus?

Zu Beginn der 90er Jahre erkannten die Konsumenten das wahre Potenzial des Mobiltelefons noch nicht. Mobiltelefone waren eher für ihre negativen Aspekte bekannt: störend in Zug und Restaurant; verwirrende Tarifstrukturen; schlechter Service; lückenhafte Netzabdeckung; hohe Kosten. Die Betreiber am damaligen Markt waren technologieorientiert und verstanden die Bedürfnisse ihrer Kunden nicht. Die Abrechnung im Minutentakt ergab hohe Kosten, und die Verbraucher begannen das als schlechtes Preis-Leistungs-Verhältnis zu begreifen. Es gab zahllose Werbeaktionen, die jedoch als sehr verwirrend empfunden wurden.

Die neue Marke sollte also in einen Markt eingeführt werden, den BTCellnet und Vodafone seit neun Jahren dominierten, in dem sie landesweite Netze unterhielten und über Millionen von Kunden in ihrem Analognetz verfügten. Darüber hinaus hatten sie genügend Zeit zu planen, neue Wettbewerber am Eintritt zu hindern, da diese sich erst einmal auf den Netzaufbau konzentrieren mussten. Die beiden Marktführer versuchten, mit neuen Tarifen für Wenigtelefonierer neue Kunden zu gewinnen, und bauten ihre Positionen auf dem Geschäftskundenmarkt aus.

Mercury One2One entschied sich für einen Launch Anfang 1993 und kam damit Microtel zuvor. Das fusionierte Unternehmen konzentrierte sich auf den Aufbau seines Netzes in London und den anliegenden Grafschaften. Es führte eine aggressive Werbekampagne durch und bot Gratisgespräche an. Vodafone und Cellnet zogen mit ihren Ausgaben und Aufwendungen gleich. Der Markt wurde also immer heißer, und Microtel stand der Launch noch bevor.

Wer waren die Kunden?

Zehn Jahre „Duopol" hatten einen Commodity-Markt für mobile Kommunikation geschaffen. Die Gesprächsgebühren waren unerschwinglich, da die Tarife entweder auf Geschäftskunden abgestimmt waren oder auf Privatkunden, die ein Telefon für Notfälle hatten und denen man sehr hohe Gebühren für Gespräche selbst außerhalb der Primetime verrechnete. Dem Marktsegment mit dem größten Potenzial, den Privatkunden, wurde wenig Anreiz geboten, ihr Telefon zu benutzen.

Microtel untersuchte Produkte und Kunden gründlich, um zu verstehen, wie Letztere den Markt wahrnahmen. Die Großkunden waren Geschäftsleute, aber das größte Potenzial lag darin, Konsumenten von der privaten Nutzung von Mobiltelefonen zu überzeugen.

Der Launch der neuen Marke

Der Aufbau eines landesweiten Netzes war natürlich eine Priorität für das neue Unternehmen, doch erkannte Microtel, dass die Spielregeln geändert werden mussten, um auf einem Markt als Vierter zu überzeugen.

Ausgangspunkt war das Credo „Eine Marke ist ein eingehaltenes Versprechen". Im Mai 1993 wurde ein Team gebildet, das Markenwerte definieren und ein Leistungsversprechen entwickeln sollte, um damit die Kunden emotional einzubinden und gleichzeitig einen greifbaren Mehrwert zu schaffen. Das Besondere am Microtel-Team war seine Kundenorientierung. Das gesamte Geschäft, ob Produktangebot oder Service, wurde im Sinne des Kunden aufgebaut. Die

Die Orange-Launch-Kampagne im April 1994: ein emotionaler Weg, die Markenwerte zu kommunizieren

Aufgaben des Teams:

- Entwicklung eines neuen Namens
- Entwicklung der Markenwerte, Vision und Philosophie
- Aufbau der neuen Marke – dem neuen Verständnis, Geschäfte zu führen
- Entwicklung von Werbe- und „Promotion-Tools" für den Launch

Der Name

Wir fanden, Microtel war nicht der richtige Name, um die Marke ins 21. Jahrhundert zu führen. Er war technologiebezogen, nicht vorausschauend und visionär.

Ausgehend von der Kernaussage des Markenversprechens wurde eine engere Auswahl getroffen, die Namen enthielt wie Pecan, Gemini, Egg, Miron und natürlich Orange.

„Orange" verkörperte nach unserem Empfinden am besten, was wir aus der Marke machen wollten. Der Name wurde mit Optimismus, Spaß und Freiheit assoziiert. Marktuntersuchungen zeigten, dass die Menschen den Namen einprägsam und freundlich, extrovertiert, modern und stark fanden. Er wurde den gleichen Kategorien wie Virgin, Sainsburys, McDonald's und Sony zugeordnet und als maßgeblich und erstrebenswert eingestuft. Natürlich gab es auch Bedenken. Wir wussten die positiven Assoziationen einer so warmen und freundlichen Farbe und des Wortes zu schätzen. Doch würde der Name ernst genommen werden? Aber es gab ja bereits Präzedenzfälle: Der Name „Apple" war der äußerst erfolgreichen Computerfirma keineswegs hinderlich. Unser Name hatte zwar keine Assoziationen mit Kommunikation oder Technologie, doch war dies eher ein Vor- als ein Nachteil.

Unser neuer Name erhielt eine klare und einfache Identität: ein orangefarbenes Quadrat mit dem Wort „orange" in weißen Kleinbuchstaben, einfach, aber einprägsam.

Die Werte und das Leistungsversprechen

Sobald Name und Identität feststanden, gaben wir weitere Marktstudien über Privat- und Geschäftskunden in Auftrag, die sich mit Namen, Aussage, Farbe, Logo und Kundennutzen befassten. Das Brainstorming im Launchteam konzentrierte die Kernaussage der Marke zu einem Konzept aus drei Vorstellungen: my world, manager, my friend, verschmolzen zu: „It's my life".

Daraus ergab sich eine eindeutige Reihe von Orange-Markenwerten. Diese waren: geradeheraus, ehrlich, erfrischend, dynamisch und freundlich.

Orange ist

- **erfrischend.** Orange ist hell und freundlich. Orange will die Menschen von den Beschränkungen gestriger Technologie befreien und ihnen faire, benutzerfreundliche Produkte und Dienstleistungen bieten – wo, wann und wie auch immer sie diese nutzen wollen.
- **ehrlich.** Orange ist völlig transparent und macht klare Aussagen, die Verwirrung vermeiden.
- **geradeheraus.** Orange macht die Dinge einfacher, drückt sich klar aus und verwendet keinen Jargon.
- **innovativ**. Orange ist immer bestrebt, innovativ und dynamisch zu sein.
- **freundlich.** Orange ist eine Marke, der man vertrauen kann.

Ungewöhnlich an Orange ist vielleicht die Tatsache, dass die Werte und das Leistungsversprechen, die für den Launch entwickelt wurden, auch heute noch gelten und eingehalten werden. Genau diese Werte grenzen Orange von anderen Marken ab: Wir haben sie nicht nur, wir leben sie. Sie lassen uns, unsere Produkte und unsere Dienstleistungen menschlicher werden.

Sie sind nicht nur auf die Beziehung zu unseren Kunden anwendbar, sondern bestimmen auch unser Verhalten als Unternehmen gegenüber Lieferanten, Partnern und Kollegen. Mit unserer Marke streben wir eine bessere Zukunft an, in der die Menschen kommunizieren und Informationen abrufen könnten, wann, wo und wie sie wollten.

Wir hatten uns zum Ziel gesetzt, den Mobilfunk zu revolutionieren. Unklarheiten sollten beseitigt und der Gebrauch eines Mobiltelefons vereinfacht werden. Wir schufen also eine neue Kategorie und nannten sie „drahtlos" („wirefree"). Wir hatten das Zukunftspotenzial drahtloser Technologien erkannt und wollten nicht in dieselbe Schublade gesteckt werden wie unsere Mitbewerber. Wir registrierten „wirefree" als Warenzeichen und machten es zum Ausgangspunkt für eine flexible Zukunft, in der Kommunikation nicht länger drahtabhängig und längerfristig auch nicht auf Sprache beschränkt sein sollte, sondern auf E-Mail, Text, Video, Banking, News Content usw. ausgedehnt werden könnte.

Der Erfolg von Orange beruht auf der Differenzierung vom Wettbewerb:

- Orange war die erste Mobilfunkfirma, die ihre Kunden in klarer und unmissverständlicher Weise ansprach. Das Kommunikationsmaterial war einfach zu verstehen.
- Gespräche wurden sekundengenau abgerechnet, um Abzockergebühren wie beim Wettbewerb zu vermeiden. Jeder Vertrag enthielt auch ein Betreuungspaket mit Kundendienst und Ersatz innerhalb von 24 Stunden.
- Orange führte Innovationen ein wie einfache Gesprächstarifpläne (Talk Plans) mit gutem Preis-Leistungs-Verhältnis, Anruferidentifizierung, Gratis-Einzelabrechnung und direkten Kundenkontakt.

Die Entwicklung der Marke

Der Launch von Orange wird als einer der ungewöhnlichsten und innovativsten Kampagnen in Großbritannien verstanden. Er erhielt seinerzeit viele Auszeichnungen und erregte eine Menge Aufsehen. Doch wichtiger war, rasch eine starke Markenwahrnehmung aufzubauen, da wir lange nach den anderen Hauptanbietern in den Markt einstiegen.

Das stärkste und einprägsamste Element war vielleicht der Slogan: **„The future's bright. The future's Orange."** Die Marke war untrennbar verbunden mit der Zukunft und dem Versprechen, dass das Unternehmen den Kunden helfen würde, diese zu meistern. Menschen finden neue Technologien attraktiv, trauen ihnen aber nicht, Hilfe und Orientierung suchten sie bei Orange. Der Slogan wurde von den Kunden sehr gut angenommen und gehört heute zu einem der erfolgreichsten in der Geschichte der Werbung.

Die Markenstrategie war alles andere als vorsichtig. Das Unternehmen wusste, dass es auf Anhieb richtig liegen musste, war aber dennoch bereit, gewisse Risiken einzugehen. Untersuchungen hatten gezeigt, dass die Konsumenten ein ambivalentes Verhältnis zu Mobiltelefonen hatten. Sie

Orange-Kampagne von 1995: „Digitale Technologie bedeutet, Ihr Anruf kommt immer durch!"

Oftel (die britische Telefon-Regulierungsbehörde) platzierte Orange 1998 das erste Mal in ihrer Best Performance Survey. Die „Top Dog"-Kampagne feierte diesen Erfolg

wollten nicht mit vulgären oder störenden Aspekten assoziiert werden und sich nicht von der Technik versklaven lassen. Sie stimmten jedoch all den Annehmlichkeiten zu, die ihnen die Mobilfunkanbieter versprochen hatten. Es zeigte sich auch, dass die Kundeneinstellung zu Vodafone und Cellnet reichlich Raum für einen Mitbewerber ließ, der die Kunden in ihrer Sprache ansprechen und ihnen einleuchtende Vorteile anbieten konnte. Vor allem aber zeigte uns die Marktforschung, dass wir Werbung vermeiden sollten, die sich auf Technologie oder Preise bezog.

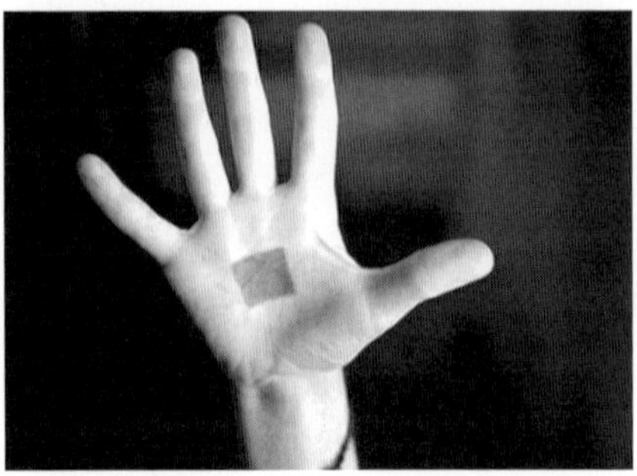

Das sofort wiedererkennbare Orange-Quadrat in einer Werbung für Orange.net mobile Internet Services

Erscheinung und Aussage aller Werbematerialien stimmen mit dem Markenauftritt von Orange überein

Talk, das Magazin für Orange-Mitarbeiter in Großbritannien

Das Orange-Kundenmagazin

Also kamen in der Orange-Werbung keine Mobiltelefone vor. Die Kommunikation drehte sich um die Annehmlichkeiten, die den Menschen entstehen, die die Mobiltelefone nutzen. Somit wurde in einem komplexen und verwirrenden Markt Klarheit geschaffen. Und in einem technologieorientierten Markt, der zu dem Zeitpunkt wenig Neues zu bieten hatte, bedeutete Orange Innovation.

Cellnet und Vodafone hatten sich die letzten zehn Jahre auf Kostenfragen konzentriert, also wurde dieser Aspekt von Orange vermieden. Im Gegenteil. Wir beabsichtigten, eine starke und lebendige Markenidentität zu schaffen, die den Menschen die Zuversicht gab, unserer Preisgestaltung zu vertrauen. Wir waren nicht daran interessiert, in einem Commodity-Markt mitzubieten.

Was das Kundenprofil betrifft, so identifizierte Orange eher einen Typus als eine demografische Gruppe. Das waren die Unabhängigen, die ihre Entscheidungen selbst trafen und das Symbolhafte an den Aussagen von Orange zu schätzen wussten.

Talk, listen, laugh, cry

Die Werte von Orange gaben der Werbekampagne Gestalt. Am 28. April 1994 wurde Orange offiziell vorgestellt. Poster mit den Worten „Talk", „Listen", „Laugh", „Cry" erschienen überall in London. Die Poster waren schwarz und enthielten nur das eine Wort, das Orange-Logo und den Slogan. Wer sie zum ersten Mal sah, erhielt keinen Hinweis, dass es sich um Werbung für ein Mobilfunkunternehmen handelte. Die Poster waren plakativ und damit unübersehbar und gaben den Stil vor, der unsere Posterwerbung auf Jahre hinaus prägen würde. Werbeschaltungen mit erklärenden Zusätzen erschienen in der Presse und im Fernsehen, auch sie konzentrierten sich auf emotionale Kundennutzen und nicht auf Preis oder Technologie.

Der Frühling war gewöhnlich keine verkaufsstarke Jahreszeit für Mobiltelefondienste, aber es war der früheste Zeitpunkt, zu dem wir die Marke lancieren konnten. Das Datum wurde nach Feng-Shui-Kriterien ausgewählt, die dem Mutterunternehmen in Hongkong wichtig waren.

Anfangs reagierten die Konsumenten verwirrt auf die Kampagne. Sechs Wochen nach dem Launch gaben in der ersten Tracking-Studie von Millward Brown 60 % der Befragten an, die Kampagne nicht zu verstehen. Ziel war nicht, in erster Linie Umsatz zu generieren, sondern Aufmerksamkeit zu schaffen. Das Unternehmen konnte daher an der Strategie festhalten. Es galt, die Marke zu einer Ikone zu entwickeln, und das Geheimnisvolle daran machte sie zusätzlich interessant.

Im Lauf der nächsten Jahre führte Orange flächendeckende Werbefeldzüge durch. Die Poster stellten jeweils ein neues Thema vor; die Fernsehwerbung vermittelte die wichtigsten Kundennutzen; die Presse lieferte Detailinformationen. Auch im Timing unterschied sich Orange vom Wettbewerb, der seine Werbung meist auf die drei Monate vor Weihnachten konzentrierte. Orange informierte den Markt in der Jahresmitte, nutzte die niedrigeren Werbesätze und etablierte eine Positionierung für die Marke, die nicht preisbezogen war. Da der Wettbewerb um diese Jahreszeit keine Werbung schaltete, hatte Orange 100% Medienanteil.

Während der Vorweihnachtszeit wurden die Umsätze mit kurzfristigen Marktaussagen gepuscht, gestützt von einer starken Markenbekanntheit. Es gelang Orange, Produktinformationen wie etwa die sekundengenaue Abrechnung und Textmessaging erfolgreich zu vermitteln und gleichzeitig ein sehr starkes, gut verstandenes Markenimage aufzubauen.

Die Synergien, die zwischen der Markenidentität und der Werbung geschaffen wurden, trugen zweifellos zum Erfolg der Marke bei. Die Identität gab den Rahmen für die Werbung in der Presse und auf Postern vor, und sie wurde einheitlich im gesamten Kommunikationsmaterial, im Direct Mailing und in der Verkaufsförderung angewandt. Alle Agenturen verstanden die Bedeutung der Konsistenz von Image und Inhalten und richteten ihre Arbeit daran aus.

Orange warb weiterhin mit Stil und kommunizierte eine klare Markenaussage. Der Ansatz ist visionär, appelliert aber gleichzeitig an einen breiten Massenmarkt.

Sponsoring spielte gleichfalls von Anfang an eine wichtige Rolle. Die Strategie war hier, über Sponsoring das Markenbewusstsein unter den wichtigsten potenziellen Nutzern aufzubauen. Orange wollte nicht das Sportsponsoring der Wettbewerber kopieren und wählte andere Bereiche, die die Kunden interessieren könnten, wie Literatur, Film, Bildung und Musik.

Wir sahen uns jeden Bereich genau an, um die Situation zu verstehen und aufzuspüren, wo sich die Finanzierungslücken befanden, dann die Entscheidung zu treffen, über welchem Bereich wir uns differenzieren können. So gab es z.B. andere Literaturpreise, aber der Orange Prize for Fiction war der erste nur für Autorinnen. Orange ist heute einer der größten Kunstsponsoren in Europa.

Im Jahr 2000 wichen wir von dieser Strategie ab, weil wir das Markenbewusstsein global ausbauen wollten und ein Medium suchten, das uns dies auch schnell und effizient ermöglichen würde. Wir untersuchten verschiedene Sportarten, wobei der Formel-I-Motorsport bei weitem am besten abschnitt. Er hat eine riesige Anhängerschaft und ist eine der dynamischsten Sportarten, die Zukunftstechnologien ins rechte Licht rücken.

Wir hielten Ausschau nach Möglichkeiten im Motorsport. So fiel die Wahl auf das Arrows-Team als unterfinanziertem „Underdog". Noch haben sie keine Siege eingefahren, doch verzeichnet unsere Sponsorship die zweithöchste Aufmerksamkeitsrate nach Ferrari, und das mit wesentlich weniger Aufwand.

Unternehmenswachstum

Ende 1995 hatte sich der Orange-Kundenstamm auf 785.000 verdoppelt, von 397.000 Kunden Ende 1994. Die Unternehmensstruktur war gleichfalls im Umbruch: Der Börsengang, zwei Übernahmen und die Erweiterung von einem rein britischen Unternehmen zu einem multinationalen Konzern standen bevor.

1996 wagte die Orange plc den Börsengang. Ihre Aktien sind seit dem 2. April 1996 in London und an der Nasdaq notiert. Die mit 2,4 Mrd. GBP bewertete Orange plc wurde zum jüngsten Unternehmen im FTSE-100-Index.

Im Juli 1997 wurde der erste Meilenstein von einer Million Kunden erreicht. Die Performance der Orange-Aktie wurde zur besten des Jahres 1998 gekürt, gemessen an den während des Jahres im FTSE-100 enthaltenen Unternehmen.

Im Juni 1999 erhielt Orange den NatWest/Sunday Times Business Enterprise Award, der Orange als eine der „herausragendsten Erfolgsstorys der letzten Jahre“ beschrieb und Orange „kühne Vision und Engagement für das langfristige Potenzial der mobilen Telekommunikation“ beschrieb.

Nach dem erfolgreichen Aufbau einer starken Präsenz in Großbritannien lag es für Orange auf der Hand, sich im Ausland nach internationalen Expansionsmöglichkeiten umzusehen. Die Orange Communications SA erhielt 1998 eine GSM-1800-Lizenz in der Schweiz und startete ihren Service am 29. Juni 1999. Zwölf Monate nach dem Launch als drittes Netz in der Schweiz war die Orange Communications SA bereits auf den zweiten Platz vorgerückt und konnte einen Marktanteil von 17 % und den größten Kundenzuwachs verbuchen.

Bis Ende 1999 vergab Orange Lizenzen seiner Marke an gleichgesinnte Betreiber in Hongkong, Australien, Israel und Indien. Im September 1998 startete Orange in Hongkong und drang innerhalb von sechs Monaten vom vierten auf den ersten Platz vor. In Israel gewann Orange im ersten Jahr mehr als 400.000 Kunden und wird als größte Marke anerkannt.

Im Oktober 1999 gab die Mannesmann AG (die bereits die Aktienmehrheit beim zweitgrößten Mobilfunkbetreiber Deutschlands hatte) die Übernahme der Orange plc für 19,8 Mrd. GBP bekannt. Die Börseneinführung wurde im Februar 2000 mit der Streichung von Orange aus den Börsennotierungen in London und an der Nasdaq abgeschlossen.

Zur gleichen Zeit wurde Mannesmann selbst von Vodafone übernommen, ein Deal, dem die Europäische Kommission unter der Bedingung zustimmte, dass Vodafone sich verpflichtete, sich von der Orange plc zu trennen.

Im August 2000 erwarb France Télécom die Orange plc von Vodafone für 25,1 Mrd. GBP. Die Mobiltelefoninteressen der Orange plc wurden mit den meisten Mobilfunkgeschäftsbereichen von France Télécom fusioniert und bildeten die neue Orange SA Gruppe.

Am 13. Februar 2001 wurde die Orange SA an der EuroNext Paris eingeführt. Trotz der Änderungen in der Eigentümerstruktur konzentrierte sich Orange weiterhin darauf, seinen Kunden den besten Service zu liefern. Im Mai 2001 erhielt Orange UK zum vierten Mal in Folge den ersten Rang bei der Kundenzufriedenheitsstudie im britischen Mobilfunkmarkt von J.D. Power and Associates.

Ende Dezember 2001 hatte Orange mehr als 39 Millionen Teilnehmer und verfügte über Mehrheitsbeteiligungen in Frankreich, Großbritannien, Belgien, den Niederlanden, der Schweiz, Rumänien, Dänemark, der Slowakei, Schweden, der Elfenbeinküste, der Dominikanischen Republik, Kamerun, Botswana und Madagaskar. Orange besitzt auch Minderheitsbeteiligungen in Italien, Deutschland, Portugal, Österreich, Thailand und Mumbai in Indien.

Im Mai 2001 wurde die Orange SA in den CAC-40 aufgenommen, in dem die 40 Topunternehmen Frankreichs, gemessen an der Marktkapitalisierung, geführt werden.

Die Marke Orange erhalten

Die Marke Orange überlebte nicht nur den Kauf und Verkauf durch ein deutsches, sondern auch die Übernahme durch ein französisches Unternehmen. Und es war kein bloßes Überleben, sie entwickelte sich zur stärksten Marke innerhalb der ehemaligen France-Télécom-Gruppe.

Jean-François Pontal, CEO von Orange, erklärte „France Télécom erkannte, dass die Marke Orange das Potenzial besitzt, die erste wirklich globale Kommunikationsmarke zu werden."

Sie war einzigartig in ihrem Marktsegment und stand für ein Unternehmen, das erfolgreich die Vision einer neuen und inspirierenden Zukunft vermittelt, die Erfahrung der Kunden mit dem Mobilfunk revolutioniert und enormen Shareholder-Value geschaffen hatte.

Das Markenleitbild

Orange stellte zehn Leitsätze für das globale Brand Management auf, die zeigen, warum die Marke einen derartigen Erfolg erringen konnte.

1. Verstehen, dass Marke mehr als nur Oberfläche ist

So lautet unsere Definition von holistischem Branding. Orange ist mehr als ein Logo. Orange ist unser Verhalten, unser Ethos, unsere Einstellung und wie wir unser Geschäft betreiben – es ist Leib und Seele unseres Unternehmens.

Wenn wir Orange in die Welt hinaustragen, etwa beim Rebranding aller 20 bestehenden Mobilfunkdienste der France Télécom oder beim Franchising der Marke an gleichgesinnte Betreiber, dann exportieren wir nicht einfach den Orange-Aufkleber, wir exportieren den „Orange way of doing business".

2. Die Marke als differenzierendes Element

Als vierte Marke am Markt wussten wir von Anfang an, dass wir innovativ sein mussten, um uns abzugrenzen. Eine Me-too-Strategie hätte die Kunden nicht überzeugt und vor allem nicht den wichtigen Durchbruch geschafft, den die Entwicklung des Markts und die Freisetzung des enormen Potenzials der privaten Nutzung gebracht haben.

Unsere Vision basierte auf einem ganz einfachen Prinzip: eine bessere Zukunft zu schaffen, in der die Menschen wann, wo und wie immer sie wollen kommunizieren und auf Informationen zugreifen könnten. Wir sind angetreten, den Mobilfunk zu revolutionieren, die allgemeine Verunsicherung zu beseitigen und den Gebrauch eines Mobiltelefons zu vereinfachen. Wir sind bei der ursprünglichen Aussage geblieben, dass Kunden nicht an Netzwerken, Standards und Systemen interessiert sind. Sie wollen Produkte und Dienste nutzen, die einfach in der Anwendung sind und ihnen ihr Leben erleichtern. Das bedeutet jedoch nicht, dass wir die Grundlagen vernachlässigen. Wir legen Wert auf:

- Netzqualität und Leistung
- Ausgezeichneten Kundenservice und Kundenbetreuung
- Wertschöpfung für Kunden, Beschäftigte und Aktionäre

3. Orange von innen

Unser Leitsatz ist es, unsere Marke erst nach außen zu tragen, wenn sie von innen lebt und atmet. Allein für das Jahr 2002 planen wir ein Rebranding in mindestens fünf Märkten: in der Slowakei, in Rumänien, an der Elfenbeinküste, in Kamerun und in Polen. Ein Land kann aber erst Orange werden, wenn es nachvollziehbar beweisen kann, dass es unsere Qualitätsstandards erfüllt.

Auf diese Weise vermeiden wir die Fehler, die viele Unternehmen beim Expandieren machen. Beim Versuch, lokalen Ansichten zu entsprechen, lassen sie zu, dass die Marke ihre Kernidentität und ihre Grundwerte verliert. Wir haben eine globale Vision für die Marke, die im Wesentlichen dieselbe ist wie bei der Einführung in Großbritannien vor acht Jahren.

Bei einem Unternehmen des Dienstleistungssektors wie dem unseren sind die Mitarbeiter ein wichtiger Aspekt der Marke. Um sicherzugehen, dass unsere Beschäftigen wirklich mit der Stimme von Orange sprechen, haben wir weitreichende Einführungsprozesse für einzelne Mitarbeiter und neue Geschäftsbereiche entwickelt. Sie werden von wirklich allen, ob neuer CEO oder Kundendienstmitarbeiter, absolviert. Wir erklären im

Detail unsere Werte, unsere Philosophie und unsere Vorstellungen und wie sich diese in unserer Geschäftstätigkeit umsetzen lassen. Das weckt eine Begeisterung bei unseren Mitarbeitern, die man nicht kaufen oder durch Anreize erzielen kann.

Bei der Personalbeschaffung sehen wir uns die innere Einstellung ebenso genau an wie Fertigkeiten und Qualifikationen. Wir lehnen 75 % der Kandidaten für unsere fünf Call-Center ab. Wir suchen nach der richtigen Einstellung, die zur Marke passt: positives Denken, Anpassungsfähigkeit und die Bereitschaft, sich einer Herausforderung zu stellen.

Die Leidenschaft der Orange-Mitarbeiter für ihre Marke bringt enorme, greifbare Vorteile. Die Leistung unseres Call-Centers ist besser, weil die Leute vom Orange-Ethos durchdrungen sind. Im gesamten Gebäude sind die Beschäftigten von Beispielen des Orange-Ethos umgeben: positive Botschaften am Schreibtisch oder der neue Aromatherapieraum mit Duftmischungen für jeden unserer Kernwerte. Wir kümmern uns um unsere Mitarbeiter auf dieselbe Weise, wie wir von ihnen erwarten, dass sie sich um unsere Kunden kümmern.

Nach einem Besuch in unserem Tyneside-Call-Center in England schrieb ein Reporter des Guardian „Für einen Manager ist dies die perfekte Belegschaft. Enthusiastisch, intelligent, einfallsreich und arbeitsam und dazu von einem realistischen Glauben getragen, wie man ihn selten in anderen Lebensbereichen außerhalb der Arbeit findet. Früher inspirierten politische Parteien und Kirchen solches Engagement. Sie bleiben einer Marke leidenschaftlich treu, die in 18 Monaten nicht weniger als viermal an verschiedene multinationale Konzerne verkauft wurde. Sobald ihre Beschäftigten eine emotionale Bindung an die Marke eingegangen sind, folgen sie ihr überallhin."

4. Finger weg von der Identität

Wir haben viel Zeit und Geld investiert, um eine Identität für Orange zu schaffen, die sich bewährt hat. Daher nehmen wir uns auch die Zeit sicherzustellen, dass diese Identität nicht verwässert wird oder sich von unseren Leitsätzen entfernt, auch wenn wir expandieren.

Die Essenz unserer Marke ist eine strahlende menschliche Zukunft. Alles, was wir tun, spiegelt in der Sprache, den Handlungen und dem Optimismus dieses Streben. Beim Rebranding sind uns daher einige Grundsätze heilig und ihre Konsistenz hat Priorität. Die Erfahrungen der Menschen mit der Marke und wofür sie steht muss überall in der Welt dieselbe sein. Dieselben Werte und auch dieselbe Corporate Identity. Das Orange-Quadrat. Die Schriftart. Die Wortwahl. Die Farben. Der berühmte Slogan. Alles präzise und einfühlsam wiedergegeben.

Wir bemühen uns, überall in der Welt dieselbe Kundenerfahrung zu bieten, und das verleiht unserer Marke Stärke.

5. Den Rahmen verstehen lernen

Wir verlangen zwar Konsistenz in den grundlegenden Dingen unseres Geschäftes, doch fördern wir auch Flexibilität in der Ausdruckskraft der Marke. Sie muss zu Bedingungen vor Ort passen. Wir müssen diese daher untersuchen und verstehen lernen und auf die Erfahrung unserer lokalen Betreiber eingehen, damit die Marke lokale Marktdynamik nutzen kann.

Die ersten fünf Grundsätze sind sehr allgemein und lassen sich auf jeden Geschäftsbereich anwenden. Die nächsten fünf sind speziell auf Orange bezogen und unterstützen die Werte, die den Kern unseres Geschäftes bilden.

6. Markenwerte etablieren

Ein Grund für den Erfolg der Marke Orange ist das durchgängige Festhalten an Werten, die beim Launch der Marke aufgestellt wurden. Sie liegen unserer Geschäftstätigkeit zu Grunde und heben uns ab, nicht weil wir diese Werte haben, sondern weil wir sie bewusst leben.

Unser Versprechen den Kunden gegenüber einzuhalten ist zu jedem Zeitpunkt unser Ziel. Ohne dieses Engagement können wir unsere anderen Ziele wie Wachstum und Rentabilität für alle Stakeholder nicht erreichen. Damit neue Märkte unsere Leidenschaft für Orange besser verstehen, haben wir in jedem Bereich unserer Gruppe „Centres of Excellence“ gegründet. Die besten Manager gehen im Rahmen der Einweisung in die verschiedenen Länder, um sicherzustellen, dass die Orange-Philosophie schnell und richtig verwurzelt wird.

7. Die flexible Marke

Von Anfang an ging die Vision für Orange über Mobilfunk hinaus. Wir haben uns vom Rest der Branche abgehoben durch Botschaften, die uns nicht einengten. Wir haben eine starke Marke aufgebaut, die ihr ursprüngliches Wesen beibehalten und gleichzeitig nach vorne blicken kann und flexibel genug ist, um mit den geänderten Bedürfnissen der Kunden mitzuwachsen. Unser langfristiges Ziel ist es, eine globale „Life-Services“-Marke zu sein. Nichts an unseren früheren oder jetzigen Markenaussagen steht dazu im Widerspruch oder würde die Vorstellung der Kunden von uns trüben.

8. Durchgängige Artikulierung unserer Vision

Wir artikulieren unsere Vision durchgängig, und sie ist vor allem Teil unserer Kultur. Innerhalb von Orange ist sie eine lebendige Geschichte, die immer wieder die Normen herausfordert und den Bezugsrahmen neu definiert.

Orange hat für Kunden einen coolen, symbolhaften Appeal, über Grenzen hinweg, und Orange konnte die Desillusionierung vermeiden, die viele Leute gegenüber einigen multinationalen Marken empfinden. Für die Zukunft wird es entscheidend sein, dieses Vertrauen zu erhalten. Orange ist gerade dabei, eine konzernweite Untersuchung der Wahrnehmung der gesellschaftlichen Verantwortung durchzuführen. Jeder Aspekt der sozialen, ethischen und gesellschaftlichen Stellung des Unternehmens wird dabei beleuchtet.

Daraus sollen integrierte Leitlinien über die Grundsätze unseres Handelns und ein Aktionsprogramm entstehen.

9. Auf die Kunden hören

Die Fähigkeit zu lernen und zu wachsen ist genau so entscheidend für den Erfolg wie die Fähigkeit, einen Service zu liefern. Unsere Organisation kennt die Themen, die den Kunden wichtig sind. Wir haben uns hingesetzt und unserem Kundenbetreuungspersonal zugehört und einen strategischen Rahmen für die Geschäftstätigkeit geschaffen, bei dem es zentral darum geht, wie wir unsere bestehenden und zukünftigen Kunden ansprechen und zufrieden stellen.

10. Die Marke leben

Wir bei Orange leben unsere Marke wirklich. Die Marke ist die entscheidende Unternehmensdisziplin. Sie definiert, was wir als Unternehmen sind, die Beziehung zu unseren Mitarbeitern und was wir unseren Kunden bieten. Auf diese Weise haben wir eine der glaubwürdigsten Marken der Welt geschaffen.

The future's bright ...

So, wohin geht's für Orange als Nächstes? Die Marke hat hohen Symbolwert in reifen Märkten und dringt rasch in alle Welt vor.

Die Orange SA ist eines der führenden Kommunikationsunternehmen der Welt. Heute ist Orange die Nummer eins in Großbritannien und Frankreich und, was die Versorgungsreichweite (den „footprint") angeht, der zweitgrößte Mobilfunkbetreiber in Europa. Unternehmen der Orange-Gruppe haben UMTS-Lizenzen der nächsten Generation in Großbritannien, den Niederlanden, Deutschland, Italien, Österreich, Schweden, der Schweiz, Portugal, Belgien und Frankreich erworben.

Orange begann vor allem als eine Marke der privaten Nutzung, doch ihre Mutter France Télécom dominiert den B2B-Markt in Frankreich. Orange profitiert von diesem Know-how und wird demnächst die etablierten Business-Marken herausfordern.

Sie ist bestens positioniert, um neue Entwicklungen in der mobilen Kommunikation und Telefonie zu nutzen, und kann die Konsumenten dabei unterstützen, an den revolutionären Veränderungen in Lifestyle und im Umgang mit Informationen teilzuhaben. Die Menschen werden über ihr Telefon per Text, Sprache und Video kommunizieren, doch das Telefon selbst wird mehr als nur ein Kommunikationsgerät sein. Es gibt keinen Grund, warum das Telefon nicht auch eine mobile Geldbörse werden kann, über die man Transaktionen durchführt, Geld von einem Konto auf ein anderes bewegt, so dass man keine Karten oder Bargeld mehr mit sich herumtragen muss.

Wir werden zusammen mit anderen klassenbesten Marken „Life Services“ anbieten, damit unsere Kunden, ohne an einen Schreibtisch oder Computer gebunden zu sein, das, was sie brauchen, herunterladen und darauf zugreifen können.

Wichtig für uns ist, dass unsere Kunden, wenn diese Entwicklungen kommen, ein solches Vertrauen in Orange haben, dass sie uns gerne ihre Geldgeschäfte anvertrauen und völlig akzeptieren, wenn wir ihnen neue Wege vorstellen, ihr Leben zu gestalten.

Kommentar des Herausgebers

Die Marke Orange ist mittlerweile ein derart vertrauter Bestandteil des britischen Alltags, dass die Geschwindigkeit und Souveränität, mit der dieser Status erreicht wurde, schnell in Vergessenheit gerät. Der Schlüssel zu diesem Erfolg liegt zweifelsohne in der ganzheitlichen Natur der Marke. Wie Denise Lewis andeutet, bestimmen die Markengrundsätze jeden Aspekt des Denkens und Handelns von Orange. Das Ergebnis ist Homogenität – und die daraus folgende Stärke aller Dimensionen, die vom Kundenservice über den Stil der Kommunikation bis hin zum Verhalten des Unternehmens und seiner Mitarbeiter reicht. Bei der Einführung in einen Markt, in dem die bestehen-

den Wettbewerber als unbesiegbar galten, versuchte Orange, die Kundenerwartungen verstehen zu lernen, um sie später zu übertreffen. Den Markenwerten und dem Leistungsversprechen wurde oberste Priorität gegeben. Alles weitere baute darauf auf und wurde von der Überzeugung geleitet, dass eine Marke ihr Versprechen einhalten muss. Orange ist ein gutes Beispiel für den ganzheitlichen Ansatz; ein Beispiel, das den Erfolg aufzeigt, der erzielt werden kann, wenn alle Dimensionen und Aspekte an einer kraftvollen kundenorientierten Vision ausgerichtet werden.

Kapitel 7

Wahrnehmung und Konditionierung verändern: BUPA

Peter Smythe
Head of Brand Management, BUPA

Die Neupositionierung der Marke

BUPA (British United Provident Association) gilt als Pionier der privaten Gesundheitsvorsorge. BUPA ist die größte Organisation ihrer Art in Großbritannien und erzielt einen Jahresumsatz von etwa 2 Mrd. GBP. Im Jahr 2000 betrug der Gewinn vor Steuern 65,4 Mio. GBP. BUPAs Status als „provident association“ (vergleichbar mit einer Genossenschaft) bedeutet, dass sie keine Aktionäre hat und alle Gewinne zum Wohl der Kunden reinvestiert werden.

Die Organisation weitet ihre Geschäftstätigkeit bereits seit mehreren Jahren vom Krankenversicherungsgeschäft in Krankenhäuser, Vorsorgeuntersuchungen, Pflegeheime und andere Gesundheits- und Pflegedienste aus. Heute bezieht sie weniger als die Hälfte ihrer Einnahmen aus Krankenversicherungsgeschäften. Die große Mehrheit der britischen Öffentlichkeit hielt jedoch an dem Bild von BUPA als Krankenversicherung fest. Hier war ein ganzheitlicher Ansatz für Management und Kommunikation gefragt, um BUPA aus ihrem Korsett zu befreien und als Anbieter einer breiten Palette von Gesundheits- und Pflegediensten neu zu positionieren.

BUPA initiierte ein Repositionierungsprogramm, wie es seinesgleichen in den 55 Jahren des Bestehens noch nicht gegeben hatte. Ziel war, die Organisation, die auf eine Dienstleistung beschränkt wahrgenommen

wurde, in ein diversifiziertes Unternehmen umzuwandeln. Die neue BUPA sollte auf die Gesundheits- und Betreuungsbedürfnisse der Kunden in allen Lebensabschnitten eingehen und diese erfüllen.
Die Neupositionierung wirkte auf vielen Ebenen und wurde im gesamten Konzern auf mitarbeiterorientierte Weise und unter Einbeziehung aller Betroffenen eingeführt. Dabei entstand eine Organisation mit einem neuen Wertekatalog, mit Maßstäben zur Serviceorientierung, individuellen Erreichbarkeit, Respekt und Know-how. Zu Recht lassen sich hier Parallelen mit den dramatischen Veränderungen bei den Bemühungen zur Einführung von Servicestandards im Einzelhandel ziehen.

BUPAs Dienstleistungen mussten durchgreifend umgestaltet werden, um sich als umfassender Anbieter innovativer und kundenorientierter Services zu präsenticren. So wurde das etablierte Krankenversicherungsangebot restrukturiert, um den auf Grundlage von Marktforschungen ermittelten Kundenanforderungen und Bedürfnissen gerecht zu werden. BUPA führte innovative Neuerungen ein, um in der Lage zu sein, auch Kosten für die medizinische Betreuung von bestimmten bereits bestehenden Leiden eines Kunden zu decken. Diese Einführung wurde als innovativ und einfallsreich begrüßt. BUPA etablierte eine Reihe von Änderungen in der Positionierung ihrer Serviceleistungen in den Bereichen Krankenhaus, Vorsorgeuntersuchung und Pflegeheim, die wir hier beschreiben werden.

Zwei Jahre konzentrierter Selbstbewertung und Marktanalyse waren nötig, bevor BUPA bereit war, ihre umfassenden und ehrgeizigen Zielvorstellungen publik zu machen. Erst nach Abschluss der Beurteilungsperiode wollten wir mit der neuen Kundenaussage an die Außenwelt herantreten.

Ein starker Slogan brachte die Veränderungen auf den Punkt: „the personal health service“. Die klare Aussage stand für BUPAs Entschlossenheit, individualisierte Dienstleistungen anzubieten. Somit identifizierte sich BUPA mit einem umfassenden Serviceangebot, anstatt wie früher den Schwerpunkt auf Krankenversicherung zu legen.

Die Neupositionierung der Marke stellt vielleicht den letzten Schritt in einem tiefer greifenden Wandel dar. Was in der Nachkriegszeit als Anbieter von privater medizinischer Versorgung für einige wenige, die es sich in der kargen Zeit leisten konnten, begonnen hatte, ist heute eine Dienstleistungsorganisation, die zu Beginn des 21. Jahrhunderts schon auf einer marktführenden Position aufbauen kann. Durch die Neupositionierung steht BUPA als selbstbewusste Organisation da, die ihre Führungsstellung als privater Healthcare Provider in Großbritannien behauptet.

BUPA

the personal
health service

Die neue Positionierungsaussage von BUPA ist nun Slogan-Bestandteil des Logos

Der Weg des Wandels

Der Weg zu dieser kulturellen und strukturellen Transformation war ein komplexer: Dazu gehörte auch die Neupositionierung des Unternehmens mit Hilfe einer Leitidee, die Einführung neuer Produkte, die Koordination eines internen Kommunikationsprogramms für alle Mitarbeiter, eine Werbekampagne im Fernsehen und integrierte Marketingkampagnen für die Produkte.

Um einen derart durchgreifenden Wandel in einer Organisation zu erzielen, die bei den Mitarbeitern wie auch in der Öffentlichkeit in erster Linie für ihre Krankenversicherung bekannt war, erforderte es eine genaue Selbstbeobachtung. Kein Aspekt der Marke blieb unberührt, als BUPA daranging, das Publikum von ihrem umfassenden Angebot zu überzeugen, das die Marke vor allem als Krankenversicherung wahrnahm.

Diese ganzheitliche Neupositionierung der Marke betraf Mitarbeiter, Kunden und die allgemeine Öffentlichkeit. Der Wettbewerb erkannte bald, dass BUPA eine neue Markenposition für sich absteckte, die bestehende Annahmen in Frage stellen würde.

Untersuchungsergebnisse weisen den Weg

Eine quantitative Marktforschungsstudie, die Ende 1998 durchgeführt wurde, brachte ernüchternde Ergebnisse für BUPA zutage und war damit der Ausgangspunkt für die Transformation. Erstens bestätigte sie, dass der Markt für ihr Kerngeschäft der privaten Krankenversicherung (PKV) langfristig im Abwärtstrend lag und kaum wieder stärker wachsen würde. Innerhalb von vier Jahren war die Anzahl der Versicherten um 1 % auf knapp unter 3,5 Mio. gesunken und deckte 6,4 Mio. Menschen oder ungefähr 11 % der erwachsenen Bevölkerung von Großbritannien ab. Die Zukunftsaussichten waren ebenfalls nicht viel versprechend. Gleichzeitig geriet ihre Position als Marktführer zunehmend unter Druck von Unternehmen, die PKV potenziell als Commodity-Produkt sahen.

Auch war die Markenpräferenz für BUPA stark im Fallen. Während 1997 mehr als 40 % der Befragten, die angegeben hatten, eventuell eine PKV abschließen zu wollen, BUPA als wahrscheinlichste Versicherung gewählt hatten, war diese Zahl bis Ende 1998 auf 32 % gesunken.

Eine Reduzierung der Werbemaßnahmen hatte außerdem zu einer Schwächung des Markenprofils geführt, das auf seinen niedrigsten Stand seit Jahren gesunken war. Unter der erwachsenen Bevölkerung erreichte BUPA nur mehr einen ungestützten Bekanntheitsgrad von 65 %, während er Mitte der 90er Jahre noch bei etwa 75 % gelegen hatte.

BUPA galt als teuer, aber viele potenzielle Kunden schlossen BUPA auch aus moralischen Gründen aus. Manche sahen BUPA als eine ziemlich unsoziale Möglichkeit, das nationale britische Gesundheitssystem NHS, die staatliche medizinische Versorgung, die der gesamten Bevölkerung unentgeltlich zusteht, zu umgehen.

Engagement der Führungsspitze

Die neue Führungsspitze und das Marketingteam hatten eine klare Aufgabe vor sich. Sie musste der Marke neue Dynamik verleihen und das Dienstleistungsangebot der Organisation für einen breiteren Personenkreis interessant machen, andernfalls riskierte sie die Stagnation des Unternehmens. In einem frühen und wichtigen Schritt änderte das neue Management seine Politik hinsichtlich des Markenbudgets und klassifizierte die Marke als eine Kapitalanlage mit laufendem Investitionsbedarf, um die längerfristige Performance zu verbessern.

Eine Neupositionierung war eindeutig erforderlich, doch konnte sie nicht ausschließlich durch einen externen Aufbau der Marke bewerkstelligt werden. Es galt auch, intern neue Kernwerte zu identifizieren und sich auf diese zu einigen. Die Leistungspalette musste erweitert werden. Und alles sollte von einer neuen Vision getragen sein, deren Aufgabe es war, die Organisation zu inspirieren und zu vereinen. BUPA durfte nicht als Spezial-Krankenversicherung gesehen werden, für die wenigen, die es sich leisten konnten (oder deren Arbeitgeber bezahlten), sondern als breit angelegter Anbieter von Gesundheits- und Pflegediensten – für viele zugänglich und auf die Bedürfnisse der Kunden eingehend. Nur so konnte es vorwärts gehen.

Von der Versicherung zur Rundum-Versorgung

Es galt also, das Unternehmen als erste Wahl für Gesundheits- und Pflegedienste zu positionieren. BUPA drückt es so aus: Wir wollen eine Organisation für Gesundheits- und Pflegedienste sein, die auch eine Krankenversicherung anbietet, und nicht eine Krankenversicherungsgesellschaft, die auch Gesundheits- und Pflegedienste anbietet.

Damit sich BUPA in den Köpfen der Konsumenten neu positionieren konnte, musste sich das Verhalten innerhalb und außerhalb der Organisation ändern. In drei Hauptbereichen gab es Handlungsbedarf:

- Das vorherrschende Bild von BUPA als gewinnorientiertes Unternehmen war auszugleichen durch eine verstärktere Wahrnehmung ihres Status als Genossenschaft und der Tatsache, dass keine Aktionäre zufrieden zu stellen waren und alle Gewinne im Unternehmen verblieben – zum Wohl der Kunden und Mitarbeiter.
- Das vorherrschende Bild sollte sich wandeln: Aus einer Alternative, wenn nicht gar einem Feind des britischen NHS-Gesundheitssystems sollte BUPA als Ergänzung dazu aufgebaut werden.
- Sie musste auch ihr Image, teuer und exklusiv zu sein, abschütteln und das einer zugänglichen Einrichtung „für mich“ aufbauen.

„Brand-Stretching“ – eine neue Kompetenz

Bei der Neupositionierung ging es nicht nur darum, die negative Wahrnehmung anzugehen, sondern auch darum, vorwärts zu blicken. Durch „Brand-Stretching“ versuchte BUPA, ihre Autorität auf dem PKV-Sektor auf ein viel breiteres Produktangebot auszudehnen, in einem Markt, den BUPA lieber „health and care“ (Gesundheit und Pflege/Betreuung) nennt als „Healthcare“. Diese Erweiterung der Brand Equity ist eine Pionierleistung, die von keinem anderen vergleichbaren Unternehmen in dieser Komplexität und Expertise erreicht wurde.

Die Position im Markt für Gesundheits- und Pflegedienste sollte auf den Werten „Fürsorglichkeit“ und „individuelle Betreuung“ aufbauen und nicht bloß aus finanzieller Versorgung allein bestehen. Es bedurfte einer neuen, motivierenden Vision. Nach sechs Monaten Diskussion mit den Führungskräften aller Geschäftsbereiche einigte man sich auf: „Taking care of the lives in our hands“.

Die Produktpositionierung

Das Produktangebot wurde mit großem Einfallsreichtum erweitert und in einer Form gebrandet, die den neuen BUPA-Werten entsprach. Vier Services erhielten besonderes Augenmerk: BUPA-Krankenhäuser; Krankenversicherungen durch den Launch von BUPA Heartbeat; BUPA-Pflegeheime; und BUPA-Vorsorgeuntersuchungen (im Geschäftsbereich BUPA Wellness).

BUPA-Krankenhäuser

Die Krankenhäuser von BUPA erhielten eine individualistische Ethik, die sich in der Aussage „Behandlung zum Fixpreis“ ausdrückte.– Eine Positionierung, den persönlichen Service hervorzuheben und gleichzeitig darauf zu verweisen, dass die Krankenhäuser allen offen stehen und nicht nur den Mitgliedern der BUPA.

BUPAs Produktlogos

Beim Fixpreispaket liegen die Kosten vor Beginn der Behandlung fest. Niemand muss Angst haben, dass der Zähler läuft, falls die Behandlung oder die Gesundung mehr Zeit als erwartet benötigt. So konnte BUPA den Markt über die Gruppe der Versicherten hinaus auf jene Personen erweitern, die bereit waren, für ihre Behandlung zu bezahlen.

„BUPA Heartbeat"

Derselbe Gedanke der Absicherung und Kundenorientierung stand auch Pate bei der Überarbeitung des Krankenversicherungspakets. Unter dem Namen BUPA Heartbeat wurde Neuland in zwei Richtungen betreten: Erstens bot es Deckung für bestimmte bereits bestehende Leiden; zweitens konnte der Preis viel präziser auf die jeweiligen Kundenbedürfnisse abgestimmt werden.

Das Unternehmen trachtete danach, politische Vorurteile gegen eine private Krankenversicherung zu überwinden, indem es den genossenschaftlichen Status von BUPA hervorhob. Die Tatsache, dass alle Gewinne in weitere Einrichtungen für Gesundheits- und Pflegedienste investiert werden, wirkt positiv auf potenzielle Kunden und kann ein wichtiges Unterscheidungsmerkmal gegenüber den verschiedenen kommerziellen Unternehmen sein, die inzwischen auf dem Krankenversicherungsmarkt tätig sind. Untersuchungen haben gezeigt, dass beim Abschließen einer Police die Überlegung mit entscheidet, dass man es mit einer Organisation zu tun hat, die nicht darauf aus ist, Aktiengewinne aus den gesundheitlichen Problemen der Menschen zu erzielen.

„BUPA Care Homes"

BUPA ist auf dem Pflegeheimsektor Marktführer in Großbritannien und betreut etwa 15.000 Menschen in 230 Pflegeheimen, was bis dahin jedoch kaum wahrgenommen wurde. Diese Präsenz konnte aber wesentlich dazu beitragen, BUPA als Organisation mit breitem Gesundheits- und Pflegedienstangebot zu positionieren. Hier ging es darum, die Pflegeheime öffentlichkeitswirksamer darzustellen, in einer Form, die auf die Bedürfnisse und Sorgen der älteren Menschen einging.

„BUPA Wellness"

BUPA Wellness war der neue Name des Geschäftsbereichs, der für das breite BUPA-Angebot an gesundheitserhaltenden Dienstleistungen zuständig war. Mit Zentren in ganz Großbritannien, beschäftigt er sich mit Vorsorgeuntersuchungen und dem Thema „Gesundheit am Arbeitsplatz". Durch die Übernahme von Gesundheitsdiensten verschiedener Unternehmen, besonders im Großraum London, konnte dieser Geschäftsbereich rasch wachsen.

Diese Services steuern Wesentliches zur Marke bei und differenzieren BUPA als eine Organisation, die sich um die Gesunderhaltung der Menschen kümmert und nicht nur darum, Erkrankte zu behandeln. Dieser Aspekt sollte noch eine wichtige Rolle in der Kampagne zur Neupositionierung spielen.

Das neue Selbstverständnis: das Programm „One Life"

Zeitgleich mit der Überprüfung der Produktlinie startete die BUPA ein Programm zur Mitarbeitermotivation. Auslöser war die Erkenntnis, dass Kunden die Marke in erster Linie über das Personal erleben. Dessen Engagement und Glaube an die Marke sind daher von entscheidender Bedeutung und Auswirkung. Das Unternehmen wählte als Rahmen ein Programm mit dem Titel „One Life". BUPA wollte jeden Mitarbeiter in einer ganztägigen Veranstaltung mit der neuen Vision vertraut machen. Das Folgeprogramm für Führungskräfte hieß „Leading One Life".

Für service- und pflegeorientierte Unternehmen ist es besonders wichtig, dass sich die Mitarbeiter mit ihrer Rolle und Aufgabe identifizieren. Das Programm „One Life" zielte darauf ab, BUPAs Bekenntnis zu diesem Prinzip zu demonstrieren.

Gut strukturierte Programme, die auf die Unternehmensvision und -strategie ausgerichtet sind, spielen eine wichtige Rolle. Sie sind jedoch keine Einmalveranstaltungen, um die Teilnehmer mit der Unternehmensausrichtung zu „indoktrinieren", sondern laufende Bemühungen. Sie helfen den Menschen, zu erkennen, welchen persönlichen Beitrag sie leisten können, um kundenorientierten Service zu liefern, effektive Führungsqualitäten zu entwickeln und die Kernwerte ihrer Organisationskultur zu stärken. In Phasen wirtschaftlicher Unsicherheit wird solche Entwicklungsarbeit leicht vernachlässigt. BUPA erkannte jedoch, dass gerade unter schwierigen wirtschaftlichen Bedingungen die Motivation der Mitarbeiter nicht riskiert werden darf. In diesen Phasen kommt es mehr als sonst darauf an, dass alle Mitarbeiter verlässliche Qualität liefern.

Individualismus als Botschaft

Das Programm „One Life" beruhte auf folgender Annahme: Wenn BUPA ihre Mitarbeiter als Einzelpersonen behandelte, würden diese wiederum die Kunden als Einzelpersonen sehen. Das Motiv von „One Life" war die Überzeugung, dass jede Person nur ein Leben hat, dass jedes Leben anders und einzigartig ist und dass es durchaus akzeptabel, ja geradezu wünschenswert ist, wenn die Menschen sich unterschiedlich und im Einklang mit ihrer inneren Wahrheit verhalten.

Die Botschaft, dass für BUPA jedes Leben wichtig ist, und die Aufgabe „caring for life" mit ihrer Doppelbedeutung von lebenslanger Betreuung und Wertschätzung des Lebens wurden in eine interne Vision umgewandelt, die die ganze Organisation inspirieren sollte: „taking care of the life in our hands". Sie wurde in internen Kommunikationsmaterialien und bei den „One Life"-Veranstaltungen vermittelt.

Harmonie und eine positive Stimmung waren wichtig für den Erfolg der Veranstaltung, daher sorgte BUPA für eine durchdachte Zusammenstellung der Teilnehmer bei jedem Event. Für die Veranstaltung wurden Mitarbeiter verschiedener Bereiche, Altersgruppen und Persönlichkeiten eingeladen, die ermutigt wurden, ihrer Persönlichkeit Ausdruck zu verleihen. Daher gab es keine Kleiderordnung. In einer Atmosphäre der Entspannung und des Austausches wurden die Mitarbeiter ermutigt, die Interessen und Fähigkeiten vorzustellen, die sie normalerweise nur in ihrer Freizeit verfolgten.

Die Anwesenden nahmen den Eindruck mit nach Hause, dass sie für eine komplexe Organisation arbeiteten, in der Individualismus und Fürsorglichkeit geschätzt wurden. Die ausgegebene Botschaft war: Menschen, die die Unterschiedlichkeit an ihren Kollegen akzeptieren und schätzen, nehmen auch ihre Kunden als Einzelpersonen wahr, haben ein offenes Ohr für ihre unterschiedlichen Bedürfnisse und stimmen ihre Leistungen darauf ab.

Mehr als 12.000 Menschen nahmen an den „One-Life-Programmen" teil, die über sechs Monate an vier Centern abgehalten wurden. Während das Programm lief, gelang es, die BUPA-Services auf ihrem gewohnt effizienten Niveau weiterzuführen, schon rein logistisch eine gewaltige Aufgabe.

Das „One Life"-Programm zeigte deutlich: Energie, Ideen und Engagement aller Mitarbeiter ließen sich tatsächlich besser nutzen. Es zeigte sich in vielen Fällen, dass einfache Ideen, die von den Mitarbeitern eingebracht wurden, direkte Verbesserungen in Arbeitspraktiken und Kundenservice liefern konnten.

Die Einführung für Manager: „Leading One Life"

Nach der erfolgreichen Durchführung der „One Life"-Programme für die Mitarbeiter wurde mehr als 1000 Führungskräften ein eigenes Programm mit dem Titel „Leading One Life" präsentiert. Es sollte Manager dazu ermutigen, eine Kultur des sorgsamen Umgangs unter den Mitarbeitern aufzubauen und zu überlegen, wie die Bemühungen und die Energie jeder einzelnen Person in den Teams zu nutzen wären, um gleichzeitig Engagement und Leistung zu belohnen und zu feiern.

Die Teilnehmer am Programm „Leading One Life" kamen aus allen Geschäftsbereichen, einschließlich der Krankenhäuser, Pflegeheime,

Versicherungen und Gesundheit am Arbeitsplatz. Sie repräsentierten alle funktionalen Bereiche und standen für die Vielfältigkeit der Menschen und Geschäftstätigkeiten bei BUPA. Das Programm „Leading One Life" hat wesentlich dazu beigetragen, eine vielfältige und international verteilte Organisation unter einer gemeinsamen Vision zusammenzubringen. Das Programm forderte die Teilnehmer dazu auf, sich zu fragen, wie sie am Arbeitsplatz ihre Kollegen und Kunden unterstützen und deren Anliegen verstehen könnten. Sie sollten auch ernsthaft darüber nachdenken, welche Wirkung die bei BUPA geförderte Entwicklung für den Einzelnen haben würde. Auf dem Sektor Gesundheits- und Pflegedienste brauchen die Kunden Unterstützung in einer Krisensituation, ob sie nun einen Versicherungsfall melden, eine Operation arrangieren, Pflege für betagte Verwandte suchen oder ihr geliebtes Kind einem Kindergarten übergeben. Vier Millionen Menschen legen ihr Leben in die Hände von BUPA, und das Unternehmen muss für sie da sein. Das Programm „Leading One Life" half Führungskräften und Mitarbeitern, jeden Kunden als Einzelperson zu sehen, um ihn bestmöglich zu betreuen.

„One Life" Awards

Managemententwicklung beginnt erst dann so richtig, wenn die Menschen die Workshopumgebung verlassen, zu ihren Teams zurückkehren und die Verantwortung für die Entwicklung einer stärker kundenorientierten Organisation übernehmen. Im letzten Jahr gingen bei BUPA 1700 Ideen für die „One Life" Awards ein, die Innovation bei der Bereitstellung interner und externer Serviceleistungen fördern sollen. Bis zu 40 % der Ideen wurden aufgegriffen. Zu den umgesetzten Vorschlägen gehören z.B. eine Healthline für Frauen, die vor einem operativen Eingriff gegen Brustkrebs stehen, ein Spielebüchlein, das Kinder auf einen Krankenhausaufenthalt vorbereitet, und sogar ein System von Karten, die am Armaturenbrett angebracht werden und auf überfüllten Firmenparkplätzen Frustrationen vermeiden sollen.

Die Awards waren dazu gedacht, Menschen auf allen Hierarchieebenen anzuerkennen und zu belohnen. Effektive interne Kommunikation durch Hauszeitungen und das Intranet erhalten das Programm lebendig.

Mitarbeiterbefragungen und regelmäßiges 360°-Feedback liefern die Benchmarks für Führungsstil und Managementpraxis. Das „Service Organisation Profile" (SOP) von BUPA, an dem alle Mitarbeiter teilnehmen, misst kritische Elemente, wie Zufriedenheit, Führungsqualität, Gruppenklima und unklare Rollenzuweisung, Zufriedenheit mit der Arbeit und Karriereentwicklung.

Untersuchungen der Kundenzufriedenheit zeigen durchgängiges Qualitäts- und Serviceniveau in allen Kundengruppen. Vor allem aber spiegelt sich der Beitrag von Schulung und Entwicklung im Wachstum der Organisation und in steigenden Gewinnen.

Auswirkung auf die Gewinne

Ganz sicher haben die Programme „Leading One Life" und „One Life" zur Steigerung der Gewinne von BUPA in den letzten Jahren beigetragen. Das sind willkommene Nachrichten für jedes kommerzielle Unternehmen; für BUPA aber, eine Genossenschaft ohne Aktionäre, bedeutet das die Möglichkeit, wachsende Beträge in Gesundheits- und Pflegedienste investieren zu können und den Kundenservice laufend zu verbessern.

In einem kundenorientierten Geschäft ist es entscheidend, die Menschen zu verstehen und das, was sie ansporn und begeistert. Wenn jede und jeder Einzelne die Möglichkeit zur persönlichen Entwicklung erhält, wächst die Zufriedenheit mit der Arbeit, und das wiederum verbessert den Kundenservice und die Kundenzufriedenheit. So entstehen vorbildliche Praktiken, die zum langfristigen Erfolg des Unternehmens beitragen.

Erst nachdem das interne Kommunikationsprogramm stand, das die Mitarbeiter beim Erfüllen des Markenversprechens unterstützte, wagte sich BUPA an ein externes Markenaufbauprogramm.

Marketingziele

Die Neupositionierung der Marke sollte von der Entwicklung und dem Launch einer neuen Werbekampagne getragen werden. Die vorangegangene Kampagne „Amazing“ hatte bereits beachtliches Lob erhalten. Doch nun ging es darum, das Produktangebot in den Mittelpunkt zu stellen und das breite Spektrum an Kompetenzen auf dem Sektor Gesundheits- und Pflegedienste zu betonen. Die Anforderungen an den neuen Marketingansatz waren im Briefing für die Agenturen zusammengefasst. Die neue Kampagne sollte

- einen Markenausdruck schaffen, der das Angebot zusammenführt, das Bewusstsein für die Dienstleistungen von BUPA jenseits von privater Krankenversicherung (PKV) weckt und die Einführung innovativer neuer Services unterstützt,
- eine Plattform liefern, die an ein breiteres Publikum appelliert und die Marke zugänglicher erscheinen lässt,
- eine neue Produktaussage für PKV schaffen, um sich von aggressiven neuen Marktteilnehmern, die die PKV zunehmend in einen Commodity-Markt verwandeln, auf dem nur mehr der Preis entscheidet, zu differenzieren.

Um eine neue Positionierung aufzubauen, wurde der Veränderung der Kundenwahrnehmung und des Markenverständnisses oberste Priorität eingeräumt.

Entwicklung einer Kommunikationslösung

Zur Repositionierung der Marke wurde ein neues Markenmodell entwickelt. Es sollte sicherstellen, dass jeder Botschaft das entsprechende Gewicht gegeben wurde und dass die verschiedenen Werte, die für die neue BUPA stehen, die neue Vision als dem „persönlichen Gesundheitsdienst“ zum Ausdruck bringen.

Die Produktkampagne sollte auf der erfolgreichen Imagekampagne „Amazing“ aufbauen. Der Slogan: „You're amazing. We want you to stay that way“ hatte für BUPA zwar Markenstatus geschaffen, jedoch nicht die Wahrnehmung einzelner Dienstleistungen gefördert. Die verschiedenen Services sollten als Beispiele für die „Marke in Aktion“ dienen und die Kernwerte vermitteln.

Die Entwicklung einer neuen Markenpersönlichkeit für BUPA war wesentlich für die Kampagne. Sie sollte BUPA als menschlich, fürsorglich und fachkundig darstellen. Es galt, das Image männlicher Autorität zu mildern und gleichzeitig weiblichere Werte der Fürsorglichkeit und der Anteilnahme einzuführen. Die Verschmelzung der männlichen Werte des Arztes mit den weiblichen Werten der Krankenschwester würde für die Persönlichkeit von BUPA den bisherigen Ruf als medizinisch fachkundige Autorität erhalten und den neuen Wertekomplex der unterstützenden Fürsorglichkeit hinzufügen.

Die neue Markenaussage

Eine intensive Forschungs- und Testphase führte zur Kreation des „Markentempel-Modells“.

Die Basis des Tempels setzt sich aus den funktionellen Bedürfnissen der Kunden zusammen wie etwa „Auswahl“, „auf meine Bedürfnisse zugeschnittene Leistungen“, „zugängliche Services“. Auf der nächsten Ebene geht es um die emotionalen Bedürfnisse der Kunden wie „Ich will so gesund erhalten werden wie möglich“, „Ich will Kontrolle über meine

Gesundheit", „Ich brauche das sichere Gefühl". Und darauf bauten die Produktsäulen als Beispiele für die Marke in Aktion auf. Über die Produkte würden sich die Kernwerte und die Markenpersönlichkeit mitteilen, die sich alle in der Kernaussage der Marke ausdrückten: „the personal health service" – der persönliche Gesundheitsdienst. Sie bildete das Dach des Tempels.

Ein überzeugendes Werkzeug

Untersuchungen zeigten, wie wenig über die Organisation bekannt war. BUPA sah ein, dass sie den Menschen „neue Nachrichten" liefern musste, um sie zum Umdenken zu bringen und dazu, ihre Annahmen über die Organisation zu revidieren.

Die einzelnen Geschäftsbereiche brauchten Unterstützung beim Ausbau der Themen, die für ihr jeweiliges Zielgruppensegment relevant waren. Entscheidend war jedoch, sicherzustellen, dass jede Geschichte auch zur breiteren Wahrnehmung der Marke in der Öffentlichkeit beitrug. Anders gesagt: Selbst diejenigen, die nicht unmittelbare Empfänger der einzelnen Botschaften waren, sollten darauf reagieren können und ein tieferes Verständnis der Marke BUPA und ihrer Aussage entwickeln.

Der kommunikative Launch

Geplant war, mit einer Serie von TV-Werbespots zu beginnen, mit denen die stärksten und motivierendsten Vorteile der wichtigsten Leistungen vermittelt werden sollten. Es handelte sich in erster Linie um faktenorientierte Fernsehwerbung, die das relevante Publikum mit Sachinformationen über den jeweiligen Aspekt des BUPA-Angebots aufklärte und informierte.

Diese Informationen waren de facto Bausteine, mit denen ein kommunikatives Bild über BUPA vermittelt wurde. Spezifische Informationen zu bestimmten Aspekten – wie BUPA-Krankenhäuser, BUPA-Pflegeheime, BUPA-Vorsorgeuntersuchungen und der Genossenschaftsstatus – sollten die Neugier der relevanten Konsumenten wecken und echtes Interesse und Handlungen nach sich ziehen. Diese Sachinformationen sollten aber auch zur allgemeinen Wahrnehmung der BUPA als breit gefächerte, kundenorientierte Organisation beitragen.

Erfolgskriterien

Schlüsselkriterien für den Erfolg der neuen Kampagne waren also: sicherzustellen, dass die Ausweitung des Produktspektrums wahrgenommen und das Wissen darum vertieft wurde.

Die Kampagne sollte eine entscheidende Rolle bei der Motivation der Mitarbeiter spielen, das Markenversprechen von BUPA zu erfüllen.

Auswahl geeigneter Medien

Es ging darum, alles Notwendige mitzuteilen, um das Publikum zu überzeugen, dass BUPA etwas für sie Relevantes zu bieten hatte. Das Fernsehen war verständlicherweise das wichtigste Medium. Es ermöglichte Kommunikation über BUPA auf besonders persönliche und zugängliche Weise und an viele verschiedene Publikumssegmente. Die Fernsehwerbung sollte den Slogan „the personal health service“ etablieren, ein positives Image aufbauen und gleichzeitig einen optimalen Bezug zu anderen Kommunikationswegen herstellen.

Aufbau der Kampagne

Die Kampagne bestand aus vier TV-Werbespots mit demselben Szenario: Eine Person erhält eine für sie relevante Botschaft über einen bestimmten Aspekt von BUPA, nämlich: privat bezahlte Operationen, Pflegedienste für ältere Menschen, Vorsorgeuntersuchungen und Genossenschaftsstatus. Die Fernsehkampagne wurde durch weitere Aktivitäten ergänzt:

- farbige Printwerbung in überregionalen Zeitungen und Zeitschriften
- BUPA-Health-Spots-Übertragungen auf Virgin FM Radio

- Direktmarketing von jedem Geschäftsbereich, um die Wahrnehmung der einzelnen Dienstleistungen in Kaufinteresse zu verändern
- Sponsorship, um Medienwert zu schaffen und BUPA als eine Organisation zu positionieren, die zur Gesundheit der Nation beiträgt:
- BUPA Great North Run: im Fernsehen übertragen von BBC1 und BBC2
- BUPA Care Homes Open (Bowls = ein Kugelspiel auf glattem Rasen), im Fernsehen übertragen von BBC1 und BBC2
- Bodycheck (ein Gesundheits- und Lifestyle-Magazinprogramm), unterstützt von BUPA, ausgestrahlt von bestimmten (kommerziellen) Fernsehsendern
- PR, gezielt gerichtet an die überregionale Presse, TV, Radio und Konsumentenmagazine mit News Features über das einzigartige Serviceangebot von BUPA plus Ratschläge für gesundes Leben von BUPA-Ärzten

Die Reaktion – Wahrnehmung von außen

Die wichtigsten Maßstäbe für den Erfolg des neuen Ansatzes waren Bekanntheitsgrad und Kommunikation. Eine neue Brand-Tracking-Studie brachte zum Vorschein, dass Trends für Aspekte wie spontane Markenerkennung und Bekanntheit der Werbeauftritte rückläufig waren und kurz vor Beginn der neuen Kampagne ihren tiefsten Stand seit fünf Jahren erreicht hatten.

Die erste Messung nach Beginn der Kampagne zeigte sofortige Anzeichen für eine Besserung, und diese mehrten sich im weiteren Verlauf. Die Konsumentenreaktion auf die Kampagne ließ vermuten, dass es gelungen war, Interesse zu wecken und eine Neubewertung der Marke auszulösen. Der Prozess der Neupositionierung hatte begonnen.

Bis Ende 2000 hatte die Kampagne die Marke BUPA wiederhergestellt und die Distanz zum Wettbewerb vergrößert.

- Der ungestützte Bekanntheitsgrad war von 79 % auf 89 % gestiegen.
- Der Wert des nächsten Wettbewerbers war von 24 % auf 20 % gefallen.

- Der Bekanntheitsgrad der Werbung stieg von 32 % auf 59 %, während er beim Wettbewerb fiel.
- Die Bekanntheit der Dienstleistungen von BUPA hatte sich erhöht, von bisher 23 % wussten nun 38 % der Befragten, dass Leistungen von BUPA nicht nur PKV-Versicherten, sondern allen offen standen.
- Auch die wichtigsten Imagedimensionen verbesserten sich. So stimmten nun 54 % anstatt bisher 43 % der Aussage zu, dass BUPA an Beliebtheit zunahm.
- Markenpräferenz war hier der Schlüssel. BUPAs Werte stiegen von 52 % auf 62 %, während die des nächsten Wettbewerbers von 32 % auf 25 % fielen.

Interne Kommunikation

Ein entscheidender Einflussbereich für die Kampagne war der Bereich der internen Kommunikation. Von Anfang an war klar, dass er eine wichtige Rolle dabei spielen sollte, der neuen Positionierung Durchsetzungskraft zu verleihen, der Marke die Richtung zu weisen und unter den Mitarbeitern ein neues Verständnis zu fördern.

Für die interne Kommunikation war es wichtig, mit jedem Geschäftsbereich eng zusammenzuarbeiten und die Kundenorientierung zu verbessern. Eine Reihe von Roadshows vermittelten den Wert des Marketings und der Marke BUPA für die Organisation.

„The personal health service" brachte die neue Markenposition und -strategie auf den Punkt. Der neue Ansatz erhielt großen Raum in der Hauszeitung „BUPA Today". Führungskräfte wurden zitiert, die die neue Kampagne befürworteten und ihre Ergebnisse lobten.

Bei der jährlichen BUPA-Umfrage zu Einstellungen der Mitarbeiter (SOP) stieg das Rating für ein kundenorientiertes Selbstverständnis von 61 % vor der Kampagne auf 66 % danach. Dieser Wert zeigt an, wie die neue strategische und kreative Ausrichtung auf Zustimmung, ja sogar Begeisterung im Hause stieß.

Bei Besprechungen mit Führungskräften des Marketings der verschiedenen Geschäftsbereiche zeigte sich, dass alle den neuen Ansatz hinsichtlich Positionierung und Kommunikation übernommen hatten und aktiv bemüht waren, ihn in ihren Plänen für den jeweiligen Bereich umzusetzen.

BUPA hat darüber hinaus begonnen, neue Markenrichtlinien auszuarbeiten, die mehr Branding-Disziplin in die Gesamtheit der Kommunikation bringen sollen. Die Markenrichtlinien wirken sich auf alle Manifestationen der Marke aus. Sie gelten für die Tonalität des Call-Centers, beim Kundengespräch, ebenso wie für die Beschilderung der BUPA-Krankenhäuser. Kurz gefasst: Die Kommunikationsstrategie soll durchgängig über die ganze Welt wirken.

Und das Ergebnis?

Die Neupositionierung von BUPA hat sich in Hinblick auf das Ergebnis ebenso ausgezahlt wie in Hinblick auf die Wahrnehmung durch die Konsumenten. Der Profit oder auch Gewinn stieg zwischen 1999 und 2000 um 40 %, von 46,7 Mio. GBP auf 65,4 Mio. GBP.

Eine unverwechselbare Positionierung wurde entwickelt und im Rahmen einer Strategie vermittelt, die das gesamte Spektrum der BUPA-Services unterstützt, heute und in Zukunft. Eine ganzheitliche Erneuerung der BUPA wurde erreicht.

Alle spezifischen Zielsetzungen wurden erfüllt: stärkere Wahrnehmung der Marke und der zugehörigen Dienstleistungen, mehr Wertschätzung der Rolle von BUPA und ein verbessertes Image; intern eine Ausrichtung auf und Zuversicht in die neue Richtung für die Marke.

Die Erkenntnis, dass ein neuer und umfassender Ansatz für die Markenentwicklung nötig war und sowohl intern als auch extern umgesetzt werden musste, wirkte katalysierend auf den gesamten Prozess. Die neue

Aufgabe für BUPA ist nun, der Revolution Dauer zu verleihen. Dazu gehört die kontinuierliche Stärkung jener Werte, die zur Veränderung führen, Kunden anziehen und die Wettbewerbsfähigkeit verbessern konnten.

Kommentar des Herausgebers

Die Repositionierung eines Unternehmens, das so bekannt ist wie die private Krankenversicherung BUPA in Großbritannien, kann nicht allein durch Verbesserungen des Dienstleistungsangebots und die Kommunikation dieser Verbesserungen erreicht werden. Natürlich unternahm BUPA große Anstrengungen auf beiden Feldern; man merkte jedoch schnell, dass ebenso innovative interne Programme und Maßnahmen nötig waren, um Verständnis und Motivation innerhalb der Organisation zu stärken. Es ist Common Sense (oder gesunder Menschenverstand), dass eine Organisation ihre Vision und ihre Werte nur dann nach außen kommunizieren kann, wenn diese auch intern verstanden und gelebt werden. Für Dienstleistungsunternehmen ist es darüber hinaus essenziell, dass die Leistungsstandards der Branche erfüllt werden. Im Gesundheitswesen, in dem der Kundenkontakt den Kern des Markenerlebnisses bildet, ist das Verhalten der Mitarbeiter das zentrale Element bei der Erfüllung des Markenversprechens. Und wenn „ganzheitlich" ein Begriff ist, der aus der Medizin stammt, war es für BUPA die richtige Methode bei der Repositionierung der Marke.

Kapitel 8

„Teamwork“: Manchester United

Peter Draper
Marketing Director

Am Anfang war alles ganz anders. Manchester United begann bescheiden: Der einfache Wunsch, Fußball zu spielen, brachte die Männer der Waggonfabrik der Lancashire and Yorkshire Railway dazu, 1878 in ihrem Depot Newton Heath eine Mannschaft zu gründen.

Das Newton Heath Team spielte, bis es 1902 in finanzielle Schwierigkeiten geriet. Die Rettung kam in Gestalt des reichen Brauereibesitzers John H. Davies. Er wehrte den drohenden Bankrott ab, brachte dringend benötigte Geldmittel ein und änderte den Namen prompt auf Manchester United Football Club.

Der neue Chairman führte Manchester United in seine erste Erfolgsära. Unter Manager und Clubsekretär Ernest Mangnall gewann der Club zwei Meisterschaften und dann den Pokalsieg (Football Association Cup). Chairman Davies feierte den Erfolg mit einer Investition von 60.000 GBP für ein neues Stadion in Old Trafford. Das garantierte jedoch noch keine guten Zeiten: 1931 wandelte der Club erneut am Rande eines Bankrotts und war abstiegsgefährdet. Mit echtem Manchester-United-Kampfgeist arbeitete sich das Team aber wieder hoch. Im Zweiten Weltkrieg wurde diese Entschlossenheit auf eine harte Probe gestellt, als Old Trafford der Bombardierung zum Opfer fiel und für eine kurze Zeit im Maine-Road-Stadion, dem Platz des Konkurrenzclubs Manchester City, gespielt werden musste, bis Old Trafford 1949 wieder aufgebaut war.

Damit wendete sich das Blatt für den Club. Nun hatten sie nicht nur ein neu erbautes Stadion, sondern mit Matt Busby auch einen neuen Manager, der, gerade aus dem Krieg zurückgekommen, den schlafenden Riesen wecken und die Grundlagen für den Club legen sollte, so wie man ihn heute kennt. Mitte der 50er Jahre hatte das Team beachtlich an Kraft gewonnen, und die sehr jungen Spieler erhielten den Spitznamen „Busby Babes“.

Busby war es auch, der im Einvernehmen mit der Clubleitung die Entscheidung traf, sich den Wünschen der Fußballliga zu widersetzen und Manchester United als ersten englischen Club im europäischen Wettbewerb anzumelden. Das Flugzeugunglück von München am 6. Februar 1958, bei dem acht hervorragende Spieler umkamen, versetzte dem Team einen schweren Schlag und traf es im Kern.

Das tragische Ereignis löste allgemeines Mitgefühl mit dem Club aus, und Busby machte sich daran, sein Team wieder aufzubauen. Er versammelte eine nahezu geniale Truppe, zu der auch das gewaltige Trio Best, Law und Charlton gehörten. 1968, zehn Jahre nach der Katastrophe von München, gelang es Manchester United, als erster englischer Club den Europapokal zu gewinnen. Während der Amtszeit von Sir Matt gewann der Club fünf Meisterschaften, zwei Pokalsiege und den UEFA-Cup. Seit dieser Zeit erfreut sich der Club phänomenaler Beliebtheit. Doch trotz einer Reihe von sehr fähigen Managern erreichte keiner Sir Matt Busbys Erfolge, bis Alex Ferguson kam und 1986 eine neue Erfolgsära begann. 1990 errang der Club erneut den Pokalsieg. 1991 holte er sich den Europäischen Cup der Pokalsieger und ergänzte die Trophäen 1992 noch um den Liga-Cup.

Getreu seiner Vorreitertradition holte sich Manchester United 1992/93 auch den Meistertitel in der neu gegründeten Premier League. In der darauf folgenden Saison legte das Team noch einen drauf und errang den „Double“, bestehend aus Liga-Cup und Pokalsieg, etwas, was im letzten Jahrhundert nur ganz wenige geschafft hatten. Doch es kam noch besser:

1996 ging der Club in die Geschichte ein als der einzige, der den „Double“ zweimal erhielt.

Es folgten weitere Premier-League-Titel und der Meistertitel für den Club in den Spielzeiten 96/97, 98/99 99/00 und 00/01. Vielleicht das bemerkenswerteste Jahr in der Geschichte des Clubs war 1999, als er einen unerhörten Dreifachsieg errang und sich den Pokalsieg, den Premier-League-Titel und vor allem den heiß begehrten Champions League-Titel holte.

Die ruhmreiche Geschichte und die Aura von Erfolg, die das Team umgeben, sind eine wichtige Basis für seine Positionierung in der Sportwelt. Manchester United ist zuallererst ein Team mit herausragenden Fähigkeiten. Jeder einzelne Spieler trägt zur Gesamtleistung bei. Das macht es so spannend, dem Team zuzusehen. Im Lauf seiner ruhmreichen Geschichte hat der Club immer wieder außergewöhnlich fähige Teams aufgebaut. Old Trafford ist eine ganz besondere und vorzüglich geeignete Plattform für die Fähigkeiten der Spieler, und die Spieler ihrerseits haben mit bewundernswerten Leistungen zum enormen Appeal von Manchester United beigetragen.

Der Club entwickelte rasch eine Tradition und Kultur, die den Einzelnen dazu anspornte, seine spezielle Persönlichkeit zu zeigen und sein Spiel frei zu entfalten, was den Stil des gesamten Clubs prägte. Schon um die Jahrhundertwende spielten Männer für Manchester United, die zu den ganz Großen in der Geschichte des Fußballs gehören.

Matt Busbys Schwerpunkt auf den Aufbau von Talenten aus den eigenen Reihen hatte die Busby Babes geschaffen. Dieses Team wurde bei dem tragischen Unglück von München stark dezimiert. Wer weiß, wozu sie noch fähig gewesen wären. Das zwang den Club dazu, sich auf dem Transfermarkt umzusehen, wobei aber immer auf Qualität geachtet wurde. Im Lauf der Jahre brach der Club einige Transferrekorde.

Unter Alex Ferguson wandte man sich wieder verstärkt den eigenen Nachwuchsmannschaften zu. Die Jugendpokalsieger von 1992, zu denen heute so bekannte Spieler wie Ryan Griggs und Paul Scholes gehörten, tragen wesentlich zum erfolgreichsten britischen Club bei.

Manchester United heute

Manchester United ist vielleicht der berühmteste Fußballclub der Welt. Fans von Thailand bis Simbabwe und Argentinien tragen das Trikot und verfolgen die Leistungen des Teams. In Großbritannien allein schätzt man die Fangemeinde auf zehn Millionen Menschen. Die meisten von ihnen kommen zwar nicht persönlich nach Old Trafford, doch halten sie dem Club und damit der Marke leidenschaftlich die Treue.

Manchester United war das erste englische Team, das 1968 den begehrtesten aller Fußballpokale, den UEFA-Cup, gewann. Spieler wie George Best, Bobby Charlton und Dennis Law in den 60er und 70er Jahren, Bryan Robson in den 80ern, Eric Cantona in den 90ern und David Beckham im neuen Jahrtausend haben das bekannte rote Trikot getragen. Die berühmtesten Spieler könnte man fast als eigene Marken bezeichnen!

Der Clubfußball, besonders der europäische Clubfußball, ist heute eine milliardenschwere Industrie, wie sich an der Größenordnung und Bedeutung des größten Wettbewerbs, der Champions League, zeigt. Sich für diese Liga zu qualifizieren ist heute eine finanzielle Notwendigkeit für die großen Clubs, nicht nur, weil das Einnahmen von mindestens 15 Mio. GBP allein für die Spiele in der ersten Runde garantiert, sondern auch, weil es dem Club hilft, die besten Spieler der Welt für sich zu gewinnen.

Manchester United gehört zweifellos zu den Eliten der Fußball-Weltklasse und ist vielleicht der einzige britische Club, der das von sich behaupten kann. Zu dieser Gruppe gehören auch Bayern München in Deutschland, Real Madrid und Barcelona in Spanien sowie Juventus, Lazio und Inter Mailand aus Italien. Alle diese Clubs spielen in großen, modernen Stadien mit 70.000 und mehr Plätzen, können es sich leisten, über 25 Mio. GBP für einen einzigen Spieler auszugeben, haben Fans in aller Welt und vor allem: Sie alle erringen regelmäßig hohe Fußballehren.

Abseits des Spielfelds ist Manchester United zu einem Großunternehmen angewachsen und ist heute zweifellos der reichste Club der Welt mit einem Jahresumsatz 2000/2001 von 130 Mio. GBP (Quelle: Deloitte & Touche, Dezember 2001). Diese beneidenswerte Lage verdankt der Club der erfolgreichen Diversifizierung seiner geschäftlichen Aktivitäten, bei denen er immer den Bezug zum Fußball in den Mittelpunkt gestellt hat.

Manchester United ist in jeder Hinsicht eine erfolgreiche Marke. Die Geschichte und Kultur des Clubs sind einzigartig, und er baut weiterhin auf diesem Erbe auf. Die „Produktleistung“ ist nicht zu überbieten, und das trägt wesentlich zum Erhalt von Treue, Interesse und Begeisterung unter den Fans bei. Die Marketingstrategien sind originell und kühn und haben signifikante Zuwächse an Einnahmen und Gewinn gebracht. Alle Grundbausteine für eine Weltklassemarke lagen bereit.

Um jedoch alle diese Vorteile optimal nutzen zu können, musste die Marke Manchester United entwickelt und sorgfältig gemanagt werden. Fußball wetteifert mit anderen Freizeitbeschäftigungen um einen Anteil an der frei verfügbaren Zeit, genau wie Clubs untereinander um Ruhm und Pokale wetteifern. Markenwerte müssen ausgefeilt, streng ausgerichtet und in sämtlichen Aktivitäten konsistent zum Ausdruck gebracht werden. Dadurch ist es möglich, das Markenversprechen auch unabhängig von den Spielergebnissen über ein breites Spektrum an Markenerlebnissen zu erfüllen. Gewinnt nun die Marke auf dem Spielfeld und abseits davon an Stärke und Glaubwürdigkeit, dann wachsen auch die Chancen für eine Markenerweiterung, womit ein effektives Markenmanagement immer wichtiger wird. Je stärker das Wachstum, umso größer die Notwendigkeit, die Marke strategisch weiterzuentwickeln und zu steuern.

Diese Notwendigkeit führte zu dem noch heute andauernden Projekt, die Kommunikation der Marke zu stärken, da hierzu der größte Handlungsbedarf bestand.

Der Ausgangspunkt

Zusammen mit einem Team von Markenberatern, die reichlich Erfahrung mit Sport-Branding hatten, analysierten wir den Auftritt der Marke Manchester United. Auf der Basis dieser Analyse begannen wir, Manchester United so darzustellen, wie es unseren Vorstellungen entsprach, wobei besonders auch Raum für unsere längerfristigen globalen Ambitionen gelassen wurde.

Es stellte sich heraus, dass über Jahre hinweg Markenführung als Stückwerk behandelt wurde. Einem jeweils aktuellen Thema wurde mit jeweils individuellen Maßnahmen begegnet. Auf diese Weise entstand eine Vielzahl unterschiedlicher Ausdrucksformen für die Marke. So hatte z.B. jeder Geschäftsbereich innerhalb der Organisation einen eigenen Briefkopf mit einer eigenen Variante des Namens Manchester United, in unterschiedlichen Schriftarten und typografischen Auszeichnungen. Auch die Fans erhielten verwirrende Botschaften. In allen Teilen der Welt konnten sie via Satellit die Spiele verfolgen, das Manchester-United-Magazin beziehen, Team-Replika kaufen, Spielpläne, Karten und zahlreiche andere Drucksachen anfordern. Und sie waren in der ganzen Welt konfrontiert mit unterschiedlichen Versionen der Marke, sowohl in ihrer grafischen Gestaltung als auch in ihren Botschaften.

Welches Manchester United hätten Sie gern? Verwirrender visueller Auftritt vor dem Projektstart

Ein neutraler Beobachter hätte diese Situation unschmeichelhaft als „Anarchie der Markenidentität“ bezeichnen können. Das Markenmanagement wurde nun zu einer vordringlichen Aufgabe, denn der Club wollte internationale Marketingchancen stärker nutzen, mit ähnlichen Big-Name-Brands wie Vodafone und Pepsi zusammenarbeiten und seine Kommunikationskanäle um neue Medien wie das Internet erweitern.

Selbst im Herzen des Clubs, im Old-Trafford-Stadion, gab es wenig, was die speziellen Markenwerte zum Ausdruck brachte oder den Stolz und das Hochgefühl beflügelte, den die Fans beim Zugang zu diesem Mekka des Fußballs empfinden mussten. Die grafische Gestaltung der Stadionidentität, der Beschilderung, des Restaurants und der Geschäfte war uneinheitlich und ließ den Gesamteindruck der Marke verschwimmen. Ganz abgesehen von allem anderen, drückte diese Uneinheitlichkeit nicht die professionelle Haltung aus, die zu den Kernwerten des Clubs gehört. Angesichts dieser Umstände und der Tatsache, dass Manchester United weitreichende Lizenzgeschäfte tätigt, war es von entscheidender Bedeutung, einen Look und eine Identität zu schaffen, die einzigartig waren und durchgängig angewandt und geschützt werden konnten.

Eine umfassende visuelle Prüfung der verschiedenen Kommunikationsformen der Marke zeigte uns einen klaren Weg vorwärts. Zuerst mussten wir eine einheitliche visuelle Darstellung entwickeln, die direkt alle mit der Marke verbundenen Werte und Gefühle ins Gedächtnis rufen würde. Danach war ein System zu schaffen, das die durchgängige Anwendung dieser Darstellung entsprechend jeder nur möglichen Manifestation regeln sollte, von Beckhams Trikot bis hin zur Stadionidentität bei der Kartenausgabe, vom Shopdesign bis zur Ausgestaltung der Restaurants. Unser Zielpublikum war einfach zu beschreiben: alle, die mit Manchester United in Kontakt kommen, von den Beschäftigen zu den Journalisten,von Fans zu Sponsoren, von nationalen Fußballorganisationen zu örtlichen Schulen und so weiter.

Eine einfache, aber wesentliche Änderung

Die erste, entscheidende Arbeitsphase war der Aufbau verbindlicher Standards für die Identität, jenseits vom Auf und Ab von Moden und Trends, und die Schaffung einer Marke, die Jahrzehnte überdauern und ihre Relevanz behalten würde. Natürlich sollte sie auf den bestehenden, äußerst wertvollen Markeneigenschaften aufbauen.

Mit dem Erfolg der Marke durch weltweites Merchandising war Nachahmung zu einem wichtigen Thema geworden. Die neue Marke musste also einzigartig und schwer nachzuahmen sein.

Das Manchester-United-Emblem wurde verständlicherweise am meisten mit der Kommunikation des Clubs in Verbindung gebracht. Doch wirkte es nicht nur veraltet, es existierte außerdem in einer erstaunlichen Anzahl verschiedener Versionen, angefangen bei den Briefköpfen einzelner Geschäftsbereiche bis hin zu Lunchboxen von Schulkindern.

Eine Analyse der wichtigsten Elemente des Emblems führte uns zu einer wesentlichen Änderung im Clubnamen. Um die Wirkung der Marke

Neue Frische und Klarheit für das Club-Wappen durch Vereinfachung und eine dreidimensionale Darstellung

zu maximieren, wurde uns empfohlen, die Worte „Football Club" wegzulassen. Uns war klar, dass sich hier eine potenziell heikle Frage auftat: Schließlich war der Fußball unsere Kernaktivität. Die Berater argumentierten jedoch, dass die Worte „Football Club" im Zusammenhang mit Manchester United ebenso redundant wären wie bei Pepsi-Cola das Wort „Getränk". Der Verzicht auf „Football Club" wurde umso sinnvoller, als sich die Markenpositionierung von Manchester United immer mehr von einem englischen Fußballclub auf eine internationale Freizeitmarke ausweitete.

Die verbleibenden Elemente wurden überarbeitet, und das neue Image gewann an Tiefe und Intensität gegenüber dem bisherigen. Das Ergebnis ist eine viel einfachere, stärkere, intensivierte Markenaussage, die das Selbstbewusstsein ausstrahlt, das man einer Organisation von internationalem Rang wie Manchester United zuschreibt.

Eine einzigartige Logotype für eine einzigartige Marke

Viele berühmte Marken wie Pepsi, Nike, Lego besitzen ein unverwechselbares Logo oder einen Schriftzug, und wir fanden, Manchester United sollte hier keine Ausnahme sein. Im zweiten Teil der Entwicklung der Kernidentität suchten wir, bei gleichzeitiger Überarbeitung des Emblems, nach einem einmaligen, konsistenten Schriftzug. Und wie beim Emblem fanden wir auch hier Dutzende widersprüchlicher Schriftversionen, die in den verschiedenen Geschäftsbereichen Verwendung fanden.

Ein spezielles Alphabet wurde entworfen, aus dem sowohl der Schriftzug „Manchester United" als auch wesentliche kommunikative Bezeichnungen und Botschaften gesetzt sind. Damit wird eine visuelle Identität geschaffen, über die verschiedenen Ausdrucks- und Auftrittsformen hinweg.

Konsistenz bewahren

Jeder Geschäftsbereich, der Manchester United repräsentierte, wie etwa Catering, Merchandising oder Sponsorship, hatte sein eigenes Briefbogendesign mit unterschiedlichen Versionen des Emblems und verschiedenen Schrifttypen. Entstanden war diese Situation durch organisches Wachstum, da jede Version der Marke Manchester United in jedem Medium für einen bestimmten Zweck zu einem bestimmten Zeitpunkt geschaffen worden war und durchaus auch ihre individuellen Vorzüge besaß. Diese visuelle Inkonsistenz half jedoch nicht beim Aufbau der Marke als Ganzes. Ein Beispiel: Für Manchester United Radio hatte man eine clevere Identität entwickelt, aber sie vermittelte vor allem Fußballradio und nicht Manchester United Radio.

Vorher: verschiedene Layouts für verschiedene Anforderungen und Anwendungen

Nachher: Konsistenz bringt ein gemeinsames Ziel und koordiniertes Handeln zum Ausdruck

Für den Gesamtauftritt der Marke war ein einheitlicher Ansatz nötig.

Das Konzept sollte einen Standardauftritt für Manchester United plc und alle Tochterunternehmen und Geschäftsbereiche gewährleisten.

Nachdem die wichtigsten Elemente der Identität etabliert waren, richtete das Markenteam seine Aufmerksamkeit auf die nächste Kommunikationsebene. Wie könnte man der immer zahlreicher werdenden offiziellen Manchester-United-

Kundenkommunikation mehr Energie und Pepp verleihen? Das galt sowohl für die Kaffeebecher und Eintrittskarten zu den Spielen und dem Museum als auch für die offiziellen Merchandising-Label. Es ging darum, jeden einzelnen Artikel zu einem Teil des Manchester-United-Markenerlebnisses zu machen, zu etwas Wertvollem, das man behalten will.

Wir entwarfen neue rote Eintrittskarten mit Emblem, die heute die Unnachahmlichkeit einer Banknote suggerieren und das Gefühl einer besonderen Veranstaltung, wie es eine einfache Papierkarte nicht vermag. Auf der Rückseite ist ein dreidimensionales Bild des Stadions angebracht, mit nützlichen Angaben wie Drehkreuznummern und Stadioneinrichtungen. Diese Liebe zum Detail drückt eine fürsorgliche Haltung gegenüber den Fans aus, die schließlich die Kunden sind.

Das Stadion und die Beschilderung

Das Stadion in Old Trafford ist ein wichtiges Symbol für den Markenauftritt von Manchester United. Allein für die zehn Millionen britischen Fans ist es ein Mekka. Es hat eine auffallende Form und eine starke architektonische Präsenz. Im Rahmen des Markenprogramms fanden wir es wichtig, das Stadion auf allen Ebenen einfach und durchgängig darstellen zu können.

Old Trafford zieht regelmäßig an die 70.000 Zuschauer an. Bei einem Besucherstrom in dieser Größenordnung ist es unumgänglich, dass sich alle gleichzeitig zurechtfinden, sonst entsteht ein Chaos, das sogar die Sicherheit der Fans gefährden könnte. Und anders betrachtet: Schlechte Beschilderung kann Frustration und Befremden auslösen, was genau das Gegenteil von dem ist, was wir erreichen wollen.

Ein Matchbesuch in Old Trafford ist ein spannungsgeladenes, aufregendes Erlebnis für die Fans. Die Überprüfung der Orientierungshilfen, der grafischen Gestaltung und der Beschilderung im Stadion zeigte jedoch, dass sich hier die Energie, die Bedeutung oder das Gefühl eines besonderen Ereignisses, wie es an großen Spieltagen herrscht, nicht widerspiegelte. An manchen Stellen vermittelten die Schilder nicht einmal die wichtigsten Informationen auf effektive Weise.

Ausgehend von einem Stadionmodell, das wir entwickelt hatten, wurde für Old Trafford ein komplettes System der Außenbeschilderung zusammengestellt. Jedes Schild zeigt eine andere Ansicht des Stadions in überzeichneter Perspektive vom jeweiligen Standpunkt aus. Die Tribünen sind farbkodiert und entsprechen den Farben der Eintrittskarten. Auf den äußeren Rängen geben Schilder Auskunft zur allgemeinen Orientierung, den verschiedenen Einrichtungen und leiten die Besucher zu den Hinweistafeln der inneren Ränge. Diese wiederum zeigen das Layout der jeweiligen Tribüne im Detail.

Sogar die Parkplatzschilder tragen zur Gesamtpräsenz von Manchester United bei. Auf der Rückseite der einprägsamen roten Schilder zeigt eine dreidimensionale Karte alle wichtigen Ausfahrten an.

Die Eintrittskarten: Erinnerung an einen ganz besonderen Moment und Eintritt in eine Markenwelt

Merchandising

Manchester United hat ein umfangreiches und ständig wachsendes Lizenzprogramm, das zu einem Handel gehört, in dem Mail Order eine wichtige Rolle spielt. Der Versandkatalog wird jede Saison an einen riesigen internationalen Kundenstamm verschickt und dort schon mit Spannung erwartet. In vielen Tausend Haushalten wird der Katalog lange

Zeit aufbewahrt, und es ist von größter Bedeutung, dass er die Werte des Clubs vermittelt. Darum wurde er im Rahmen der Identitätsentwicklung komplett überarbeitet. Jetzt wirkt er nicht nur edler und im Einklang mit der neuen Markenaussage, sondern auch klarer und zeitgenössischer.

Mehr als nur ein Fußballmatch

Sobald sie das Old-Trafford-Stadion betreten haben, können die Fans zwei weitere Sekundärangebote nutzen, die beide zum Gesamterlebnis der Marke gehören: Erfrischungen im kürzlich eröffneten „Red Café" und das Archiv, das im Museum & Tour Centre untergebracht ist.

Wir wollten das Konzept des äußerst erfolgreichen Red Café in Lizenz bis nach Singapur franchisen. Um die Identität des Cafés außerhalb des Stadions relevant und leicht erkennbar zu machen und damit den Wert der Clubmarke zu nutzen, musste es jedoch einen direkten Bezug zu Manchester United enthalten.

Nachdem die Identität des Cafés gerade erst eingeführt war, stellten wir den Clubnamen voran und verwandelten es in das „Manchester United

Das Red Café: jetzt das Manchester United Red Café und somit mit der Clubmarke fest verbunden

Red Café". Der neue Schriftzug wurde in die vorhandene Red-Café-Identität integriert. Die Investition in diese neue Submarke ging daher nicht verloren, sondern gewann noch durch die Verknüpfung mit der Dachmarke.

Für das Museum entwickelten wir eine neue Identität innerhalb des Gesamtauftritts von Manchester United und wendeten diese neue Identität auf alles relevante Material an, von den Eintrittskarten bis zu den Schaukästen.

Fred the Red

Fußballfan wird man schon früh, und Manchester United ist stolz auf eine große Schar ganz junger Anhänger. Maskottchen sind außerdem Teil der Sportkultur, darum entwickelten wir für die Fußballbegeisterten unter zehn „Fred the Red". Fred stammte von der Figur im Clubemblem ab und war ein eher rundlicher Cartoonteufel. Er erschien in höchst unterschiedlichem Material, das in erster Linie an das junge Publikum gerichtet war.

Wir sahen, dass wir in Fred eine wirklich starke Stütze für die Marke besaßen, und waren bestrebt, sein Lizenzpotenzial für Kinderprodukte einschließlich Lebensmittel zu nutzen. Dazu mussten wir seine Rolle innerhalb der Brand Experience und sein zukünftiges Potenzial unter die Lupe nehmen.

Für die unter 10-Jährigen wurde „Fred the Red" erfunden

Neben seiner rundlichen Körperform, die schlecht zu einer dynamischen und schwungvollen Markenumgebung passte, war sich Fred offenbar nicht im Klaren über seine Rolle in Bezug auf das Team. Stellenweise trat er als kostümierter Spieler mit Umhang und Fliege auf, manchmal im Tor, und manchmal nicht. Dann wieder sah man ihn als Fan mit Jeans und Teamschal. Er brauchte eine strategische Neuausrichtung!

Der neue Fred, der schließlich entstand, war ein fitter und selbstbewusster Teufel mit einem neuen Selbstverständnis und einer neuen Rolle in der Unterstützung der Markenwerte. Fred ist nun immer Spieler und hat ein smartes neues Trikot und sechs Standardposen. Ihm ist ein eigener Schriftzug gewidmet, und eine Reihe klarer Richtlinien regelt seinen Einsatz auf Produkten und in jeder anderen Form. Fred ist heute selbst ein wertvolles Markenmerkmal und wurde seit dem Relaunch erfolgreich vermarktet.

M.U. Finance

Im Oktober 2001 führte der Club in Partnerschaft mit etablierten Finanzdienstleistern die neue Teilmarke M.U. Finance ein. Sie sollte das über lange Jahre aufgebaute Vertrauen in die Marke für eine neue Geschäftstätigkeit des Clubs nutzen. Die Positionierung der Marke war entscheidend für die Wahrnehmung und den Erfolg. Unser Ansatz hatte zum Ziel, die eher kalte und komplizierte Sprache, die in diesem Sektor üblich ist, zu entmystifizieren und durch prominentes Branding den Club mit den Interessen der Kunden zu verknüpfen. Ein neuer Schriftzug wurde geschaffen und das Emblem in die Manchester-United-Farben einbezogen. Die in den

MU Finance: eine robuste Erscheinung für ein Produkt, das Stärke und Verlässlichkeit vermitteln muss

Broschüren verwendete Sprache und Bildgestaltung drückt Markenwerte wie Wärme und Zugänglichkeit für das Zielpublikum aus, vermittelt aber gleichzeitig auch die nötige Zuversicht und Autorität, wie sie für die Glaubwürdigkeit eines ernsthaften Finanzdienstleistungsangebots entscheidend sind.

Unsere Gedanken zur Markenidentität

Wir glauben, dass eine erfolgreiche Markenidentität die Summe ihrer Teile darstellt und auf Markenwerten und einer eindeutigen Positionierung aufbaut. Die Marke drückt sich in jedem Kontakt mit dem Zielpublikum aus, aber auch durch Aspekte wie die Teamleistung, die schließlich die Basis für das erfolgreiche Markenmanagement eines Fußballclubs darstellt. Wie bei jeder anderen Marke ist die Qualität des Produkts Voraussetzung für den Erfolg. Das gilt auch für die Geschichte und Kultur des Clubs, die, wie anfangs erklärt, einzigartig sind. Man könnte diese Markengrundlagen für selbstverständlich halten, doch ohne sie gäbe es keine Marke Manchester United! Diejenigen Markenaspekte, die wir aktiv managen können, also in diesem Fall die visuellen Elemente, müssen mit Bedacht und den jeweiligen Bedingungen entsprechend auf allen Plattformen angewandt werden. Welch eine gewaltige Aufgabe dies ist, zeigt sich am Spektrum der potenziellen Anwendungen:

- Alle Drucksachen und sämtliches Präsentationsmaterial
- Die Ticketgestaltung
- Die Beschilderung im Stadion
- Alle Werbeformen
- Das „Red Café" und das Manchester United Museum
- Merchandising Stores in aller Welt
- Das Teamtrikot
- Das Clubmaskottchen „Fred the Red"

Der Club begann auch, regelmäßig Untersuchungen über die Zufriedenheit der Fans abzuhalten. Sie wurden von einer auf Kundenbeziehungen spezialisierten Firma durchgeführt, die die Fans nach ihren positiven und negativen Ansichten zu einer Reihe von Themen befragte, vom Preis für ein Glas Bier bis zur Organisation der Parkmöglichkeiten. Die Ergebnisse wurden allen Fans über eine spezielle Einlage in der Stadionzeitung mitgeteilt.

„Fred the Red" wurde nun richtig in Manchester United integriert und mauserte sich von einem unbeholfenen Maskottchen ohne definierte Rolle zu einer flexiblen Figur, die mit den jüngsten Fans in einer visuellen Sprache kommunizierte, die sie wirklich ansprach.

Auch die Motivation unter den Mitarbeitern stieg gewaltig. Es gab keine miteinander wetteifernden Abteilungen mehr, alle „trugen dieselben Farben". Das Telefonsystem bestand zuvor aus etwa achtzig separat beantworteten Leitungen, was die externen Kunden immer ziemlich verwirrte. Nun wurde eine neue, einfachere Vermittlung eingeführt, unter einer leicht zu merkenden Hauptnummer, die einen kundenfreundlicheren Zugang ermöglicht.

Das Branding brachte außerdem wahre Fortschritte an Klarheit und Kategorisierung für die verschiedenen Versandartikel, vom einfachen Schlüsselanhänger bis zu den allseits beliebten Spielertrikots.

Der Club arbeitet nun in äußerst durchdachter und professioneller Weise und sieht sich selbst als Pionier, der Dinge anders machen will. Ein Beispiel dafür ist das wichtige, 13 Jahre bestehende Sponsorship mit der wohl größten Sportmarke Nike. Das ist kein gewöhnlicher Deal um ein Trikot. Die Vertragsdauer ist ein Zeichen gegenseitigen Respekts und Vertrauens, nicht nur für hier und jetzt, sondern auch für das nächste Jahrzehnt. Nike hat nun die Verantwortung für alles Merchandising-Material des Clubs, vom Schlüsselanhänger bis zum Ketchup. Sie beziehen Produkte von überall im Club, mit exklusivem Branding als Manchester United, und übernehmen den gesamten Vertrieb und Verkauf. Kein anderer englischer Club genießt einen derartigen Sponsorship Deal mit einer so berühmten Marke und einem so weit gefassten Auftrag.

Old Trafford ist heute das größte Stadion im britischen Fußball. In den letzten zehn Jahren wurden mehr als 150 Mio. GBP investiert, weshalb es über beste Einrichtungen verfügt. Im Oktober 2001 wurde das Spiel England – Griechenland dort ausgetragen, und es war der Manchester-United-Spieler David Beckham, der in den letzten Minuten den Treffer landete, mit dem sich England für die WM 2002 qualifizierte.

Der Club holt sich nicht nur zahlreiche Ehren auf dem Fußballfeld, er ist auch ein börsennotiertes Unternehmen, der die hohen Erwartungen der Stadt und der Aktionäre erfüllen muss. Wir haben sie nicht enttäuscht.

Der Clubumsatz 2001 betrug 129,6 Mio. GBP, was einem Zuwachs von 12 % gegenüber dem Vorjahr entsprach. Die durchschnittliche Besucherzahl für Heimspiele in Old Trafford betrug 67.100, die höchste im europäischen Clubfußball in der Spielzeit 2000/2001 und Grund für die beachtlichen Einnahmen von 46,2 Mio. GBP aus dem Verkauf von Eintrittskarten. Der Sponsorship-Umsatz ist um 22 % auf 22,5 Mio. GBP angewachsen.

Die Einnahmen aus Konferenzen und Catering stiegen um 16 % auf 7,8 Mio. GBP. Auch die Einnahmen aus dem Merchandising brachten beeindruckende 22,1 Mio. GBP.

Aus der Perspektive der Öffentlichkeit wird der Wert von Manchester United stets als etwa 100-mal so groß wie seine tatsächliche Marktkapitalisierung angesehen. „Dies ist vor allem deshalb so, weil die Marke über eine reiche Historie und ein außergewöhnliches emotionales Appeal verfügt. Wir haben nun eine komplett neue Identität, die all das untermauert und die speziellen Werte der Marke verkörpert. Sie stärkt auch Status und Qualität der Organisation und erfüllt unseren Wunsch, ganz oben mit Marken wie Sony, Budweiser und Vodafone mitzuhalten“, meinte der heutige CEO von Manchester United, Peter Kenyon. Nach einer solch kreativen und professionellen Weiterentwicklung der gesamten Markenkommunikation ist der

Club bestens in der Lage zu wachsen. Und Peter Kenyon fügt hinzu: „Wir haben nun eine einzigartige und durchgängige Plattform, die die Marke in den kommenden Jahren erfolgreich weitertragen kann."

Kommentar des Herausgebers

Was in den vergangenen Jahren bei Manchester United geschah, ist beinahe beispiellos: Bis auf wenige Ausnahmen wie Bayern München oder Real Madrid spielten Branding-Überlegungen bei Profi-Fußballclubs keine Rolle. In diesem Licht sollte diese Fallstudie betrachtet werden. Systematisches Brand Management ermöglichte dem Club, die Marke als strategischen Erfolgsfaktor für einen langfristigen Erfolg zu erkennen und auszubauen. Brand Management wurde zunächst hauptsächlich auf den Feldern Marketing und Design angewendet, hatte jedoch wachsende Auswirkungen auf die Unternehmensstrategie. Selbstverständlich ist die Leistung des Fußballteams die wichtigste Schubkraft für die Reputation des Clubs. Sie stellt jedoch nur eine Dimension einer ganzheitlichen Marke dar, noch dazu eine, die kaum unmittelbar zu beeinflussen ist. Das Konzept und die Implementierung von konsequenten Markenrichtlinien für den gesamten Auftritt helfen dabei, das Markenversprechen über ein weites Spektrum an Markenerlebnissen einzuhalten. Wie Peter Draper sagt: „Alles, was Manchester United unternimmt, wird genauestens unter die Lupe genommen." Die Aufgabe der Marke ist klar: dafür zu sorgen, dass alle Dimensionen der Markenwelt konsistent kommuniziert werden können.

Kapitel 9

Eine Marke ohne Limits: Virgin

Will Whitehorn
Bereichsleiter Unternehmenskommunikation

„Ich glaube, die Möglichkeiten einer Marke sind nahezu unbegrenzt, aber nur, wenn man sie richtig einsetzt."

Sir Richard Branson

Einführung

Was genau ist Virgin? Ein Entertainment Store? Eine Airline? Eine Eisenbahngesellschaft? Ein Finanzdienstleister? Eine Kreditkartengesellschaft? Ein Mobilfunkbetreiber? Ein Autohändler? Ein Bademoden- und Wäscheanbieter? Der drittgrößte Wellness- und Freizeitanbieter der Welt?

Virgin ist all das und noch viel mehr! Virgin ist ein Beispiel für eine Marke mit einem wirklich ganzheitlichen Ansatz. Das Markenversprechen wird von ihren Kunden deutlich verstanden und interpretiert als „für sie gemacht". Sie hat sich zu einer der robustesten und flexibelsten Marken in Großbritannien, wenn nicht der Welt entwickelt.

Und doch entstand die Marke Virgin nicht aus herkömmlichen Business-Modellen. Ihre Geschichte ist eine Geschichte unternehmerischer Risikobereitschaft, des Ergreifens von Chancen, der Partnerschaft mit gleichgesinnten Einzelpersonen oder Firmen, die spezielles Know-how einbrachten, und die Geschichte einer Vision, die herkömmliche Maßstäbe überwindet.

Marke und Unternehmenskultur sind nicht voneinander zu trennen. Die Markeneigenschaften beeinflussen alle Konzerntransaktionen und den Umgang mit internen und externen Ansprechpartnern. Die Konsistenz der Konzernvision beruht nicht wie bei den meisten Business-Modellen auf dem Sammeln von Know-how und der Positionierung in einem Sektor. Sie entsteht aus der Einstellung, mit der wir unser Geschäft betreiben: Sie ist philosophisch und kommerziell zugleich.

Im Lauf der Jahre ist Virgin von einem Musikunternehmen, das Popmusik produzierte und vertrieb, zu einem Wagniskapital-Konzern herangewachsen, der mit strategischen Geschäftspartnern in Unternehmen der Marke Virgin investiert. Die Stärke des Namens Virgin gab einerseits der anfänglichen Expansion Auftrieb und hat sie dazu befähigt, erfolgreiche Unternehmen in einer Reihe von nicht miteinander verwandten Bereichen zu etablieren. Was diese Unternehmen vereint, sind das Versprechen der Marke Virgin und die Kultur der Organisation Virgin.

Heute ist Virgin die drittbekannteste Marke in Großbritannien und erfreut sich eines beachtlichen Bekanntheitsgrades in der ganzen Welt. Und doch beruft sich Sir Richard Branson, der Mann, der hinter diesem Erfolg steht, auf keinen Masterplan oder ein Geheimrezept. Er ist überzeugt, dass der Name Virgin und das, wofür er inzwischen steht, sich auf viele verschiedene Produkte und Dienstleistungen übertragen lässt und dass seine Vorstellung von einer unternehmerisch wagemutigen Organisation als Plattform für einen erfolgreichen und weit verzweigten Konzern dienen kann.

Wir möchten in diesem Kapitel zeigen, wie sich Virgin, unterstützt durch eine kleine Anzahl von Hauptleitsätzen, zu einer der angesehensten Marken der Welt entwickeln konnte: zu einer Marke, die ihre Vision in allen Bereichen der Organisation und in ihrem Umgang mit den Kunden lebt. Wir untersuchen die Beziehung zwischen der Marke und ihrem Begründer, Richard Branson, und wie diese den Markencharakter mit geprägt hat. Der Erhalt der Konsistenz und Integrität der Marke ist ein zentrales Anliegen für die Führung, und wir skizzieren die Maßnahmen, die zu diesem Zweck eingesetzt wurden. Zum Schluss werden wir einen Ausblick wagen, wohin Virgin in der Zukunft gehen wird.

Die Entwicklung der Marke und der Wandel eines Musikunternehmens zu einem diversifizierten globalen Imperium

> „Meine Vision für Virgin war noch nie starr und ändert sich ständig, so wie das Unternehmen selbst."
>
> **Sir Richard Branson**

Virgin ist einzigartig. Sie war die Idee von Richard Branson, der im Alter von 18 Jahren die Weitsicht und den Vorausblick hatte, zu erkennen, dass man eine Marke kreieren kann, die sich auf viele verschiedene Produkte anwenden lässt. Als er die Jugendzeitschrift „Student" lancierte, hatte er bereits die Idee, dass das Konzept viele andere Produkte und Dienstleistungen für junge Leute mit einschließen könnte – einen Studenten-Reiseservice etwa oder vielleicht eine Bank.

Die Grundhaltung war also von Anfang an von einem eklektischen Ehrgeiz geprägt. Die Überlegungen zur zukünftigen Ausrichtung der Firma waren völlig uneingeschränkt. Das Unternehmen Virgin begann 1970 als kleines Music

Sir Richard Branson, Virgins legendärer Gründer

Business. (Fast hätte sie, dem aufmüpfigen Geist der Zeit entsprechend, den Namen „Slipped Disc Records", etwa „Bandscheibenvorfall-LPs", erhalten. Eine solche Marke hätte sich weit weniger leicht auf Finanzprodukte, eine Fluggesellschaft und Mobiltelefone ausdehnen lassen.)

Zwar wurden auch andere Geschäftsbereiche entwickelt und manche wieder aufgegeben, doch konzentrierte sich Virgin in den ersten 14 Jahren auf die Produktion, den Verlag und den Handel von Musik. Virgin Music entwickelte sich zu einem der drei wichtigsten unabhängigen Record Labels in Großbritannien und unterhielt weitere Unternehmen in aller Welt. Von Anfang an erfand sich Virgin Music immer wieder neu, um stets im Trend zu liegen und als „cool" wahrgenommen zu werden. Die Firmengeschichte von Virgin verläuft in enger Verbindung mit der schillernden Welt der Popmusik, was den Appeal der Marke im Jugendmarkt aufrechterhält, während ihre Kunden aus den Anfangsjahren älter werden.

Viele der ersten Geschäftsaktivitäten kreisten um die Musik. 1983 jedoch erkannte das Unternehmen den Trend zu Computerspielen und beteiligte sich durch den Start von Virgin Interactive daran.

Die radikalste aller Neuausrichtungen für Virgin stellt die Gründung von Virgin Atlantic Airways im Jahr 1984 dar. Hier lebte Richard Branson seine unternehmerische Kühnheit voll aus. Er erkannte, dass die Branche von einer kleinen Anzahl von Großunternehmen dominiert wurde, wobei British Airways die kommerzielle Luftfahrt in Großbritannien beherrschte. Am wichtigsten war jedoch die Erkenntnis, dass der Wettbewerb immer noch wie ein Ingenieur dachte: Passagiere waren einfach Fracht, die es von A nach B zu transportieren galt.

Das Erscheinungsbild der Flugzeuge von Virgin Atlantic, der selbstbewusste Auftritt einer etablierten Fluggesellschaft

Branson analysierte seine eigenen Erfahrungen mit internationalen Flugreisen, die mangelnde Bequemlichkeit, Langeweile und Öde der Flüge. Er war überzeugt, dass Virgin es nicht nur besser machen könnte, sondern auch anders. Die wichtigsten Meilensteine in Flugzeugsicherheit und -leistung waren bereits erreicht. Die Kunden erwarteten inzwischen ohnehin, sicher und halbwegs pünktlich anzukommen. Daher stellte er sich eine Fluggesellschaft vor, bei der die Passagiere ihre Flugzeit genießen würden, mit besserem Unterhaltungsangebot und der Betreuung durch freundliches, gut ausgebildetes Personal. Geschäftsreisende sollten den Luxus der ersten Klasse genießen, aber zu Club-Class-Preisen. Die Geschichte von Virgin Atlantic ist eine Geschichte der Einführung von Verbesserungsvorgaben, denen andere Fluglinien später folgten, z.B. Massagen während des Flugs, Ankunfts-Lounges und die neue Klasse Premium Economy.

Ausgehend von Virgin Atlantic entwickelte das Unternehmen das Tourismusgeschäft, investierte in die Kurzstreckenfluglinie Virgin Express in Brüssel und startete im Jahr 2000 den Niedrigpreis-Carrier Virgin Blue in Australien, der 16 Routen anbietet.

In den 90er Jahren erlebte die Virgin Group tief greifende Veränderungen. 1992 wurde Virgin Music für 1 Mrd. USD an EMI verkauft. Vier Jahre später wurde V2 gegründet, ein neues Record Label und ein Verlag, in den das einschlägige Know-how des Managementteams einfließen sollte. Die Musik galt von jeher als kraftvoller Impuls für die Vermittlung der positiven Markeneigenschaften von Virgin in aller Welt. Die Rückkehr zur Musikbranche sorgt dafür, dass die Marke den Kontakt zu jungen Leuten und das coole Image aufrechterhält.

Das V2-Logo

Das Interesse am Reisesektor weitete sich 1997/98 aus, als Virgin zwei Lizenzen zum Betreiben von Passagierzügen in Großbritannien erhielt. Auf den ersten Blick erschien der Entschluss von Virgin, um zwei Franchises für das abgehalfterte britische nationale Eisenbahnnetz mitzubieten und zu gewinnen, ehrgeizig oder gar wahnsinnig.

Die britische Eisenbahninfrastruktur litt seit Jahrzehnten an Unterfinanzierung, und die Passagiere waren, abgeschreckt durch Verspätungen, hohe Preise, entsetzliche Reiseerfahrungen und schlechten Service, wo immer sie konnten, auf das eigene Auto umgestiegen. Diejenigen, die gezwungen waren, weiterhin die Züge zu benutzen, wie z.B. Pendler, waren demoralisiert und verärgert.

Die Regierung unter Führung der konservativen Partei sah die Lösung des Problems in der Privatisierung. Sie verkaufte das Schienennetz samt Wartung an Railtrack und die Haupt-Franchises an eine Reihe von bedeutenden Betreibern. Somit waren die Betreiber der Bahnlinien der Schienennetzgesellschaft Railtrack ausgeliefert, deren Erbe an chronischer Unterfinanzierung zum üblen Zustand des britischen Eisenbahnnetzes geführt hatte. Dramatisch wurde dies im Jahr 2000 durch ein großes Zugunglück bestätigt, auf das ein halbes Jahr an Chaos und Verspätungen folgte, während dessen die Gleise überprüft und repariert wurden.

Neue Züge für „Virgin Trains" ersetzen die alten von British Rail übernommenen und kommen dem Wunsch der Kunden nach verbessertem Komfort entgegen

Gerade eine solche Herausforderung reizte Sir Richard Branson. Hier war eine Chance, die Kunden in den Mittelpunkt zu stellen, den Standard auf das Niveau der Virgin-Kriterien anzuheben und Spaß am Reisen zu vermitteln. Ein weniger selbstbewusstes Management hätte vielleicht bezweifelt, ob es gescheit war, die Marke Virgin mit einem derart riskanten Unterfangen in Verbindung zu bringen. Die britische

Regierung glaubte jedoch offenbar an die Stärke des Markennamens und machte dessen Verwendung zur Bedingung für die Erteilung der Lizenz.

Virgin Rail musste viel dazulernen, als sich das Ausmaß der fehlenden Investitionen und deren Auswirkungen auf die Infrastruktur in Zugausfällen und Verspätungen niederschlug. Wie andere Lizenzbetreiber hatte auch Virgin damit zu kämpfen, den versprochenen Service zu liefern. Die schleppende Schienennetzsanierung hat die Einführung von neuen, besseren Schienenfahrzeugen verzögert. Seit Frühjahr 2003 hat Virgin jedoch die modernsten Eisenbahnwaggons Europas im Einsatz.

Die Eisenbahnlinie ist zweifellos ein besonders profilierter, aber für Virgin untypischer Teil der Geschäftstätigkeit. Unternehmenseigene Untersuchungen haben jedoch gezeigt, dass das Markenimage robust genug ist, der Kritik von Kunden und Medien standzuhalten. Virgin wird zugute gehalten, dass es einen abgewirtschafteten und veralteten Service übernahm und zumindest versuchte, etwas Besseres daraus zu machen. Wenn die „Virgin Experience" schließlich erfolgreich umgesetzt ist, wird Virgin Rail eine weitere Möglichkeit bieten, den Ruf der Marke bei den Kunden zu konsolidieren.

Der Einzelhandel ist seit den frühesten Tagen ein durchgängiger Bestandteil des Konzerns. Nun wurde das Angebot in Megastores und V2-Geschäfte zusammengefasst. Über das Internet kam zu den Finanzdienstleistungen und dem Reiseservice von Virgin.com der Handel mit Autos, Fahrrädern und Wein hinzu.

Ein Virgin Megastore

Ein Venture-Capital-Spezialist, der den Sektor als reif für Virgin einschätzte, schlug vor, Finanzdienstleistungen anzubieten. Daraus entstand ein klassischer Virgin-Launch: ein einfaches Indexprodukt, leicht zu verstehen und zu erklären, und der Verzicht auf Makler, die bei

Das Virgin-Mobile-Logo: Teil der Familie und doch ganz anders

herkömmlichen Produkten hohe Provisionen verdienten. Virgin ging ein Joint-Venture mit einem erfahrenen Partner ein – zuerst mit der Norwich Union, später mit AMP. Richard Branson meinte dazu: „Virgin Direct mag wie eine abwegige neue Richtung für das Rock-'n'-Roll-Unternehmen Virgin aussehen. Es war ein ähnlicher lateraler Sprung wie von Schallplatten zu Flugreisen. Aber es ging und geht jeweils um Service, ein gutes Preis-Leistungs-Verhältnis und darum, ein einfaches Produkt anzubieten."

Die neueren Vorstöße von Virgin führten in die Bereiche Mobilfunk und Wellness. Der Mobilfunk ist zum Teil ein Joint-Venture mit One2One in Großbritannien, SingTel in Asien und Cable&Wireless in Australien. Über ein Joint-Venture mit London Electricity entstand der Versorger Virgin Energy und damit auch die Möglichkeit, ins Festnetzgeschäft einzusteigen. Das Akquisitionsprogramm von Virgin Active in Großbritannien und Südafrika ließ Virgin zum drittgrößten Wellness- und Freizeitanbieter in Großbritannien werden.

Virgins strategische Geschäftsvision

Virgins Geschäftsinteressen liegen heute hauptsächlich in den Bereichen Reisen und Freizeit, Urlaub, Autos, Finanzen, alkoholfreie Getränke, Weine, Kosmetik und Verlagswesen. Weltweit gibt es 210 Unternehmen, die mehr als 31.000 Menschen beschäftigen. Der Gesamtumsatz im Jahr 2000 überstieg 3,9 Mrd. GBP.

Zu Beginn des 21. Jahrhunderts sieht Virgin ganz anders aus als zu seinen bescheidenen Anfängen. Aber eine einfache strategische Vision zeichnet sich in der stark diversifizierten Gruppe ab, die durch das Hinzukommen zahlreicher Unternehmen in den 80er Jahren entstanden ist. Geschäftsbereiche, die nicht unter der Marke Virgin laufen, werden allmählich verkauft. Manche Bereiche, wie etwa das Computer-Games-Business Virgin Interactive, wurden zwar verkauft, verwenden aber weiterhin die Marke Virgin in Lizenz.

1990 setzte sich der Umsatz der Gruppe aus Einzelhandel, Flugreisen und Musik/Medien zusammen, wobei letztere 46 % des Umsatzes ausmachten. Im Jahr 2000 kamen 90 % des Umsatzes immer noch aus drei Bereichen, doch einer davon, Bahnreisen, war neu und sorgte für 16 %. Der Verkauf von Virgin Music und vielen Unternehmen aus dem Mediensektor unterstützte das Wachstum in anderen Sektoren und reduzierte die Abhängigkeit des Konzerns von diesem einen Bereich.

Der Bereich Air-Travel dominiert, setzt sich heute jedoch aus drei Unternehmen zusammen: Virgin Atlantic, Virgin Express und Virgin Blue.

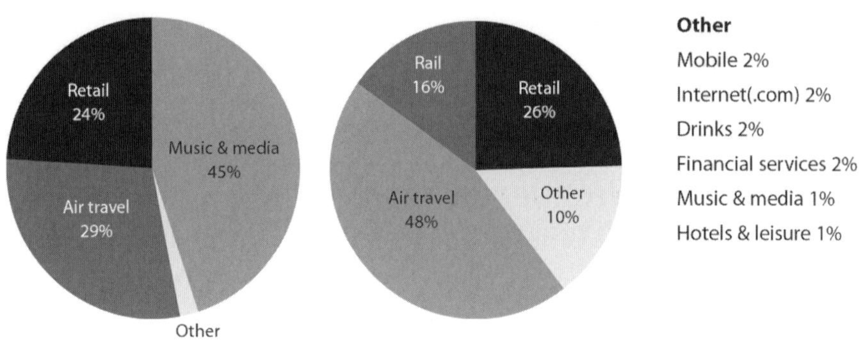

Virgin-Group-Umsatz 1990 — Virgin-Group-Umsatz 2000

Die Virgin-Vision

> „Zuerst und vor allem anderen muss eine Business-Idee Spaß versprechen. Wenn ein Markt von nur zwei riesigen Konzernen bedient wird, denke ich, dass Platz für einen gesunden Wettbewerb besteht. Ich habe gern Spaß und liebe es, eine Situation aufzumischen. Und ich liebe es, Großunternehmen herauszufordern, besonders wenn sie teure Produkte von schlechter Qualität anbieten."
>
> **Sir Richard Branson**

Virgin ist ein „Marken-Wagniskapitalist" und zielt darauf ab, die Stärken der Marke Virgin in Situationen zu nutzen, in denen der Konzern entscheidende Marktwirkung erzielen und den Shareholder-Value steigern kann.

Die Hauptwerte der Marke:

- Qualität
- gutes Preis-Leistungs-Verhältnis
- Innovation
- Fun
- herausfordernder Wettbewerb

Das Leitprinzip für neue Unternehmungen ist, dass sie in einem Bereich angesiedelt sind, der folgende Kriterien erfüllt:

- Der Bereich ist kundenorientiert und unterversorgt.
- Das Unternehmen kann 30% jährliches Gesamtwachstum an Shareholder-Value liefern.
- In dem Bereich ist ein globaler oder multiregionaler Roll-out möglich.
- Das Unternehmen kann innerhalb von drei Jahren eine signifikante Größe erreichen.

- Es bestehen Synergien mit vorhandenen Virgin-Unternehmen.
- Das Unternehmen kann eine annehmbare Wertrealisation für Aktionäre innerhalb von drei bis fünf Jahren liefern (Börsengang, Unternehmensverkauf).

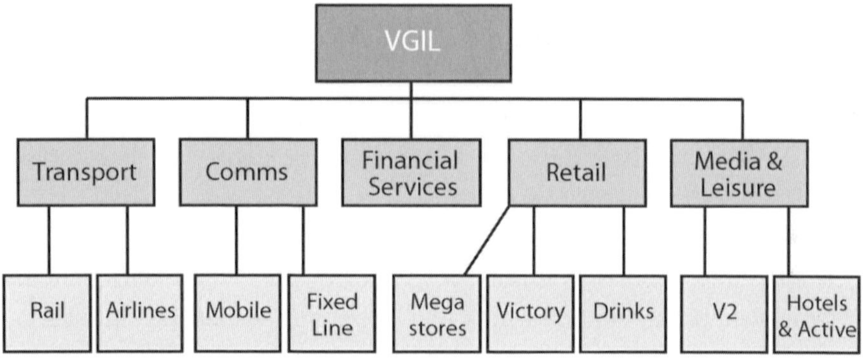

Virgin-Group-Management-Struktur

Der Fokus auf kundenorientierte Unternehmen zieht sich als roter Faden durch alle Aktivitäten von Virgin. Virgin Cola wurde eingeführt, um das Duopol von Pepsi und Coca-Cola herauszufordern, die Passagiere von British Rail hatten jahrelang schlechten Service erhalten, und im Bereich Banking und persönliche Finanzen hatten sich die großen Banken herzlich wenig an den Kunden orientiert.

Virgin Group Investments Limited (VGIL) ist das Powerhouse von Virgin. Es wird von Sir Richard Branson persönlich geleitet, dem ein Managementteam zur Seite steht, das über verschiedenste Fähigkeiten und Kompetenzen verfügt, vom Rechnungswesen bis zum Marketing. Um die Konzentration auf Kernkompetenzbereiche zu verbessern, erhielt die Virgin Group eine neue Managementstruktur:

In den letzten Jahren wurde ein festes Fundament für die Geschäftstätigkeit der Virgin-Gruppe im 21. Jahrhundert geschaffen. Das schlanke

Management ist wendig und kann rasch neue Chancen wahrnehmen oder auch beratend bei Problemen innerhalb der Geschäftsbereiche zur Verfügung stehen. Die Unternehmen der Marke Virgin werden jedoch alle als unabhängige Geschäftsbereiche geführt, wobei ein Mitglied des VGIL-Managementteams im Vorstand sitzt. Damit wird Folgendes erreicht:

- Die Unternehmen sind eigenständig und handeln unabhängig von anderen Virgin-Unternehmen.
- Das VGIL-Mitglied kennt die Konzernkultur und „Best Practice" in anderen Unternehmen und weiß die Konsistenz der Marke über verschiedene Sektoren hinweg zu erhalten.
- Die Unternehmen können sich eigenständig entwickeln und ihr eigenes Flair und Know-how einsetzen, um Wachstum und Rentabilität zu steigern.
- Die Unternehmen profitieren von der Assoziation mit der Geschichte von Virgin, und diese wiederum wird geschützt gegen unüberlegte Aktionen von Einzelkämpferfirmen, die den Ruf der Marke untergraben könnten.

Virgin bringt in diese Unternehmen die Marke, das Management und eine Investition ein. Dieser wertvolle Beitrag hat schon mehrere „major players" angezogen, etwa die Royal Bank of Scotland und AMP auf dem Finanzsektor, oder London Electricity und Singapore Airlines auf dem Reisesektor.

Die Entwicklung von Logo und Markenimage

„Die Leute mögen Virgin, sie vertrauen dem Namen; sie kaufen ein Produkt, weil es von Virgin ist."

Gerry Pencer, Vorstandsvorsitzender der Cott Corporation

Die einflussreichste Schnittstelle zwischen den Kunden und der Marke sind die 170 Megastores und 100 V-Shops in Großbritannien und weltweit. Die Präsenz in den Einkaufsstraßen und die hohen Besucherzahlen in den Geschäften bringen die „Virgin Experience“ wöchentlich zehn Millionen Kunden nahe. Im Jahr 2000 gab Virgin eine Studie in Auftrag, bei der sie als beliebteste Unternehmensgruppe in Großbritannien nach der Handelskette Marks and Spencers und der Drogeriekette Boots genannt wurde. Bei den Männern war Virgin sogar das beliebteste. Diese spontane Beurteilung zeigt, welche starke Bindung der Einzelhandel zwischen Kunden und Unternehmen herstellen kann.

Virgin Net hat als Internet Service Provider (ISP) 600.000 Kunden (und ist damit die Nummer 3 unter den britischen ISPs) sowie 700.000 Entertainment User. Virgin.com ist ein ISP und Content Provider mit 18.000 Onlineseiten, auf die wöchentlich eine Million Menschen zugreifen. Eine Untersuchung des Henley Centre for Forecasting zeigte, dass Virgin zu den drei Onlinemarken gehört, denen das meiste Vertrauen entgegengebracht wird.

Trainline ist heute nach Buchungen gemessen die Nummer 1 unter den britischen Travel-Sites, und Virgin Atlantic/Holidays gehört zu den fünf am häufigsten besuchten Sites. Im Jahr 2001 griffen 50 Millionen britische Kunden darauf zu.

Das Virgin-Logo

Der Name Virgin wurde 1970 gewählt, weil er eingängig war und ein bisschen gewagt. Es dauerte dann auch drei Jahre, bis das Patentamt bereit war, ihn zu registrieren. Passend dazu gab es das Logo mit zwei nackten Frauen Rücken an Rücken, entworfen von Roger Dean, einem bekannten Designer von Plattenhüllen.

In den frühen 70er Jahren wurde nach einem neuen Design verlangt, und es gehört heute zu den Märchen der modernen Zeit, wie ein Grafiker, der Designs für den Markennamen vor sich hin gekritzelt hatte, ein Blatt auf den Boden warf und Richard Branson eben dieses auswählte. Leicht verändert über die Jahre ist es bis heute in Verwendung.

Die Handschrift im Markennamen verleiht der Marke Persönlichkeit und persönlichen Touch, außerdem Energie und „Action“ . Wie eine andere berühmte Marke, nämlich McDonald's, lässt sich das Virgin-Logo gut adaptieren. Das überzeichnete „V“ ist synonym mit der Marke. Es ist flexibel genug, um gleich gut auf die Schwanzflosse eines Jumbojets, eine Coladose, eine Geschäftsfassade und eine Kreditkarte zu passen.

Die Farbe Rot ist eine starke Gedächtnisstütze, und Virgin wacht eifersüchtig über ihre Verwendung. Sie gibt dem Branding einen weiteren durchgängigen Aspekt bei jedem Kontakt mit den Kunden, ob in der Marketingkommunikation, auf der roten Virgin-Coladose oder der Polsterung in Virgin-Zügen und -Flugzeugen.

Die Integrität der Marke schützen

Heute ist das Unternehmen Virgin Enterprises Limited der rechtliche Eigentümer der Marke. Es ist verantwortlich für mehr als 2000 eingetragene Warenzeichen in Großbritannien und mehr als 1500 Registrierungen in 200 Ländern.

Die visuelle Integrität der Marke wird geschützt durch das „Brand Book“, das die Richtlinien für die Verwendung des Logos erklärt. Abweichungen, die sich über die Jahre eingeschlichen haben, werden ausgemerzt. Speziell Namenszusätze in der Virgin-Schrift zusätzlich zum Logo werden vermieden, um die Integrität des Warenzeichens zu erhalten.

Alle Trademarkregistrierungen erfolgen auf Konzernebene. Das sichert Kontrolle über Variationen in der Verwendung des Logos, bei der

Entwicklung von Namen für Virgin-Produkte und -Services und bei Sonderwünschen nach anderen Farben. Die Konzernholding bemüht sich, Sonderwünsche nach Möglichkeit zu erfüllen, wenn das der Marke nicht abträglich ist.

Das Wort Virgin selbst ist innerhalb des Konzerns streng geschützt. Dadurch werden Wortspiele und Wortschöpfungen mit dem Namen Virgin wie etwa „Virgininformation" vermieden. Da sie ohnehin schwer zu registrieren wären und die Marke verwässern würden.

Im Internet zieht es Virgin vor, wenn die verbundenen Unternehmen ihre Kunden über die Virgin.com-Homepage zu sich leiten, denn:

- Die Besucher brauchen nicht lange zu suchen, wenn es nur eine Webadresse gibt.
- Eine einzige Webadresse fördert die Konsistenz für Werbung sowie Verkaufsförderung und anderes Material.
- Es unterstreicht die Bedeutung der Seite virgin.com als dem Ort für Informationen zu Virgin.

Virgin-Unternehmen, die mit einer eigenen URL erscheinen möchten, wird das in enger Verbindung zur Hauptseite von Virgin ermöglicht. Die Schaffung neuer Domain-Namen wird von Virgin zugelassen, aber nicht gefördert. Alle Registrierungen werden von Virgin Enterprises Limited vorgenommen, die bereits 2000 Domain-Namen registriert hat, in denen „virgin" vorkommt. Fast alle diese Registrierungen waren Schutzmaßnahmen, um die Benutzung durch andere zu verhindern.

Die gesamte Virgin-Werbung wird über eine Media-Buying-Agentur gebucht, die langjährige Erfahrung in der Zusammenarbeit mit dem Konzern hat. So werden Konflikte vermieden; inkorrekt verwendete Logos oder Verstöße gegen den Geist der Marke Virgin können so noch rechtzeitig korrigiert werden.

Regelmäßige Zusammenkünfte von PR-Leuten, Marketing und Qualitätssicherung der verschiedenen Unternehmen fördern den Austausch von Best Practice und die Ausrichtung auf gemeinsame Ziele. Wenn ein Geschäftsbereich eine besondere Stärke aufweist, werden Führungskräfte aus diesem Bereich eingeladen, ihr Know-how in funktionalen Teammeetings weiterzugeben. Einzelpersonen werden in andere Teile des Geschäftsbereiches delegiert. So wurde z.B. ein Angestellter von Virgin Mobile in Großbritannien vor kurzem beauftragt, Präsentationen über Kundenservice in den Virgin-Mobile-Unternehmen in Australien und Asien abzuhalten.

Das Mitglied des VGIL-Boards, das im Vorstand des jeweiligen Unternehmens sitzt, ist dafür verantwortlich, den Business-Stil und den werblichen Auftritt zu beobachten und dafür zu sorgen, dass diese immer an den Markenrichtlinien ausgerichtet sind.

Den guten Ruf aufbauen und schützen

Die Öffentlichkeitsarbeit stand immer schon im Vordergrund der Virgin Marketingaktivitäten und diente sowohl dazu, den Ruf der Marke über die Medien zu steuern, als auch dazu, aggressiv positive Berichterstattung zu bewirken und Virgin vor negativer Publicity zu bewahren.

Public Relations ist im Gegensatz zu vielen britischen Konzernen bei Virgin eine Position auf höchster Führungsebene. Branson prüft jeden Tag zusammen mit hohen Führungskräften die Pressemappe und Briefe aus der Mitarbeiterschaft. Für Branson ist diese Maßnahme wichtig, um „den Puls der Marke zu fühlen".

Der Konzern geht offensiv gegen Falschmeldungen vor, achtet auf die regelmäßige Herausgabe von Produktinformationen und setzt sich für Änderungen sämtlicher Vorschriften ein, die die Geschäftstätigkeit beeinträchtigen oder gegen die Interessen der Verbraucher verstoßen.

Virgin versteht es inzwischen meisterlich, Schlagzeilen an sich zu ziehen. Witzige Stunts von Richard Branson werden oft beim Launch neuer Produkte eingesetzt. Der Wert der Berichterstattung über Richard Bransons Rekordversuche in Boot und Ballon geht in die Millionen Pfund und hat wesentlich zum Aufbau einer weltweiten Markenwahrnehmung in den 90er Jahren beigetragen.

Die Rolle von Sir Richard Branson, dem Markenchampion

Der Erfolg von Virgin ist untrennbar mit seinem bekannten Chairman und Gründer verbunden. Durch den persönlichen Einsatz für seine Unternehmen, freche PR-Stunts und wagemutige Ballonabenteuer ist Richard Branson zu einem der bekanntesten Geschäftsmänner der Welt geworden. Besonders in Großbritannien hat er ein Profil aufgebaut, wie man es selten unter Geschäftsleuten findet: berühmte Persönlichkeit, unerschrockener Sportler und visionärer Geschäftsmann. Seine geschäftlichen Unternehmungen werden nicht nur im Finanzteil berichtet, sondern interessieren auch die Allgemeinheit. Sein Image ist das eines David, der sich mit Goliath anlegt, etwa als er British Airways, den traditionellen Bankensektor und die beiden großen Mobilfunkgesellschaften herausforderte, um nur drei Beispiele zu nennen.

Trotz der Schwierigkeiten, die Virgin sich mit den Franchises der beiden Bahnlinien eingehandelt hat, zeigen Untersuchungen, dass Sir Richards persönliche Beliebtheit im Allgemeinen noch zugenommen hat. Es wird ihm zugute gehalten, dass er versucht, es anders zu machen. Auch wenn in den Medien die Probleme des Bahnservice immer wieder in den Vordergrund gerückt wurden, so haben doch Sir Richard und die Marke Virgin keinen Schaden davon genommen.

Es gibt Richtlinien für den Einsatz von Sir Richard in den Unternehmen, und die Grundregel lautet, dass die Funktionen Sprachrohr und

Begriffe, die für die Marke Virgin/für Richard Branson gelten

	Virgin	*Richard Branson*
Beliebt	60	58
Ehrgeizig	50	74
Freundlich	49	50
Professionell	48	51
Viel versprechend	45	43
Vertrauenswürdig	39	35
Trendy	39	24
Unabhängig	38	41
Clever	35	56
Anders	35	34
Fun	34	35
Entschlossen	34	67
Bodenständig	34	40
Innovativ	27	34
Kühn	23	38
Etwas aufmüpfig	18	31
Einzigartig	17	23
Unkonventionell	14	24
Liebenswürdig	12	10
Traditionell	5	7
Inkonsistent	2	3
Unzuverlässig	2	2

Leitfigur von den jeweiligen Geschäftsführern erfüllt werden sollen. Die goldene Regel lautet, nach Möglichkeit ohne Branson auszukommen. Wegen seiner hohen Bekanntheit wird sein Auftreten in der Öffentlichkeit sorgfältig gemanagt. Er soll strategisch und nicht flächendeckend eingesetzt werden. Meist tritt er beim PR-Launch neuer Geschäftsbereiche auf, danach wird das jeweilige Management zum neuen Gesicht des Unternehmens und übernimmt die Kommunikation.

Virgin Atlantic, Virgin Money and Virgin Trains sind die Bereiche, in denen sich Sir Richard wegen des hohen Bekanntheitsgrads und ihrer Komplexität am meisten engagiert. Er äußert sich häufig zu Fragen der Regulierung und hat die besondere Eigenschaft, sich mit multinationalen Regierungsfragen wie Fluglinienmonopolen befassen zu können und gleichzeitig als für junge Leute relevanter Kommentator des Mobilfunks akzeptiert zu werden.

Als die Einstellungen zur Marke Virgin und zu ihrem Chairman und Begründer untersucht wurden, kam zutage, dass sie sehr ähnlich ausfielen und dass das Profil des Chairman zweifellos die Marke unterstützt.

Die Marke Virgin leben

> „Wir haben es bewusst darauf angelegt, Virgin zu einer Marke aufzubauen, die für Qualität, ein gutes Preis-Leistungs-Verhältnis, Spaß und Herausforderung steht. Wir haben diese Ideen auch deshalb entwickelt, weil wir glauben, dass unsere erste Priorität bei denen liegt, die für uns arbeiten, dann die Kunden, dann die Aktionäre. Wenn das Personal motiviert ist, sind die Kunden zufrieden, und die Aktionäre profitieren vom Erfolg des Unternehmens."
>
> **Richard Branson, Money Programme Lecture 1998**

Virgin arbeitet hart daran, ihre Kultur aufrechtzuerhalten und dafür zu sorgen, dass alle Mitabeiter die Vision und die Bedeutung der Kundenorientierung verstehen. Derselbe rote Faden, eine Mischung aus Herausforderung, Unbekümmertheit, sorgfältiger Kundenbetreuung und Spaß, zieht sich durch alle Geschäftsbereiche und wird in der internen Kommunikation beibehalten.

Jede Person im Konzern gehört zu einem „Stamm“ und erhält jeden Monat einen Newsletter aus der Zentrale mit Rabatten auf Virgin-Produkte und speziell ausgehandelten Sonderangeboten anderer Anbieter. Der Konzern hat ein eigenes Intranet, das ExtraNet, was eine ausgezeichnete Informationsquelle über die Aktivitäten des Konzerns darstellt und verschiedene Präsentationen zum Downloaden zur Verfügung stellt.

In der Unternehmenskultur von Virgin wird Feiern groß geschrieben. Die Teams sollen gute Leistungen belohnen, und kaum eine Woche vergeht ohne Party!

Jedes neue Unternehmen, das unter der Marke Virgin gegründet wird, erhält eine gründliche Einweisung in die Virgin-Kultur mit Videos und Meetings. Die Kundenbetreuungsrichtlinien von Virgin sind wesentlich, und es ist wichtig, dass jedes Unternehmen dies versteht. Selbst wenn eine neue Firma es vorziehen würde, mit branchenüblichen Standards zu arbeiten, wird es durch die Führungskraft von VGIL im Vorstand und durch das konzerneigene „Standards und Assurance Team“ dazu angeregt, die Vorgaben für ihre Serviceleistungen an das höhere Niveau von Virgin anzupassen.

Virgin ist eine große Marke, die aus vielen kleinen Firmen besteht. Daher wird jedes Unternehmen, wenn es zu groß wird, in kleinere Einheiten aufgeteilt. Das liefert den Beschäftigten einen größeren Anreiz für Arbeit und Leistung.

Training spielt eine große Rolle, innerhalb der Unternehmen werden Best-Practice-Erfahrungen ausgetauscht. Vorbild ist ein McKinsey-Modell, zu dem Befähigung, Monitoring, Motivierung, Kommunikation und Strategie gehören.

Die Mitarbeiter werden dazu ermutigt, „ihre Persönlichkeit in die Arbeit einzubringen“. Der Umgang mit den Kunden erfolgt nach den ursprünglichen Leitsätzen, die Richard Branson für Virgin Atlantic entwickelte. Der Kundenservice geht von der Überzeugung aus, dass 98 %

der Beschwerden nicht von Leuten kommen, die lediglich das System ausnutzen wollen. Virgin ist überzeugt, dass die erste Person, die von einer Beschwerde erfährt, auch die beste Person ist, sich darum zu kümmern. Den Mitarbeitern wird daher ermöglicht, Probleme selbst zu lösen und nicht einfach weiterzugeben.

Das Wesen der Marke Virgin bringt es mit sich, dass viele Beschwerden direkt an Richard Branson gerichtet werden. Das ist die beste Art für das Management, herauszufinden, wie gesund der Kundenservice ist. Der Konzern ermutigt die Mitarbeiter, Kommentare, Ideen und Vorschläge einzubringen, denn man ist überzeugt davon, dass niemand ein Monopol für gute Ideen hat. Richard Branson geht mit gutem Beispiel voran und hält den Kontakt zu den Kunden, besonders in den Geschäftsbereichen Flug- und Bahnreisen, und gibt Vorschläge und Ideen an das Management weiter. Der Konzern ist ständig bemüht, die Kunden zu überraschen und zu erfreuen, den „Wow-Faktor“ durch guten Service und Übererfüllung der Erwartungen zu erhalten.

Die Zukunft für Virgin

> „Meines Erachtens wird der Konzern nie stillstehen. Er war immer etwas Formbares, Undefinierbares ...“
>
> **Richard Branson**

Die Marke Virgin ist heute in Europa und rund um die Welt hoch angesehen. Sie hat Kernunternehmen in den Bereichen Reisen, Freizeit, Musik, Entertainment und Handel, Finanzdienstleistungen und Mobilfunk entwickelt.

Der Konzern plant den Aufbau einer Reihe von wahrhaft globalen Unternehmen, ausgehend von einer starken Kundenbasis in Großbritannien. Virgin Atlantic hat bereits eine Präsenz in den meisten wichtigen

Wirtschaftsräumen der Welt aufgebaut und bietet Geschäfts- und Individualreisenden in aller Welt mit einem komfortablen und profitablen Service. Eine globale Präsenz wird vor allem in den Bereichen Reisen, mobile Kommunikation, Entertainment-Handel und Musik angestrebt.

Beträchtliches Wachstum, besonders in Großbritannien, wird sich aus den Möglichkeiten des „Convergence Marketing“ ergeben, die sich mit der derzeitigen Annäherung von E-Commerce und Mobilfunktechnologien abzuzeichnen beginnt. Es ist zu erwarten, dass diese Möglichkeiten signifikante Vorteile für die Konsumenten bringen und gleichzeitig den Aktienwert steigern werden.

Die aktive Wagniskapitalpolitik für das nächste Jahrzehnt durch den Aufbau von Unternehmen unter der Marke mit anschließendem Börsengang wird Shareholder-Value realisieren.

Reisen (Flug und Bahn), Finanzdienstleistungen und Content-Firmen sollten ganz besonders von diesen Entwicklungen profitieren, und zwar durch effizienteres „Yield“-Management und niedrigere Transaktionskosten. Eine speziell gebrandete Einzelhandelskette, positioniert zwischen großen Megastores und kleineren V-Shops, soll den zweiten Teil der Virgin-Strategie „clicks and mortar“ bilden und sich aus E-Commerce und der mobilen Telekommunikation entwickeln.

Das Cross-Selling und die Werbung für verschiedene Produkte und Services werden noch zunehmen und immer mehr Konsumenten die Chance geben, die „Virgin Experience“ kennen zu lernen. Heute kann man von Virgin bereits den Urlaub, Bahnreisen, die Lieblings-CD, das Handy, die Kreditkarte und die Altersversorgung beziehen, in einem Virgin Fitness-Studio trainieren und sich anschließend bei einem Glas Wein von Virgin Wines entspannen und ein von Virgin verlegtes Buch lesen. Selbst der Strom für die Leselampe kommt vielleicht von Virgin Energy.

Durch diese Diversifizierung hat Virgin viele Möglichkeiten, sich einen guten Ruf bei den Kunden zu schaffen und die Nachwirkung einer schlechten Erfahrung mit einem Produkt oder Service auszugleichen. Die

Marke verfügt über einen guten Stammbaum, der jedoch gepflegt werden will. Projekte wie Virgin Rail können nicht ewig darauf bauen, dass die Kunden ihm aus gutem Willen alles nachsehen. Bringt Virgin Rail es jedoch zu einem Erfolg, dann ist das ein schlagender Beweis dafür, dass die Business-Ethik von Virgin die Bedürfnisse der Konsumenten erfüllt und eine der stärksten Marken auf dem Markt ist.

Virgin hat sich noch nie vor Herausforderungen gedrückt und will bis 2010 zu den Top-20-Globalmarken gehören. Wir glauben, dass wir das erreichen werden, wenn wir die Maßstäbe der Marke und den Ethos des Konzerns aufrechterhalten, die die gesamte Organisation auf allen Ebenen durchdringen und alle unsere Strategien und unsere Kommunikation leiten.

Kommentar des Herausgebers

Virgin ist ein erstklassiges Beispiel für ein markengeführtes Unternehmen. Alles, was Virgin tut, wird von der Kraft der Marke getragen – einer Marke, die unter ihrem Dach eine scheinbar unvereinbare Vielfalt verschiedenster Unternehmungen versammelt. Doch diese ganzheitliche Marke wird, wie Will Whitehorn aufzeigt, zusammengehalten durch ihre einheitliche Kultur, durch den gemeinsamen Spirit aller Virgin-Unternehmenseinheiten im Tagesgeschäft und durch deren Kontakt zu Millionen von Kunden in den unterschiedlichsten Zusammenhängen und Situationen. Die Marke ist Resultat der Vision eines einzelnen Mannes – Sir Richard Branson; ein weiterer Beleg für die These, dass Unternehmen mit starken Visionen in der Regel höchst erfolgreich sind. Es wird kaum jemanden überraschen, dass die Marke Virgin für Qualität, ein gutes Preis-Leistungs-Verhältnis, Spaß und Abenteuer steht, da sich diese Attribute in allen Geschäftsaktivitäten wiederfinden – von der Auswahl der Tätigkeitsfelder über die Form der Vermarktung bis hin zu Bransons eigenem Handeln. Wenn es jemanden gibt, der die Marke Virgin lebt, dann ist es Richard Branson selbst!

Kapitel 10

Image für Professionals: CMS

Richard Taylor
Chairman

Neuland für professionelle Dienstleister

Marketing für Dienstleister wie Rechtsanwälte, Steuerberater und Notare ist kein völlig neues Thema. Im Vergleich zu den Vermarktungsgepflogenheiten in anderen Bereichen der Servicebranche spielt Marketing in Strategie und Praxis jedoch eine geringere Rolle. Das hat mehrere Gründe. So unterlagen die genannten Berufe über Generationen hinweg ihren eigenen strengen Standesregeln für – besser gesagt: gegen – Kommunikation und Werbung. Eine direkte Ansprache potenzieller Klienten war damit beinahe unmöglich; den Klienten als einen Kunden zu betrachten, den es zu umwerben gilt, widersprach dem traditionellen Geschäftsgebaren.

Hier und da gab es vorsichtige Bemühungen, das Werben um neue Klienten systematisch zu betreiben. Diese Bemühungen, oft diskret als „Business Development" bezeichnet, bezogen sich meist auf das Networking mit Kontakten aus dem beruflichen und sozialen Umfeld – vom Sportverein bis zum Rotary Club. Das war es dann in der Regel aber auch schon, was Wirtschaftsprüfer und Rechtsanwälte – aber auch Ärzte, Ingenieure und Architekten – an verkaufsfördernden Aktivitäten unternahmen.

In den 60er und 70er Jahren begann in den betreffenden Berufsgruppen die Ablehnungsfront gegen jegliche Art des Marketings allmählich zu bröckeln. Man begann, die standesrechtlichen Einschränkungen mit kleinen Tricks zu umgehen. Man versuchte, den eigenen Namen über das Medium „Stellenanzeige" bekannter zu machen, und man betrieb – vorsichtig – auch Öffentlichkeitsarbeit. Erst als die berufsständischen Regeln gelockert wurden, änderte sich die Ausgangslage allerdings wirklich.

In den 90er Jahren setzten angelsächsische Rechtsanwaltskanzleien bereits Methoden systematischen Marketings ein. Die größeren Kanzleien unterhielten hauseigene Abteilungen mit Marketingspezialisten; Bemühungen, das eigene Dienstleistungsangebot in seiner ganzen Breite besser zu vermarkten, waren überall zu erkennen.

Nicht alle Partner in den Kanzleien schienen seinerzeit glücklich mit diesen neuen Tendenzen – manche mögen die einschlägigen Mechanismen damals auch nicht so recht verstanden haben –, doch wurden allgemein verstärkte Marketingaktivitäten als notwendig für die Geschäftstätigkeit akzeptiert.

Besonders schwer hatten es die Verfechter des Marketings in Deutschland. Wenn auch einige Firmen schon eigene Marketingfachleute beschäftigten, so sorgte die konservative Haltung vieler Anwälte und Notare dafür, dass sich hier zu Lande eine stärkere Vertriebsorientierung nur schwer durchsetzte.

Dass dies letztendlich dann doch geschah, dafür sorgte der Druck, der durch die Konsolidierung des Marktes und durch die Internationalisierung, ja Globalisierung der Branche entstand – und durch den von diesen Faktoren begünstigten Trend zu immer größeren Einheiten.

Wirtschaftsprüfer waren diesem Trend um einiges früher unterworfen als Anwaltskanzleien. Übrig blieben wenige internationale Player. Diese Megafirmen waren oft Vereinigungen einzelner nationaler Partnerschaften, die sich auf die Einhaltung bestimmter Standards geeinigt hatten und die nach außen über die verschiedenen Länder hin einheitlich auftraten.

Auch bei den Anwaltskanzleien entstanden größere Einheiten, viele Firmen mit Hauptsitz in London bauten weit verzweigte Netzwerke im Ausland auf. Erst als die Nachfrage nach gesamteuropäischen juristischen

Dienstleistungen wuchs und es zu grenzüberschreitenden Netzwerken, Kooperationen und Fusionen kam, begann man jedoch über ein globales Branding nachzudenken.

Die Gründung von CMS

Cameron McKenna, eine der Top-Ten-Anwaltskanzleien in Großbritannien, war selbst aus einer Fusion entstanden und stand kurz vor dem Abschluss eines Integrationsprozesses, als es zu einer weiteren Fusion kam. CMS ist aus den Initialen von Cameron McKenna und Sigle zusammengesetzt – wobei Sigle zu den Gründern von Hasche Sigle Eschenlohr Pelzer und in der Folge von CMS in Deutschland gehört. Die Firma war ursprünglich als eine europäische Vereinigung von Anwaltskanzleien konzipiert, die sich zusammengeschlossen hatten, um ihren Klienten umfassende gesamteuropäische Leistungen anbieten zu können. CMS wurde 1998 gegründet und bestand 1999 aus Firmen in Großbritannien, Deutschland, Österreich, den Niederlanden, Belgien und der Schweiz.

Zur Förderung der Integration wurden verschiedene Maßnahmen auf den Weg gebracht. Zu den wichtigsten gehörte die Einrichtung von Practice Area Groups, die sich bis heute aus Spezialistenteams aller beteiligten Firmen zusammensetzen.

Die Gründung von CMS war eine vorausschauende Reaktion auf die wachsenden Bedürfnisse der Klienten nach internationaler Orientierung ihrer Dienstleister und auf die daraus sich ergebenden Marktchancen; die Gründung sollte eine gesamteuropäische – und später globale – Einheit schaffen durch die Zusammenarbeit mit ähnlich denkenden Kanzleien in

(cms)
TRANSNATIONAL LEGAL SERVICES

Das frühere CMS-Logo. Manche sahen es als Globus, manche als Klammern. Die Akzeptanz war in jedem Fall gering verschiedenen Ländern. Längerfristig war eine vollständige Integration geplant; doch sah man diesen Prozess eher als evolutionär an, nicht als eine schnelle und vollständige Fusion.

Doch schon nach etwa zwei Jahren wurde klar, dass sowohl die interne als auch die externe Akzeptanz von CMS als integrierte, gesamteuropäische Einheit zu schwach war. Vielleicht am augenfälligsten manifestierte sich diese Erkenntnis darin, dass zwei vollkommen verschiedene Systeme der visuellen Darstellung des Unternehmens verwendet wurden: eines für Großbritannien und ein anderes für Kontinentaleuropa.

Das resultierte unter anderem aus der erst vor kurzem erfolgten Fusion von Cameron Markby Hewitt und McKenna zu Cameron McKenna. Zu dem Zeitpunkt hatte man ein neues Corporate Design geschaffen, das erfolgreich eine visuelle Einheitlichkeit und eine Identität für den Markt geliefert hatte – ein etwas anderes Gesicht, das die neu entstandene Kanzlei von den Wettbewerbern unterschied. So kurz nach der Vereinigung unter dieser neuen Flagge waren Cameron McKenna verständlicherweise nicht gerade erpicht darauf, die frisch gewonnene Identität wieder aufzugeben, um sich dem Rest von CMS anzupassen.

Die Analyse der CMS-Identität

Die geringe Akzeptanz, das schwache Profil und die auffällige Uneinheitlichkeit in der Präsentation von CMS bewogen uns, eine Beratungsfirma zu engagieren. Ihre Aufgabe war zunächst, eine Situation zu entwirren, die von allerlei vorgefertigten Meinungen in den verschiedenen Einheiten geprägt war, von lokalen und nationalen Empfindlichkeiten und von einer großen Vielfalt der zu integrierenden Kulturen.

Der Geschäftsbereich Deutschland war dabei besonders wichtig und sensibel zu behandeln. Die deutsche Kanzlei war die größte nach Cameron McKenna selbst und hatte eine konservative Einstellung zu allen Aspekten

Bei diesem Treffen wurde auch der Entwurf eines Leitbildes – inklusive Vision, Mission und Werte – präsentiert, als Basis für unser Selbstverständnis und als erster Schritt auf dem Weg, der Marke Substanz zu verleihen. Es war uns bewusst, dass solche Statements abstrakt und verallgemeinernd sind und mit dem Tagesgeschäft nur wenig zu tun haben. Uns wurde ein Prozess empfohlen, um diese vorgeschlagenen Werte zu bestätigen bzw. zu hinterfragen und damit selbst zum Katalysator für das Entstehen einer eigenen Kultur bei CMS zu werden. Darüber hinaus wurden darauf aufbauende Schritte für die Kommunikation und die Umsetzung der Werte empfohlen.

Während des Workshops, der den Prozess einleitete, wurden aufkommende Zweifel am Vorhaben ausgeräumt, indem wir gemeinsam um ein einheitliches Konzept für CMS und seine Kernwerte rangen. In einer multinationalen Gruppe ist dies alles andere als einfach. Unser Moderator bestand zu Recht darauf, dass wir uns als Voraussetzung für die Formulierung jeglicher Aussagen über die Bedeutung einiger Grundbegriffe einigen. Das bedeutete, scheinbar eindeutige Begriffe zu hinterfragen, damit wir alle dasselbe darunter verstanden. Natürlich arbeiteten wir auf Englisch, unsere in der Regel benutzte Geschäftssprache. Wir waren erstaunt, als wir entdeckten, dass selbst einfache Wörter für uns Briten oder für unsere kontinentalen Kollegen und Kolleginnen Nuancen bargen; Nuancen, die uns nicht aufgefallen waren und die in einem unternehmensweit gültigen Statement ernsthafte Probleme hätten auslösen können, wären wir nicht gezwungen gewesen, uns bessere Alternativen zu überlegen.

Wir empfanden dies als einen schwierigen Aspekt internationaler Kommunikation. Einerseits lassen sich Missverständnisse, die angeblich durch linguistische oder kulturelle Fehlinterpretationen entstehen, als Vorwand für Probleme in alltäglichen Aktivitäten verwenden – und damit für Ausreden und Schuldzuweisungen. Andererseits besteht oft die Tendenz, die als weiche Faktoren des Geschäfts empfundenen Aspekte zu vernachlässigen. Selbst gute persönliche Beziehungen zu Kollegen oder Kolleginnen garantieren noch kein übereinstimmendes Verständnis in einem geschäftlichen Kontext. Dies zu erkennen war allein schon ein sehr wertvolles Ergebnis des Workshops. Diese Erkenntnis spiegelte die Prozesse in unseren Practice Area Groups wider, wo die Anwälte sich täglich den Herausforderungen professioneller Kommunikation in einem internationalen Kontext stellen müssen.

Unsere Werte wurden innerhalb des Workshops in einem Prozess definiert, der den Bezug zur Tätigkeit im Alltag, zu täglichen Urteilen und Entscheidungen herstellte und sie dadurch validierte. Der Bezug zur Praxis war also von Anfang an wichtig. Wir entwickelten die Werte aus unserer Geschäftsrealität heraus und verhinderten so, dass sie später einmal auf eine Wirklichkeit treffen, mit der sie nichts zu tun haben. Wie wir Vision, Mission und Werte beim internen Launch der „neuen CMS" eingesetzt haben, soll später berichtet werden.

Wir wollten auch den Namen CMS noch einmal genauer unter die Lupe nehmen; ein Name, der zu einem frühen Zeitpunkt gewählt worden war, ohne dass man sich damals groß Gedanken über seine spätere Verwendung machte. Das Team untersuchte zunächst das Namensystem, um neutrale Kriterien zur Namensfindung zu definieren – neutral im Hinblick auf die Frage, ob CMS beibehalten oder ein neuer Name gefunden werden sollte.

Anwaltskanzleien haben traditionellerweise lange Namen, die Mitgliedsfirmen von CMS bildeten da keine Ausnahme. Keine einzige Kanzlei war bis dahin bereit gewesen, ihren bestehenden Namen aufzugeben. Die Deutschen fügten im Laufe des Projekts sogar noch einen weiteren Namen zu ihrem Viernamenkonstrukt hinzu, verkürzten es jedoch später auf CMS Hasche Sigle. Die meisten konnten sich jedoch vorstellen, eines Tages einen gemeinsamen Namen zu verwenden. Daher war es unvermeidlich, die bestehenden Namen zunächst beizubehalten und in irgend- einer Form mit dem Namen der Gruppe zu verknüpfen. Wir wollten auch den Eindruck vermeiden, einfach nur eine lose Vereinigung zu sein, von denen es viele im Bereich der professionellen Dienstleister gibt. Der Name musste in der Lage sein, die Leitidee und unsere Absicht auszudrücken, langfristig zu einer Organisation zusammenzuwachsen. Der Name musste auch stark genug sein, um seine zukünftige Funktion als gemeinsame Identifikation für alle Kanzleien zu erfüllen.

So entstand die Idee, den neuen Namen bestehenden Firmenbezeichnungen voranzustellen. Auf diese Weise – so war die Überlegung – könnte der bestehende Goodwill der lokal etablierten Kanzelein auf den neuen Namen übertragen werden. Auch sollte der Name kurz und prägnant sein und international einsetzbar.

Und so kam der Name „CMS" wieder in die Diskussion. Was immer seine Schwächen sein mochten – „Es klingt wie mein Klempner um die Ecke", meinte ein Partner in London, „ein fauler Kompromiss" –, er war jedoch kurz und überall verwendbar. Es gab zwar verschiedene andere Unternehmen mit Namen CMS in unterschiedlichen Branchen in den einzelnen Ländern, doch er bot genügend Vorteile. Er besaß bereits einen gewissen Bekanntheitsgrad und war in Deutschland besonders gut angekommen. Das hatte bereits zur Abkürzung von Kanzleinamen nach dem Muster „CMS Hamburg" oder „CMS Stuttgart" geführt.

Unserer Meinung nach hatte das ebenso viel mit der Schwerfälligkeit des Namens „Hasche Sigle Eschenlohr Pelzer" zu tun wie mit den guten Eigenschaften von CMS. Die meisten CMS-Kanzleien empfanden eine radikale Namensänderung zu CMS zu diesem Zeitpunkt als verfrüht.

Uns wurde empfohlen, CMS als Namen beizubehalten, weil er die funktionellen Anforderungen perfekt erfüllte und wir beim Aufbau des Bekanntheitsgrades nicht wieder ganz von vorn anfangen müssten. Die Rolle von CMS wurde zunächst jedoch als die einer Vorsilbe für bestehende Namen definiert. Für sich allein erschien CMS, zumindest vorläufig, nur in Zusammenhängen, die sich auf die gesamte Organisation bezogen. Der Einsatz von CMS als der Name der Organisation, ohne weitere Unterstützung durch vorhandene Namen, ist derzeit noch nicht beabsichtigt. CMS wird erst implementiert, wenn die Organisation das anvisierte Maß an Substanz und Bekanntheit erreicht hat.

Auf diese Weise reflektiert das System ehrlich unsere Entwicklung und ist flexibel genug, erwartete Änderungen zu verkraften. Dadurch werden unsere Zielvorstellungen glaubwürdig präsentiert und das Markenversprechen von CMS eingehalten.

Das Corporate Design

Da innerhalb von CMS zwei verschiedene Designstile für die visuelle Präsentation verwendet wurden – und weitere kleine Unterschiede unter den kontinentaleuropäischen Kanzleien bestanden –, war die Vereinheitlichung des visuellen Auftrittes von Beginn an ein Hauptziel des Projekts. Die größten Emotionen löste das Thema in London aus, wo das ziemlich unkonventionelle Cameron-McKenna-Design nach anfänglichem starken Widerstand inzwischen nicht nur akzeptiert, sondern sogar hoch geschätzt wurde. Aus praktischer Sicht gab es zwar durchaus Probleme mit diesem Design – so ließ sich das Logo nicht besonders gut faxen –, aber es war erst drei Jahre alt, und es jetzt aufzugeben, wurde als strategisch unklug für die Identität der Kanzlei und als Verschwendung von Ressourcen angesehen.

C/M/S/

C/M/S/ Lexcelis

C/M/S/ Cameron McKenna

C/M/S/ Bureau Francis Lefebvre

C/M/S/ Carnogursky Strommer Reich-Rohrwig

C/M/S/ Derks Star Busmann

C/M/S/ Hasche Sigle

C/M/S/ Strommer Reich-Rohrwig Karasek Hainz

C/M/S/ von Erlach Klainguti Stettler Wille

C/M/S/ Adonnino Ascoli & Cavasola Scamoni

Das neue CMS-Logo mit den Schriftzügen der Mitgliedsfirmen. Einige Unternehmen sind erst nach Abschluss des Branding-Projektes beigetreten

Es kam jedoch nicht in Frage, dieses Logo (oder etwas visuell Ähnliches) europaweit zu verwenden, da die Partner in den anderen Ländern empfindlich auf einen solchenVersuch aus London reagiert hätten. Sollte doch gerade die föderale Struktur von CMS ein wichtiges Differenzierungsmerkmal gegenüber anderen Firmen in Europa sein, die aus Übernahmen oder Fusionen entstanden waren.

Es gab ein CMS-Markenzeichen, doch eignete es sich nicht besonders im Kontext des Namenssystems und war in seiner Symbolik doppeldeutig. Manche Betrachter sahen darin Assoziationen zur Darstellung eines Globuses, andere erkannten darin Initialen in Klammern.

Anders als bei der Namenssituation wurde uns empfohlen, einen neuen Anfang für das das Corporate Design zu finden. Keiner der vorhandenen Stile hätte sich für die zukünftige visuelle Repräsentation geeignet. Trotz starker gegenteiliger Stimmung in London gaben wir das Cameron-McKenna-Design auf und begannen nach etwas ganz Neuem zu suchen. Damit und mit dem Namenssystem wurden wichtige Schritte gesetzt, die CMS-Botschaft in der gesamten Organisation und speziell in London zu verbreiten. Bei der Einführung von CMS waren das Logo und einige erklärende Worte in relativ kleiner Schriftgröße zusammen mit „CMS Cameron McKenna“ im Briefkopf erschienen. Nun sollte das CMS-Branding eindeutig und nicht zu übersehen sein. CMS würde nicht mehr als Anhängsel zu Cameron McKenna stehen, sondern als eindeutige Verknüpfung mit allen anderen beteiligten Kanzleien.

Dieser Ausdruck von Übereinstimmung und Engagement war notwendig, um CMS intern und extern zu etablieren. Es wäre für Einzelpersonen oder eine Gruppe aus irgendeiner der beteiligten Firmen natürlich schwierig gewesen, für eine solche Maßnahme einzutreten, da man ihnen Parteilichkeit hätte vorwerfen können. Hier wie in anderen Fragen zeigte sich der Wert externer Beratung.

Der Designprozess war nicht immer einfach. Wir hatten uns auf die subjektiven Assoziationen geeinigt, die wir vermitteln wollten: Qualität, Dynamik, Zukunftsorientierung, Selbstbewusstsein, Integrität, Offenheit und Klarheit. Wir wurden auch auf praktische Kriterien wie Lesbarkeit aufmerksam gemacht – besonders wichtig bei den langen Kanzleinamen –, auf das Problem der Reproduzierbarkeit bei Verkleinerungen und auf dem Bildschirm und auf viele ähnliche Aspekte.

Die Diskussion geriet jedoch ins Stocken bei der Frage, was für eine Anwaltskanzlei ganz grundsätzlich angemessen sei beim Thema „Branding". Wieder einmal musste das Selbstverständnis diskutiert werden. Während wir in Großbritannien uns weitgehend daran gewöhnt hatten, dass Anwaltskanzleien Logos und Symbole verwendeten, war die Sicht in Deutschland anders.

An diesem Punkt ist eine interessante Randbemerkung zum Entscheidungsprozess angebracht. Unser Leitungsgremium setzte sich aus den ranghöchsten Partnern der verschiedenen Kanzleien zusammen und war damit das natürliche und passende Forum für die Entscheidungsfindung im Projekt. Doch gerade zu dem Zeitpunkt, als Entscheidungen zu Grundelementen des Corporate Designs (Logo, Farbe usw.) getroffen werden sollten, begann die Urlaubszeit, und eine Reihe der Seniorpartner stand nicht zur Verfügung. Auch wenn zum Teil Vertreter ernannt wurden, um den Designpräsentationen beizuwohnen, war die Kontinuität leider unterbrochen.

Wir wollen mit diesem Hinweis betonen, dass das Branding auf jeden Fall eine Aufgabe für die oberste Führungsebene ist – besonders in einer Organisation wie der CMS. Es ist eine Aufgabe, die Engagement und Kontinuität verlangt, und es ist von entscheidender Bedeutung, dass die am Prozess Beteiligten diesen als Team begleiten. Wir fanden es jedenfalls schwierig und zeitraubend, wenn Vertreter in einem Prozess Entscheidungen treffen sollten, in dem sie zuvor nicht involviert waren. Auf welcher Grundlage sollte das geschehen? Wie sollten sie sich in gleicher

Die Broschüren repräsentieren den visuellen Unternehmensauftritt von CMS

Weise wie die „ständigen Mitglieder“ für die weitere Entwicklung verantwortlich fühlen?

Zurück zum Hauptthema: Uns wurden Optionen aufgezeigt, wie im Prozess der Unterschied zwischen „angemessenen“ und „unangemessenen“ Lösungen zu definieren war. Auch wurde darauf hingewiesen, dass alle Lösungen, auf die man sich allzu leicht verständigen könnte, einen gravierenden Nachteil hätten: Sie würden sich nicht genug differenzieren und wären somit austauschbar.

Die Debatte drehte sich auch um Themen wie Hausschrift und Hausfarben, und es war verblüffend, zu beobachten, wie intensiv sich Anwälte – denen man im Allgemeinen keine große Nähe zu diesen Fragen zubilligt – über Probleme wie die Strichstärke von Buchstaben und die Nuancen von Dunkelblau auseinander setzen können.

Diese internationalen und multikulturellen Diskussionen trugen mit der Zeit Früchte, und der überzeugendste Moment kam, als uns präsentiert wurde, wie das neue Corporate Design auf Briefköpfen, Visitenkarten, Drucksachen oder Kanzleischildern aussehen würde. Uns war klar, dass sich in diesen Elementen nur der kleinere Teil der Veränderungen manifestiert – gleichsam die Spitze des Eisbergs –, doch wurden so die Veränderungen greifbar und mit ihnen unser Glaube an CMS.

Wie bereits erwähnt, hat CMS Cameron McKenna eine hausinterne Marketingabteilung, und der Marketing Director war natürlich ein wichtiges Mitglied des Projektteams. Nun schien der Zeitpunkt gekommen, auch die internen Ressourcen zu involvieren. Die Erfahrungen und wertvollen Kenntnisse sollten für die Implementierung des Konzeptes genutzt werden. Und sie sollten bei der Vorbereitung des internen Launches einbezogen werden.

Es ist erstaunlich, welch tief greifende Fragen bei Projekten dieser Art auch für nicht unmittelbar betroffene Bereiche aufgeworfen werden. Zwar spielt das Thema „Standardisierung" erst einmal nur auf der formalen Ebene eine Rolle – wenn es um Schriftarten, Layouts und Farben geht. Hier ist dann vor allem die IT-Abteilung involviert.

Doch die ganze Sache bekommt schnell auch eine inhaltliche Dimension – etwa dann, wenn man über die gestaltende Strukturierung von Protokollen, Berichten oder Broschüren diskutiert. Bei dieser Diskussion geht es nämlich schnell auch um gemeinsame inhaltliche Standards und beinahe ebenso schnell auch um die durchgängige Qualität der Leistungen.

Diesem Aspekt haben wir uns seinerzeit nur in Ansätzen genähert, vorrangig ging es um Fragen des Corporate Designs. Doch ist uns bewusst, dass auf dem Feld noch viel zu tun ist und dass es viele Wechselwirkungen gibt zwischen Fragen der Form und inhaltlichen Fragen; dass also unser Leitbild auch Einfluss haben wird auf unser Leistungsprofil und unser Qualitätsmanagement.

Ich habe bereits erwähnt, dass wir uns einen greifbaren Eindruck unserer neuen Identität machen konnten, obwohl zu dem Zeitpunkt lediglich einzelne Mittel des Gesamtkonzeptes vorlagen. Dieses Gefühl vertieft sich noch, wenn man den ersten Brief unterzeichnet, den tatsächlich der neue Briefkopf ziert ... Doch so weit waren wir noch nicht: Zuerst mussten wir die Richtlinien definieren und eine Strategie für den internen Launch entwickeln.

Uns wurden die verschiedenen Arten von Richtlinien für Corporate Design vorgestellt, die man aufstellen konnte. Dabei empfahl es sich, die Wahl des Mediums davon abhängig zu machen, wer die Richtlinien benutzen würde und welche Informationen diese Person benötigte. Wir diskutierten den Einsatz von Online-Guidelines und verwarfen die Idee als zu komplex und zu teuer für unsere Zwecke. Wir entschieden uns für eine begrenzte Anzahl von gedruckten Richtlinien, die auch als Dateien verfügbar waren. Es wurden Templates für Geschäftspapiere und Büroanwendungen erstellt. Inzwischen war die Marketingabteilung mit den Vorbereitungen für den Launch beschäftigt.

Für diesen wichtigen Tag wurden nicht nur große Mengen vorgedruckter Geschäftspapiere benötigt. Es mussten auch alle wichtigen Templates genau kontrolliert und getestet werden. Allein in London wurden fast 60 Folder und Broschüren umgestaltet und im neuen Stil gedruckt, um bestehende Versionen zu ersetzen. Streng genommen hätten wir, da sich der Namen nicht änderte, nicht unbedingt so viel neues Material produzieren müssen. Da die Marke CMS einen Wendepunkt erreicht hatte, beschlossen wir, im großen Stil zu erneuern, um eine stärkere Wirkung zu erreichen. In dieser Phase ging es darum, alles mit größter Gründlichkeit, Professionalität und Intensität umzusetzen, um die Chance nicht zu vergeben, Probleme aus der Vergangenheit zu überwinden.

Die Mitgliederkanzleien akzeptierten dieses Vorgehen und stellten ihrerseits Pläne zur Vorbereitung auf. Als es so weit war, standen wir vor einer Situation, in der auf Grund der höchst unterschiedlichen Umstände in den jeweiligen Kanzleien bei der Launch-Strategie die lokalen Bedingungen respektiert werden mussten. Schon die Kanzleigröße variierte stark, von 50 Personen in Zürich bis zu 600 in London; dazu kamen noch verschiedene nationale Gepflogenheiten und besondere Verfahrensweisen einzelner Büros. London war aus verschiedenen Gründen ein besonders komplexer Fall.

Erstens gab es dort eine große Zahl von Angestellten und damit das logistische Problem, sie alle gleichzeitig zu erreichen. Außerdem besaßen Cameron McKenna bereits ein Netzwerk im Ausland mit Kanzleien in Hongkong ebenso wie in Prag, Warschau oder Bukarest; Kanzleien, die unabhängig von den kontinentaleuropäischen CMS-Kanzleien in den Prozess integriert werden mussten. Schließlich gab es auch noch die Londoner Bürokultur.

Wie bereits erwähnt, waren erst drei Jahre vergangen, seit Cameron Markby Hewitt und McKenna & Co fusionierten, und damals war eine neue visuelle Identität geschaffen und akzepiert worden. Als CMS eingeführt wurde, war es anfangs weitgehend „business as usual". Der visuelle Stil blieb unverändert, das zu der Zeit gültige CMS-Logo wurde dezent hinzugefügt, und im täglichen Betrieb merkten nur die Personen etwas davon, die direkt mit CMS-Bezug arbeiteten; ein geringer Anteil am Gesamtpersonal. Es ist unbestritten, dass die visuelle Erscheinung nur die Spitze des Eisberges darstellt, doch wurde das neue Design als sehr starkes Signal wahrgenommen, dass sich etwas geändert hat und CMS es jetzt ernst meint.

Das neue Leitbild

Auch wenn schon die Wirkung der beschriebenen Veränderungen beträchtlich sein kann, so durften wir nicht vergessen, dass CMS ursprünglich auch für seine mangelnde Markensubstanz kritisiert worden war. Hätten wir einfach beschlossen, nur ein neues Design zu kreieren, wären wir wohl schlichtweg ausgelacht worden. Wir beschlossen daher, unser Leitbild zur Basis unserer Kommunikation zu machen.

Als wir dazu einen Workshop in Wien abhielten, hatten wir unsere Diskussionen um Vision und Werte an den Erfahrungen und Aktivitäten des Alltags ausgerichtet. Wir begannen mit breit angelegten Diskussionen, um eine gemeinsame Verständnisgrundlage zu erreichen. Im zweiten Schritt wurde unsere ausführliche Sammlung möglicher Ziele und Motivationen auf eine kompakte, einfache und konsistente Vision kondensiert. Diese Liste bestand aus sechs schlagwortartigen Punkten, die unsere Kernwerte darstellten. Unsere Vision lautete:

„CMS strebt danach, ein führender internationaler Anbieter von juristischen und steuerlichen Lösungen zu sein und sich für Qualität, die Interessen der Klienten und die Entwicklung seiner Angestellten einzusetzen."

Die Werte waren:

- Klientenorientierung
- Qualität und Integrität
- Ergebnisorientierung
- Unternehmerisches Denken
- Internationale Orientierung
- Partnerschaft

Die Vision war bewusst einfach. Die Werte enthielten aber die wesentlichen Aspekte, über die wir uns in unseren Leistungen und unserem Verhalten differenzieren wollten.

Sie wurden im Weiteren hinsichtlich ihrer Relevanz zum Geschäftsalltag interpretiert. Als Beispiel für das Ergebnis kann die folgende Erklärung unseres Wertes „Klientenorientierung“ dienen:

- Erwartungen zu übertreffen
- Maßgeschneiderte Lösungen zu entwickeln
- Sich mit den jeweiligen Zielen und Anliegen zu identifizieren
- Dauerhafte Beziehungen auf der Grundlage gegenseitigen Vertrauens aufzubauen
- Bestrebt sein, mit unseren Leistungen Wert zu schöpfen
- Offen und klar zu kommunizieren
- Rasch auf Anfragen zu reagieren
- Bewusst auf Feedback einzugehen und entsprechend darauf zu reagieren
- Initiativ die Klienten auf auftretende Aspekte aufmerksam zu machen und passende Vorgehensweisen vorzuschlagen

Zur Launch-Strategie für London gehörte Folgendes: In einem designierten Bereich im Londoner Bürogebäude zeigten Informationsdisplays den Prozess und das Ergebnis des Branding-Projektes. Ein erlebnisorientiertes Environment lud die verschiedenen Partner und Angestellten dazu ein, über CMS zu reflektieren und ihre Meinungen zur Leitidee und den Werten auszutauschen. Auf diese Weise wurde die Relevanz der Werte für die persönliche bzw. berufliche Situation hervorgehoben. Es gab auch die Gelegenheit, Statements abzugeben, die in einer Videoaufzeichnung festgehalten wurden. Es gab sehr unterschiedliche Meinungsäußerungen zum neuen visuellen Auftritt, zum überwiegenden Teil jedoch fiel das Urteil sehr positiv aus. Die Präsentation insgesamt vermittelte Professionalität und inhaltliche Relevanz, die überzeugten und zeigten, dass CMS nun spürbar Realität geworden war.

Die neuen Kommunikationsmittel wurden vorgestellt und die Broschüre „Our new Vision, Values and Identity Standards" verteilt. Sie enthielt eine allgemeine Einführung, die Vision, eine vollständige Erklärung der Werte und eine illustrierte Erklärung des neuen Corporate Designs. Es gab außerdem eine Version der Leitidee und der Werte im Kreditkartenformat. Der Geist der Veranstaltung wurde von Managing Director Pieter van Dalen in seiner Einleitung treffend und ansprechend auf den Punkt gebracht:

„Die Annahme einer gemeinsamen Leitidee und gemeinsamer Werte ist ein Meilenstein in der Entwicklung von CMS.

Als Teilnehmer am Prozess, der zu einhelliger Übereinstimmung über unsere Vision und unsere Werte führte, beeindruckte mich das starke gemeinsame Anliegen der CMS-Mitgliedsfirmen und wie leicht wir feststellen konnten, was jedem von uns wichtig ist – unsere Werte. Wenn überhaupt, hatten wir Schwierigkeiten, eine Prioritätenliste unserer Werte aufzustellen, nicht aber, sie zu bestimmen!

Unser gemeinsamer Identitätsstandard ist ein weiterer vereinender Aspekt. Er sendet ein klares Signal an unsere Klienten und den Markt, dass wir uns alle für CMS engagieren und mit einer Stimme sprechen.

Als wir uns auf eine Vision, gemeinsame Werte und Identitätsstandards einigten, haben wir einen Rahmen geschaffen, in dem alle bei CMS operieren können. Natürlich ist die Geschichte hier nicht zu Ende. Wir haben ehrgeizige Pläne, unsere grenzüberschreitenden Kanzleien und

Kapazitäten auszubauen, noch engere Beziehungen zwischen Mitgliedern zu schmieden und unseren Mitarbeitern mehr Möglichkeiten zu bieten, auf wahrhaft internationalem Niveau zu agieren. Vor allem aber errichten wir Strukturen, die es uns ermöglichen, auf unserem bisherigen beachtlichen Erfolg in der Arbeit mit Klienten in Europa und darüber hinaus im Geiste echter Partnerschaft aufzubauen.

Konzentrieren wir uns alle darauf, die Werte mit Leben zu erfüllen und eine Organisation zu schaffen, auf die wir wirklich stolz sein können."

Wie Pieter van Dalen andeutete, gibt es noch viel zu tun. Wir erleben jedoch äußerst positive Anzeichen für die Zukunft. So kamen, gerade als wir im Endstadium des Designprozesses waren, die Verhandlungen mit der französischen Topkanzlei Bureau Francis Lefebvre zu einem erfolgreichen Abschluss. Sie übernahmen unsere Vision, Werte und Corporate-Design-Standards als Zeichen und Bestätigung ihrer Zugehörigkeit zur CMS-Familie. Damit stand ein weiteres wichtiges Element unserer gemeinsamen globalen Strategie.

Was als „Corporate Branding"-Projekt begonnen hatte, wurde zu einer faszinierenden Entdeckungsreise. Wir entdeckten, wer wir wirklich waren. Die Reise war nicht immer bequem, aber sie brachte viele neue Erkenntnisse zutage und eröffnete neue Einblicke. Das Gefühl eines gemeinsamen Anliegens ist eine entscheidende Basis für die Arbeit auf ein Ziel hin. Doch zuerst muss man sich auf das Ziel geeinigt haben. Wir lernten auch – oder bekamen bestätigt –, dass eine Marke nicht nur ein Logo oder ein Satz Broschüren ist, ja nicht einmal das gesamte äußere Erscheinungsbild. Wir alle sind die Marke CMS. Wir leben und atmen sie; sie drückt sich auf vielerlei Arten aus, formell und informell, äußerlich und innerlich.

Heute ist es offensichtlich, dass CMS an seine Marke glaubt. Das treibt uns an auf dem Weg zur Verwirklichung unserer Vision.

Kommentar des Herausgebers

Das Beispiel CMS zeigt, dass oberflächliche Branding-Aktivitäten nicht nur von eingeschränktem Wert sind, sondern auf lange Sicht sogar kontraproduktiv wirken. Da eine gemeinsame Vision fehlte, konnte das Vorhaben, ein paneuropäisches Kanzlei-Netzwerk aufzubauen, nicht sein volles Potenzial entfalten; es drohte, an der Skepsis der Mitgliedsfirmen zu scheitern. Die multikulturelle Natur des Projektes brachte es mit sich, dass Firmen, die einander nicht kannten, plötzlich auf länderübergreifender Ebene kooperieren und mit den Spannungen der Integration umgehen lernen mussten. Die ohnehin vorhandene Komplexität des Projektes bekam dadurch eine zusätzliche Dimension. CMS gelang es, Leben in das Konzept zu bringen, indem man einen frischen und mutigen Ansatz zum Thema Branding wagte. Dieser Ansatz wurde konsequent durchgesetzt – angefangen bei der Beratung und Schulung der Partner in den einzelnen Firmen über die Definition einer Positionierung, der Entwicklung von Vision, Mission und Werten über die interne Kommunikation des Leitgedankens, bis hin zu Leitlinien, die der Marke Leben gaben. Für CMS entwickelte sich dieser Integrationsprozess zu einem Weg der Selbsterfahrung oder – wie Richard Taylor es beschreibt – zu einer „interessanten Reise". Das Unternehmen ist nun unter dem Banner der CMS vereint und treibt – motiviert durch eine gemeinsame Basis und ein klar formuliertes Ziel – die Integration auf breiter Front voran.

Kapitel 11
Kontinuität durch Wandel: Miele

Jürgen Plüss
Leiter Geschäftsbereich Küchengeräte International, Miele GmbH

Gesamtheitliche Markenführung

Markenwerte sind auf dem besten Wege, auch für Gebrauchsgüter Kaufentscheidungen zu beeinflussen oder sie sogar zu dominieren. Es ist somit nicht verwunderlich, dass Markenmanager versuchen, Marken und Markenwerte zu beeinflussen und sie nach ihren unternehmerischen Zielen zu gestalten. Welche Faktoren und Instrumente sind geeignet, Markeninhalt und -identität Gestalt zu geben? Das Fallbeispiel Miele belegt, dass für Gebrauchsgütermarken nur eine ganzheitliche Philosophie mit den Kernelementen Produkt und Leistung Markeninhalte wirklich und nachhaltig definieren. Jede Neugestaltung von Markenidentität muss darüber hinaus die im Markt etablierten Ist-Werte zur Marke respektieren. Sie limitieren Neugestaltungsspielräume auf inhaltlich selbstähnliche Werte. Die Aktualisierung und Pflege von Marken ähnelt einem „Tanz in Fesseln".

Woran denken Sie, wenn Sie den Markennamen Miele hören? Richtig, es sind Begriffe und Werte, die wohl fast jedem spontan durch den Kopf gehen, der mit der Marke Miele konfrontiert wird: Qualität, Zuverlässigkeit und Langlebigkeit, guter Service, Hausgeräte-Innovationen, überzeugte Kunden, konservativ, aber auch hohe Preise und „kann sich nicht jeder leisten".

Produkte, die einem zur Marke Miele spontan einfallen, sind Waschautomaten, Geschirrspüler und Staubsauger. Nun stellen diese spontan verfügbaren Werte und Produktmerkmale längst nicht alle Markenwerte und die komplette Angebotsbreite der Marke dar. Sie sind es aber, die die wahrgenommene Identität der Marke ausmachen.

Für erfahrene Markentechniker ist das keine Überraschung. Die für die Marke Miele in nahezu ganz Europa gleichen messbaren Werte und Produktkompetenzen sind das Ergebnis von über 100 Jahren Unternehmensgeschichte und damit ein guter Beleg für die These, dass Markenidentität immer das Ergebnis akkumulierter Leistungsgeschichte ist.

Miele – Wertemonopol für Qualität

Der ursprüngliche unternehmerische Ansatz, nur Qualitätsprodukte mit bestmöglicher Funktion, höchster Zuverlässigkeit und Langlebigkeit zu entsprechend hohen Preisen zu entwickeln und zu vertreiben, wurde seit der Unternehmensgründung im Jahr 1899 nicht verlassen. Die Marke Miele ist insofern auch ein gutes Beispiel dafür, dass sich aus einer erfolgreich betriebenen unternehmerischen Idee eine Markenpositionierung „Qualität" ergab, die infolge von kontinuierlichem und selbstähnlichem Handeln zu einem Wertemonopol im Hausgerätemarkt wurde.

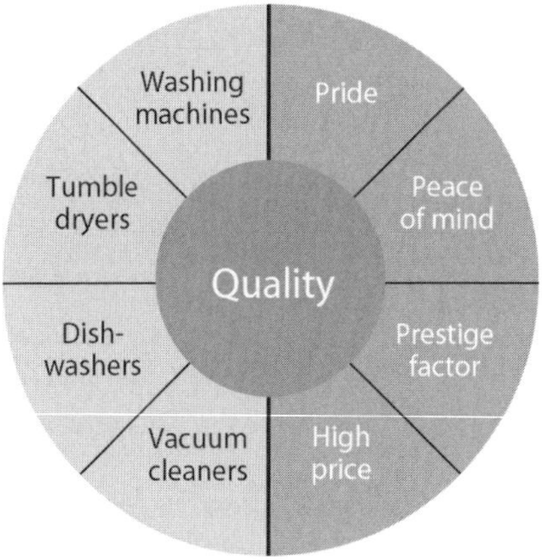

Miele-Markenidentität – IST

Die Kernprodukte der Miele-Geschichte wurden durch die Kernidentität „Qualität" in entscheidender Weise geprägt. Waschautomaten und Trockner, Geschirrspüler und Staubsauger sind solche Kernprodukte, die sich weniger durch kreative Werbung, ungewöhnliches Design oder andere kommunikative Instrumente bei Käufern durchsetzen. Sie überzeugen durch ihre Robustheit und Zuverlässigkeit, ihre Langlebigkeit, ihre innovative Weiterentwicklung, ihre Sparsamkeit mit Wasser und Energie, ihr zurückhaltendes und langlebiges unmodisches Design und durch ihren guten Kundendienst, der im Falle eines Falles schnell und effizient ein Problem lösen hilft.

Wenn man aus der Marktforschung weiß, dass die wesentlichen Kaufmotive für Reinigungsgeräte eher disziplin- als emotionalbetonte Motive sind, dann ist das Miele-Markenmonopol für Qualität die ideale Voraussetzung, im Hausgerätemarkt die qualitativ führende Rolle zu spielen.

Preishöhe und Kundenloyalität als Maßstab für qualitative Marktführerschaft

Qualitative Marktführerschaft lässt sich in zwei Kennzahlen ausdrücken. Zum einen mit der Höhe des Preisabstandes, den eine Marke gegenüber anderen Angeboten erzielt, und zum anderen mit der Höhe der Wiederkaufbereitschaft.

Der Preisabstand für z.B. Miele-Waschautomaten oder -Bodenstaubsauger beträgt in zentraleuropäischen Märkten zwischen 50 und 70 % zum Durchschnitt der übrigen Anbieter. In GB oder Südeuropa beträgt der Abstand durchweg um 100 %. Diese Preisabstände beziehen sich auf Produkte gleichen Grundnutzens und ähnlicher Ausstattung. Die Frage ist hier, wie bei ähnlichen Premiummarken anderer Branchen auch: Was verspricht den Käufern so viel Mehrwert, dass sie bereit sind, für ein Produkt mit gleichem Grundnutzen (z.B. Wäsche vollautomatisch waschen), vergleichbarer technischer Ausstattung (z.B. 18 Waschprogramme, 1.400 U/min Schleuderdrehzahl, Startvorwahl) und einem teilweise zum Verwechseln ähnlichen Design (z.B. Frontlader im weißen Gehäuse mit

Drehwahlschalter) 50 % mehr Geld auszugeben als für ein anderes Markenprodukt? Diese Frage lässt sich für Premiumprodukte nicht pauschal beantworten. Im Fall Miele beruht die Bereitschaft, mehr für ein Produkt zu zahlen, auf dem Wissen um überragende Produkteigenschaften, höchste Zuverlässigkeit und 20 Jahre Lebensdauer. Miele-Produkte repräsentieren in ihrer Kategorie das Beste, was es zu kaufen gibt. Neben diesen objektiven Werten kommen subjektive Werte ins Spiel, deren Gegenwert nur individuell gemessen werden kann. Was ist es einem z.B. wert, zu wissen, das Beste gekauft zu haben, oder was ist es einem wert, für lange Zeit Ruhe und Sicherheit gekauft zu haben? Diese Werte lassen Käufer zur Miele-Kundschaft werden, die in ihrem Wunsch nach Qualität und der Bereitschaft, dafür deutlich mehr zu bezahlen – unabhängig von ihren soziodemografischen Zugehörigkeiten –, homogen sind.

Qualitative Marktführerschaft lässt sich auch in der Höhe der Wiederkaufbereitschaft ausdrücken. Diese Kundenloyalität ist auch Ausdruck von Kundenzufriedenheit. Die Marke, deren Käufer die höchste Zufriedenheit mit ihrer Marke empfinden, dürfte die qualitativ beste sein. Nun ist Kundenzufriedenheit ein unter Umständen kritischer Wertmaßstab, wenn man die gängige Definition für Kundenzufriedenheit zum Maßstab nimmt. Danach ist Kundenzufriedenheit die Differenz zwischen Kundenerwartung und subjektiver Wahrnehmung. Wenn Kunden gegenüber Produkten der Marke Miele einen dem hohen Preis entsprechende hohe Qualitätserwartung haben, dann bedeutet jede noch so kleine Abweichung davon eine große Enttäuschung. In anderen Worten: Der hohe Preis und der bekannte gute Markenruf stellen ein positives Vorurteil dar, dass durch Fehler leicht zum Gegenteil wird, das Produkt ist sein Geld nicht wert. Deutlich wird damit, dass gerade große Marken mit hohen Erwartungen belegt werden, die teilweise nur schwer erfüllbar sind.

Trotz der hohen Erwartungen an Miele-Produkte sind Miele-Käufer mit Abstand eher bereit, Produkte dieser Marke wieder zu kaufen als Käufer anderer Hausgerätemarken. Gebe man der Wiederkaufbereitschaft der

Marke Miele den Indexwert 100, dann lägen andere Hauptmarken des Marktes bei Indexwerten 85 bis 65!

Als Bestätigung seiner hohen Kundenzufriedenheit erhielt Miele im Jahr 2001 die Auszeichnung „Most trusted brand".

Marken sind in ihrem Wachstum begrenzt

Marken, die in ihrem Markt qualitative Marktführer sind, sind im Regelfall kleinere Segmentanbieter. Premiumsegmente sind volumenmäßig eher klein und werden normalerweise von zwei bis drei Anbietern abgedeckt. Der Premiumanbieter im Hausgerätemarkt Miele stellt im Gegensatz zu diesem Normalbild eine Ausnahme dar. Miele dominiert in wesentlichen Märkten Europas den Markt für Waschautomaten, Wäschetrockner und Bodenstaubsauger. Wertmäßige Marktanteile von bis zu 30 % im wesentlichen Absatzkanal, dem Elektrohandel, bedeutet in vielen Märkten Marktführerschaft. Dieses interessante Bild, qualitative und quantitative Marktführerschaft, stellt die gängige Theorie der Preis-Mengen-Funktion auf den Kopf. Das Beispiel belegt, dass die Konzentration auf Topqualität und hohe Preise nicht auf Nischensegmente begrenzt ist, sondern Toppreissegmente in einigen Märkten fast die gleiche Volumenbedeutung wie Low-Preissegmente haben können. Wäre die Marktposition Miele der Regelfall, dann wäre z.B. Mercedes-Benz Marktführer im Pkw-Markt, IWC im Uhrenmarkt oder B&O im Unterhaltungselektronikmarkt – eine Vorstellung, die allerdings jedermann als unrealistisch einschätzen würde, denn im Normalfall schließen sich qualitative und quantitative Marktführerschaft aus.

Die einzigartige Marktposition von Miele hat allerdings einen Nachteil. Mit der Konzentration auf Hochpreissegmente und dem Erreichen der Marktführerschaft in wesentlichen Märkten ist Wachstum kaum mehr realisierbar. Weder Erlöse lassen eine deutliche Erhöhung zu (die

Preisabstände sind bereits sehr hoch) noch sind die Marktanteile für Miele in wesentlichen Märkten deutlich ausbaubar.

Wenn heute eines der Überlebenselemente im wirtschaftlichen Wettbewerb Wachstum heißt, dann ist Kontinuität, das heißt die Konzentration des Unternehmens auf Reinigungsgeräte, keine Gewähr für weiteren Erfolg durch Wachstum.

Kontinuität durch Wandel

Jetzt wird dem Leser der Titel des Aufsatzes „Kontinuität durch Wandel" deutlich. Im genannten Kontext stehen beide Begriffe, also Kontinuität und Wandel, eigentlich im Widerspruch. Sie stellen eher eine „Oder-Beziehung" dar. Kontinuität heißt Festhalten an bewährten Handlungsmustern – Wandel heißt Veränderung.

Darf sich eine Marke überhaupt verändern? Wiederspricht Änderung nicht Kontinuität und Selbstähnlichkeit, eine der Grundregeln erfolgreicher Markenführung? Man möchte sagen, eigentlich ja, denn jede Marke und jede Identität besitzt ihre Grenzen. Markenführung muss die Grenzen und die Tragfähigkeit einer Marke berücksichtigen. Einer Premiummarke sind z.B. in der Distribution oder in der Preispolitik enge Grenzen gesetzt. Wachstum durch Präsenz in z.B. Discountstrukturen des Handels oder durch bewusste Preiserosion ist identitätszerstörend.

Wenn eine Marke in ihren gesetzten Grenzen eine nahezu maximale Potenzialausschöpfung erreicht hat, dann ist die Frage von Wandel oder Veränderung keine theoretische Marketingdiskussion, sondern erlangt existenziellen Charakter. Wachstum ist auch für Premiummarken notwendig, um im aggressiver werdenden Wettbewerb überleben zu können.

Wachstum ohne Identitätskonflikt

Für die Marke Miele bedeutete diese Erkenntnis, strategische Optionen zu identifizieren und zu bewerten, die weiteres und nachhaltiges Wachstum sichern, ohne die Identität der Marke in Frage zu stellen, d. h. ohne besetzte Marken- und Marktpositionen zu gefährden.

Drei strategische Optionen wurden gewählt, die den Zielkonflikt, Wachstum ohne grundsätzliche Veränderung des Markenkerns, realisieren sollen. Diese Optionen stellen einen Mix aus Verbesserungs- oder Optimierungsstrategien des bestehenden Geschäftes dar und Strategien zur aktiven Erweiterung des Aktivitätenspektrums:

- Qualitatives Wachstum
- Regionales Wachstum
- Strukturelles Wachstum

Die Wachstumsoptionen 1 und 2 stellen Optimierungsstrategien dar, Wachstum durch Erlösverbesserungen aus Innovationen und Ausweitung der regionalen Markenpräsenz auf Auslandsmärkte, insbesondere in Osteuropa und Übersee, zu erzielen. Beide Strategien basieren auf der traditionell erworbenen Markenidentität.

Die dritte Option stellt daneben besondere Anforderung an den gesamten Umgang mit der Markenidentität Miele. Sie beinhaltet das Ziel, alle Strukturen des Hausgerätemarktes auszuschöpfen, nicht nur die der Reinigungsgeräte. Diese strategische Option scheint insofern als hochattraktiv, als dass das Strukturgewicht „Reinigung“ nur etwa 40 % des Marktes ausmacht, also Struktursegmente von etwa 60 % des Marktes für langfristiges und nachhaltiges Wachstum zur Verfügung stehen. Die Herausforderungen zur Erschließung der offenen Potenziale sind allerdings beachtlich, denn es handelt sich dabei um Produktstrukturen, die eine gänzlich andere Bedeutung in den Augen der Käufer als Reinigungsgeräte besitzen. Es handelt sich um die Strukturen der Produkte zur Vorratshaltung und zum Kochen.

Neue Produktkategorien können Identitätsbrüche bedeuten

Noch nachvollziehbar ist, dass im Gegensatz zur Reinigungsgeräten mit Maschinencharakter Kochgeräte einer anderen Gebrauchs- oder Kaufmotivation unterliegen. Nicht die Robustheit und Langlebigkeit steht im Vordergrund, sondern das Design, die Bedienung oder die Funktion. Im Gegensatz zu z.B. einer Waschmaschine sind Kochgeräte immer Teil der Küche, stehen damit eher im öffentlichen Raum als diskret im Keller oder Hauswirtschaftsraum. Ein weiterer Gegensatz zum Waschautomaten ist der Distributionskanal, in dem Kochgeräte ausgestellt und angeboten werden. Hier dominiert der Küchen- und Möbelhandel im Gegensatz zum Waschautomaten, der primär im Elektrofachhandel nachgefragt wird. Auch dieser Aspekt ist von großer Wichtigkeit, wenn man weiß, dass der Haupt-Distributionskanal für Miele-Produkte traditionell der Elektrofachhandel ist.

Miele-Markenidentität – SOLL

Zur Erschließung neuen Wachstumspotenzials sind somit wichtige strategische Ressourcen zu identifizieren. Dazu gehören ohne Zweifel die folgenden drei:

- Zugang zu Innovationen
- Zugang zur Distribution
- Zugang zu Kunden

Die ersten beiden Ressourcen sind zur Erschließung neuer Potenziale selbsterklärend. Sie waren produktseitig gegeben, insofern man bereits begonnen hatte, eigene Produkte und Innovationen in eigenen Entwicklungs- und Werksstrukturen zu entwickeln und zu fertigen. Die Ressource Distribution ist leichter zu identifizieren, als zu erschließen. Die charakteristischen Gepflogenheiten und Erfolgsfaktoren des Küchen- und Möbelhandels waren zu erkunden und in Instrumente – bishin zu personeller Neuausstattung – umzusetzen.

Die nachhaltigste und schwierigste Ressource in besetzten und gesättigten Märkten ist der Zugang zu Kunden. Hier reicht es nicht mehr aus, Produkte selbst in der richtigen Distribution zur Verfügung zu stellen. Erfolgsfaktor wird hier immer mehr, dass die Marke in Verbindung mit dem richtigen Produktangebot ein überzeugendes und stimmiges Paket ergibt.

Mit der Ausgangssituation einer Markenidentität, die eher Reinigungsgeräte-optimiert war, ist als wesentlicher Erfolgsfaktor die Marke und deren Kompetenz oder Identität zu erkennen und zu bearbeiten. Aufgabe war es, emotionale Defizite wie Genuss, Design, Kennerschaft im Küchen- und Kochkontext auszugleichen, die für einen erfolgreichen Wachstumsprozess unumgänglich sind.

Erweiterung der Markenidentität statt Veränderung

Wie kann eine Marke mit einer derart klaren und eindeutigen Identität (Qualität und Zuverlässigkeit) mit neuen Identitätsdimensionen ausgestattet werden? Klassisch werden dafür Kommunikationsagenturen zu Rate gezogen, deren Aufgabe es ist, Markenbilder mit neuen Inhalten zu versehen und per Kommunikation durchzusetzen.

Dieses Verständnis von Markenentwicklung und -führung mag für gewisse Konsumgüterbereiche richtig sein, für langlebige Gebrauchsgüter gilt das nicht. Die Gestaltung einer Marke ist ein sehr komplexer und langwieriger Prozess, der nur mit kommunikativen Mitteln allein nicht bewältigt werden kann. Eine Marke ist mehr als ein Zeichen oder Logo, sondern dass, was Käufer gemeinhin an Vorstellungen und Bildern in ihren Köpfen dazu besitzen oder entwickeln. Nicht Logos oder Hausfarben entscheiden im Wettbewerb, sondern die Welt hinter den Logos.

Markenbilder und Markenruf sind das Ergebnis akkumulierter Leistungsgeschichte. Viele Faktoren sind in der Lage, diese Geschichte zu schreiben. Für langlebige Gebrauchsgüter, wie große elektrische Hausgeräte, können Faktoren wie Qualität, Preis, Design, Service, Innovation, Distribution und sicherlich auch Kommunikation ursächlich für ein Markenbild sein. Alle Faktoren können ihre Wirkung gegenseitig aufheben oder im positiven Fall bestätigend verstärken. Hohe Kohärenz, das heißt stimmige Balance und eine lange Konstanz ohne Brüche, sind für das Entstehen eines festen Markenkerns entscheidend.

Ganzheitliche Markenführung bedingt immer die Einbeziehung von Produktleistung und Innovation

Zur Erweiterung der Markenidentität „Miele" durch emotionale Dimensionen wie Genuss und Kennerschaft wurde insbesondere auf die Erfolgsfaktoren Innovation, Design und Distribution Gewicht gelegt. Der glaubwürdigste Ausdruck, wer oder was eine Marke sein will, ist eine Produktleistung! Das heißt nicht die klassisch kommunikative Behauptung, Miele ist kompetent für Genuss, verändert das Markenbild, sondern der Beweis in Form einer Innovation. Produkte sind Leistungsstatements, die nachhaltig und solide Leistungswerte zu einem langfristig neuen Bild akkumulieren.

Vielfältige Innovationen auf dem Gebiet der Koch- und Küchengeräte haben die Marke Miele in der Tat schnell Kompetenz und Achtung in der Distribution gebracht. Dieses ist gleichermaßen der Schlüssel für den Zugang zum Kunden. Der Zugang zur neuen Distribution ist mit einer Vielzahl von Innovationen erst möglich geworden. Einige von ihnen sind als Bild beispielhaft dargestellt.

Der Erfolgsfaktor Produktdesign hat mit dazu beigetragen, den Miele-Willen, neue Produktsegmente zu besetzen, sichtbar zu machen. Die Rolle des Designs ist dabei nicht leicht zu definieren. Einerseits ist Design materialisiertes Markenbild, das heißt Design muss die Erwartung an eine Marke widerspiegeln und darf nicht Erwartungen irritieren. Selbst für emotionsgetriebene Produkte erlaubt die bestehende Markenidentität keine Gestaltungsexperimente. Vertrautheit, beherrschte Progressivität, Geschlossenheit sind für das Miele-Design grundlegende Gestaltungsparameter, die modernes, nie aber modisches Design zum Ziel haben.

Im Zeitalter austauschbarer werdender Produkte und Angebote erlangt die These: „Käufer kaufen Marken, erst dann Produkte!" mehr und mehr Gültigkeit. Sie ist aber nur mit dem folgenden Halbsatz vollständig: „... aber Produkte müssen halten, was Marken versprechen." Marken basieren also auf Produkt- und Leistungskompetenz, die sich im Einklang mit dem Markenbild befinden sollten. Verspricht die Marke zu viel, produziert dieses Irritation und Unzufriedenheit beim Kunden. Übertrifft die Produktwahrnehmung das Markenversprechen, ist auch das irritierend, jedoch mit positiver Wirkung. Am stärksten wirkt ein Produkterlebnis, das einem abgespeicherten Markenbild entspricht, weil es in Form einer Bestätigung geschieht. Bestätigt wird also ein positives Vorurteil, dass

Miele-Einbaugeräte mit Aluminiumfront. Die Eleganz dieser Geräte drückt technische und qualitative Überlegenheit in der Küche aus

Was eine Marke sein will, drückt sich auch durch ihre Innovationsfähigkeit aus. Ein Beispiel dafür ist die weltweit erste und einzige Einbau-Kaffeemaschine

das vorhandene Markenbild gleichsam verfestigt. Und verfestigte Markenbilder wiederum sind eine Vertrauensbastion, die von anderen Wettbewerbern nur sehr schwer eingenommen werden kann.

In diesem Sinne steht das Beispiel Miele für Wachstumsoptimismus, der auf Pflege und behutsamer Erweiterung seiner Markenidentität durch Produktleistung aufbaut. Dieses ist ein langer Weg, der aber nachhaltige Wirkung durch Aufbau von Glaubwürdigkeit und Zufriedenheit der Kunden verspricht.

Eine ganzheitliche Markenführung integriert alle Einflusselemente auf die Markenwahrnehmung

Auch langlebige Gebrauchsgüter, also z.B. Uhren, Möbel, Pkw oder auch elektrische Hausgeräte werden heute über Markenemotionen gekauft. Je mehr der Grundnutzen eines Produktes von mehreren Marken vergleichbar in ähnlicher Qualität und Zuverlässigkeit angeboten wird, umso größer ist der Einfluss der Marke als Absender und Träger auch von sozialen und emotionalen Botschaften. Emotion benötigt aber ein Fundament, und das liegt nicht in der Werbung oder im netten Design, sondern in der Kernleistung einer Marke, dem Produkt.

In Gebrauchsgütermärkten gibt es keinen Zweifel: Ein Unternehmen oder eine Marke drückt das, was es ist oder sein will, am besten und glaubwürdigsten über Produkte und Leistungen aus. Die Miele-Fallstudie will diese Erkenntnis in den Mittelpunkt stellen. Dennoch gibt es weitere Erfolgsfaktoren, die die Identität einer Marke auch in Gebrauchsgütermärkten beeinflussen bzw. sie gestalten helfen.

Da sich die Lebensäußerungen einer Marke nicht nur auf Produktbotschaften beschränken (sie sind allerdings die wichtigsten), sollen auch andere kurz aufgezählt und beschrieben werden.

Eine Marke braucht Mythos und Geschichten

Welche Marke kann schon von sich behaupten, dass seinen Käufern Werbeslogans von vor 76 Jahren heute noch weitererzählt werden. Im Fall der Marke Miele ist das der Fall. Der Slogan „Nur Miele, Miele, sagte Tante, die alle Waschmaschinen kannte" wurde in der Miele-Werbung im Jahr 1926 eingesetzt, wurde als Wortspiel allerdings über jetzt mittlerweile drei Generationen weitergetragen und ist auch heute selbst jungen Menschen durchweg bekannt.

Design treibt die Markenexpansion. Mieles TopCook-Kochplatz: semiprofessionelle Erscheinung und Leistung

Miele pflegt seine Geschichte und damit Geschichten. Das Unternehmen unterhält das größte Hausgerätemuseum Europas, das auch für die Öffentlichkeit zugänglich ist. Exponate der Familiengeschichte und damit der Hausgerätegeschichte werden für Ausstellungen ausgeliehen und tragen die große Vergangenheit der Marke permanent in die Öffentlichkeit. Ähnlich der Praxis von z.B. Mercedes-Benz, die großartige Pkw-Modelle der Vergangenheit immer wieder der Öffentlichkeit zugänglich machen, da setzt Miele seine Vergangenheit als Aktivkapital zur Pflege des Mythos eines Hausgerätepioniers bewusst ein.

Eine Marke braucht adäquate Distribution

Wenn Sie eine hochwertige Uhr kaufen wollen, welche Art von Händler würden Sie aufsuchen? Ein Warenhaus, einen Discounter, ein Versandhaus, einen Internetanbieter oder ein Uhrenfachgeschäft? Es liegt auf der Hand, dass eine bestimmte Kategorie von Qualitätsprodukten oder Marken, die dafür stehen, nicht die Optionsvielfalt einer Multi-Channel-Distribution besitzen. Hier unterliegt eine Marke großer Selbstdisziplin und Selbstbeschränkung, die Vertriebsmanager, erst recht Key-Account-Manager, nur ungern akzeptieren. Die Versuchung, den Volumenverlockungen von nicht adäquaten Distributionskanälen zu erliegen, ist groß. Der Hinweis, dass auch Wettbewerber dort verkaufen werden, darf Markenverantwortliche nicht davon ablenken, dass bestimmte Marken in nicht adäquaten Distributionskanälen unter Umständen ihren Weg in die qualitative Abrüstung gehen. Eine Distributionsform, die keine passende Marktkulisse bietet, die keine angemessene und fachkundige Beratung bereithält, die keinen Liefer-, Aufstell- und Anschlussservice zur Verfügung stellen kann, kann den richtigen und erforderlichen Preis eines Produktes auch nicht argumentieren und rechtfertigen. Das führt zu Forderungen nach niedrigen Preisen, die wiederum Qualitäten reduzieren lassen, um solchen Preisforderungen auch von den Kosten her begegnen zu können.

Jede Marke besitzt ihre Grenzen. Auch die Grenzen der Distribution müssen dabei beachtet werden. Im Fall bedeutet das, dass Miele nur vom Fachhandel bzw. Handel mit fachhandelsgleichen Leistungen angeboten wird. Internet, Discounter und Vertriebskanäle ohne Fachhandelsstrukturen werden von Miele nicht als Distributionsauslast akzeptiert.

Eine Marke braucht die richtigen Käufer

Käufer sind Botschaften einer Marke. Das gilt für alle Produkte und Dienstleistungsangbote, das heißt für Pkws wie für Restaurants oder Urlaubsregionen. Ein Unternehmen hat im Regelfall eine genaue Vorstellung darüber, welche Käufer es mit seinem Angebot erreichen will. Deren Präferenzen zu Leistungen, Design, Kaufort und Preis sind bekannt und sollen im Sinne einer käufersegmentorientierten Marketingstrategie auch erfüllt werden. Eine Marke sucht und findet ihre Kunden und umgekehrt. Zielgruppenorientierung bedeutet, in begrenzten Marktsegmenten zu denken und deren Grenzen, nämlich die Homogenität und Größe der Zielgruppe, zu akzeptieren.

Problematisch wird es für die Markenführung, wenn die natürlichen Grenzen eines Zielgruppenpotenzials erreicht werden und weiteres Volumenwachstum angestrebt wird. In diesem Fall muss sich eine Marke für weitere Zielgruppen öffnen, z.B. solchen, die andere Leistung oder ein anderes Design präferieren oder in tieferen Preisklassen zu konsumieren bereit sind. Eine solche Öffnung oder Dehnung der Marke bleibt nur in ganz seltenen Fällen ohne negative Auswirkung auf Stammkäufer oder -verwender. Sie wenden sich wegen der hinzugekommenen neuen Käufer von ihrer Marke ab und orientieren sich neu.

Ein gutes Beispiel dafür sind einige Urlaubsregionen am Mittelmeer, die sich mit neuen Angebotsformen und Preisklassen neuen Kunden geöffnet haben, um weiteres Wachstum zu kreieren. Ergebnis ist das Fortbleiben ehemaliger Stammbesucher mit zum Teil viel höherer Ausgabefähigkeit und Bereitschaft als die der neuen Gäste. Als anderes Beispiel mag die Marke BMW genannt werden, deren Markenattribut „Sportlichkeit" hohe Attraktivität bei jungen Gebrauchtwagenkäufern besitzt. Das zum Teil aggressive Auftreten solcher Fahrer im Straßenverkehr entwickelt sich zunehmend zu einer Belastung für die Marke BMW, die damit um ihre Attraktivität bei Neuwagenkunden fürchten muss. Wenn falsche Kunden ins Markenboot drängen, führt das zum Aussteigen von Stammkunden.

Die Marke Miele wird in dieser Hinsicht äußerst sensibel geführt. Die Attraktivität der Marke in den Augen ihrer Stammzielgruppe zu erhalten erfordert eine genaue Kenntnis ihrer Kundschaft. Diese nicht zu irritieren erfordert eine hohe Durchsetzungskraft im Hinblick auf vieles, was man als Marke tun kann, aber nicht tun darf. Das Wissen um die „DOs“ und „DON'Ts“ ist wertvolles Erfahrungs- und Führungskapital eines guten Markenmanagers.

Eine Marke braucht perfekten Kundendienst

Der Service bzw. Kundendienst besitzt für viele Konsumgüterbereiche keine hervorgehobene Wichtigkeit. Für langlebige Gebrauchsgüter jedoch stellt der Kundendienst ein überaus wichtiges Instrument dar, das Markenkompetenz stärken oder schwächen kann.

Wenn der Markenruf durch akkumulierte Leistungsgeschichte geschrieben wird, stellen Kundendiensterlebnisse unter Umständen das entscheidende Kapitel dieser Geschichte dar. Servicefälle sind ärgerlich und schwächen Markenloyalität. Wenn aber nach langen Jahren ein Defekt oder ein Verschleiß auftritt, kann auch eine Stärkung der Beziehung eines Kunden zur Marke eintreten. Ein Kundendienst, der leicht erreichbar, schnell verfügbar, freundlich, kompetent und sauber ein Problem beseitigt, stützt positive Markenbilder. Das in diesem Zusammenhang unter Sprechern der Automobilindustrie häufig verbreitete Zitat „Jeder Kundendienstfall gibt uns die Möglichkeit, die Leistungsfähigkeit unseres Unternehmens unter Beweis zu stellen“ ist daher nicht falsch, solange die Kundendienstabwicklung perfekt funktioniert.

Kundendienstfälle sind Teil eines Beziehungsmanagements zwischen Unternehmen und Kundschaft. Die Intensität und Gestaltung dieser Beziehung wird zukünftig von noch größerer Bedeutung sein, als sie heute bereits ist. Mit zunehmender Serviceverknappung im Handel wird der direkte Kontakt zwischen Marke und Käufer wichtiger. Passive Medien, z.B. die der klassischen Werbung, werden durch aktive dialogorientierte Medien, wie z.B. Clubstrukturen oder auch das Internet, mehr und mehr ergänzt bzw. in Zukunft auch schrittweise ersetzt werden können. Eine hervorragende Kundendienststruktur mit seinen vielfältigen Dialogen zum Kunden ist Teil einer solchen Beziehungskette.

Für Miele besitzt der Kundendienst hohe Priorität. Langlebige Gebrauchsgüter unterliegen Verschleiß, so dass der von Miele besetzte Wert „Qualität“ auch im Laufe des Lebenszyklus durch Kundendienst bewiesen werden muss. In vielen Märkten besitzt Miele die größte Kundendienstorganisation der Branche. Im Fall eines Defekts selbst den Kunden zufrieden stellen zu können ist loyalitätsfördernd.

Die Dienstleistungskultur, die Miele von vielen Wettbewerbern unterscheidet, geht in manchen Märkten so weit, dass Servicetermine auch für Abendstunden bzw. Wochenenden vereinbart werden können. Premiummarken mit zum Teil sozial- und gesellschaftlich hochrangigen Käufergruppen müssen sich auch in dieser Frage flexibel zeigen, ansonsten zerstört der Service leicht, was mit anderen markenbeeinflussenden Instrumenten aufgebaut wurde.

Eine Marke braucht den richtigen Preis

Diese Aussage wird von niemandem bezweifelt werden, nur bleibt die Frage häufig unbeantwortet, was denn der richtige Preis sei. Abgesehen von der strategischen Aufgabe, die eine Preisdefinition beeinflusst, also: Welche Absatzvolumen will oder muss man erzielen? Welche Fertigungskapazität möchte man füllen? Welche anderen Produktebenen und deren Preise muss man hierarchisch beachten? Auf welchen Märkten will man das Produkt platzieren?, wird die Frage nach dem richtigen Preis eher von Vertretern des Vertriebes, des Controllings oder des Marketings beantwortet.

Solche institutionell unterschiedlichen Betrachtungsweisen sollen an dieser Stelle nicht gewürdigt werden. Sie stellen ein ganz eigenes Phänomen innerhalb jeder Organisation dar. Ein neuer Aspekt soll hier betrachtet werden, nämlich der des Zusammenspiels zwischen Marke und Preis.

Beide Faktoren, Marke und Preis, sind nicht unabhängig voneinander, wie ein Vergleich eines 5er BMW mit 2,5l / 6-Zylinder-Motor und eines Opel Omega mit ebenfalls 2,5l / 6-Zylinder-Motor zeigt. Der Preisunterschied dieser zwei formal gleichen Angebote beträgt etwa 30 %. Nun kann man natürlich sagen, diese beiden Fahrzeuge seien nicht vergleichbar, aber in ihrem Kernangebot und Grundnutzen sind sie es. Was man allerdings sagen kann ist, dass die Marke Opel zum Preis eines BMW nie Käufer finden würde, und ein BMW zum Preis eines Opel Käufer irritieren würde. Nicht dass BMW nicht Käufer für ein solches Angebot finden würde, aber unter Umständen nicht zu viele, denn ein zu tief empfundener Preis lässt Zweifel entstehen, ob denn das noch ein BMW oder die erwartete Qualität von BMW sei.

Für Miele gilt das Glciche. Miele-Produkte werden um einen 50, teilweise 100 % höheren Preis als Wettbewerbsprodukte verkauft. Abgesehen davon, dass die Mehrleistung und größere Lebensdauer diesen Preisabstand rechtfertigen, die Höhe des Preises bestätigt die Aussage und die Erwartung einer höheren Qualität. Dass von Erfahrung geprägte Wertgefühl, dass Qualität nie zu einem tiefen Preis und zu einem tiefen Preis nie Spitzenqualität realisierbar ist, hat natürlich Auswirkung auf die Einstellung zu einer Marke. Ein Markenbild, das Qualität als eine Kernkompetenz beinhaltet, kann durch einen tiefen Preis großen Irritationen ausgesetzt sein. Das positive Vorurteil – gute Qualität = hoher Preis – wird durch ein solches Erlebnis gestört. Ein hoher Preis hingegen bestätigt das akkumulierte Leistungsbild Qualität. Marken, die für Qualität stehen und dafür auch objektive Mehrleistung erbringen, können aus wirtschaftlichen Gründen nie Preisführer sein, sie dürfen es auch ihrem Markenruf zuliebe nie sein. Markenführung, die dagegen verstößt, wird kurzfristig durchaus Absatzzuwächse verzeichnen können, langfristig jedoch den Markenkern Qualität durch Downtrading verlieren und Wertschöpfungseffekte vernichten.

Eine Marke braucht korrektes Corporate Behaviour

Das Auftreten und Verhalten von Unternehmen oder deren Repräsentanten ist ein nicht zu unterschätzender markenbeeinflussender Faktor. Wie bereits mehrfach gesagt, sind Marken in Köpfen von Käufern abgespeicherte Bilder. Entspricht das Verhalten eines Unternehmens diesen Bildern, festigen sich Meinungen und Vorurteile über eine Marke. Ein Unternehmen, das z.B. Sportgeräte herstellt und vertreibt, sollte sich in der Öffentlichkeit für Sport einsetzen, bzw. seine Repräsentanten sollten als aktive Sportler sichtbar gemacht werden. Ein solcher Art selbstverständliches „öffentliches Benehmen" lässt sich spezifisch auf viele Marken übertragen und besitzt breite Akzeptanz. Bei einigen generellen Themen lassen Unternehmen jedoch ein sensibles öffentliches Verhalten vermissen. Ein Beispiel dafür ist der Umweltschutz, der Unternehmen keinen Entscheidungsspielraum für differenzierende Betrachtungen lässt. Der aus der Vergangenheit bekannt gewordene Konflikt zwischen Shell und Greenpeace über die Entsorgung der Bohrplattform „Brand Spar" zeigt, dass Erwartungen der Öffentlichkeit sensibel wahrgenommen und respektiert werden müssen. Aktuelle Vertrauenskrisen in der Lebensmittelindustrie machen ebenfalls deutlich, dass nur politisch korrektes Handeln und Auftreten Markenkompetenz schützen können.

Miele legt großen Wert auf ein korrektes Corporate Behaviour. Umweltschutz, Sicherheit, Qualität, Kundenorientierung und Verlässlichkeit sind Werte, die das Unternehmen aktiv in sein Handeln einsetzt und so dem Bild seiner Marke und deren Produkte entspricht. Wert wird auch darauf gelegt, dass sich Führungskräfte auch außerhalb des Unternehmens sozial und kulturell engagieren. Nicht nur dass solches Engagement den Erfahrungshorizont von Mitarbeitern erweitert, solches Engagement trägt auch dazu bei, das Unternehmen und die Marke Miele als verantwortungsbewussten und engagierten Teil der Gesellschaft zu präsentieren.

Eine Marke braucht Erfolg

Ein Faszinationselement von Marken ist Erfolg. Es überrascht daher immer wieder, wie selten in der Literatur der Faktor Erfolg für Markenbilder als erwähnenswert genannt wird. Klar ist, dass Marken heute auch eine soziale Identifikationsrolle spielen. Mit der Wahl einer bestimmten Marke wird immer auch bewusst oder unbewusst die Frage beantwortet: „Was erzählt die Marke über mich?" Eine Marke, die wirtschaftlichen Erfolg hat und diesen auch kommuniziert, steigert ihre Attraktivität gegenüber erfolgsärmeren Wettbewerbern. Abgesehen von kurzzeitigen Mitleidseffekten, präferieren Käufer erfolgreiche Marken.

Wirtschaftliche Probleme können selbst emotional robuste Marken, wie z.B. die Marke Porsche, Faszination und Begehrlichkeit kosten. So z.B. in der Phase des niedrigen US-Dollar-Kurses Mitte der 80er Jahre, die den seinerzeit dominanten US-Absatz einbrechen ließ.

Käufer sehen sich gern in Verbindung mit erfolgreichen Marken. Marken, die Erfolg besitzen und diesen kommunizieren, stützen die Faszination und damit ihren wirtschaftlichen Status.

Eine Marke braucht Kommunikation

Der Faktor Kommunikation ist, wenn man Kommunikationsagenturen befragt, der Haupterfolgsfaktor für die Gestaltung oder Wahrnehmung von Marken. Zugegeben, das mag für bestimmte Konsumgüterbereiche, z.B. Zigaretten, gelten. In Gebrauchsgütermärkten ist Kommunikation nur ein Erfolgsfaktor neben mehreren anderen.

Ein Produkt mit guter Qualität, richtig distribuiert und preislich angemessen platziert, kann auch ohne großen Kampagnenaufwand gute Erfolge erzielen. Das gilt wohlgemerkt für Produkte, schon weniger allerdings für Marken.

Marken in ihrer auch sozialen Differenzierungsrolle benötigen Markenkommunikation, die ihre Zielgruppen in ihrem Differenzierungsbedürfnis bestätigen bzw. die die Marke in der Öffentlichkeit attraktiv erhält. Soweit die Aufgabe. Offene Diskussionsfelder dabei sind und bleiben die klassischen Ausführungsfragen, also: nationale Kampagnen oder internationale Kampagnen, feste oder fraktale Kampagnenstile, produktübergreifende Stile oder produktindividuelle? Gäbe es hierzu ein Patentrezept, wäre allerdings die Welt der Kommunikation ärmer.

Miele hat sich für einen nahezu international gleichen Stil entschieden, der die technische Präzision und Qualität durch die Farbgebung (blau) und die Produktleistung ohne ablenkende Emotionalwelten in den Vordergrund stellt. Solche Kampagnen eignen sich zugegebenermaßen nicht, um Kreativpreise in Kampagnen-Wettbewerben zu erringen, beruhigen aber das Markenbild und bestätigen die Erwartung an die Marke ohne störende Irritationen.

Strategieänderungen fördern Remanenzkräfte

Die dieser Fallstudie zu Grunde liegende Analyseergebnisse (Situation: hochausgeschöpfte Marktsegmente = reduziertes Wachstumspotenzial; Ziel: Erschließung neuer Marktsegmente = Basis für weiteres Wachstum) entsprachen der einfachen Logik von GAP-Analysen, wie sie von Unternehmensberatungen, zentralen Unternehmensplanungsabteilungen oder Marketingabteilungen üblicherweise angewandt werden. D. h. einfach ausgedrückt:

- Das Erkennen, Analysieren und Messen von Ist-Zuständen
- Die Definition und das Beschreiben von Soll-Zuständen
- Die Analyse und Beschreibung von GAPs zwischen Ist und Soll
- Die Analyse, Erarbeitung und Definition von Maßnahmen zum Schließen der GAPs

Sorgfältig ausgeführt stellen solche GAP-Analysen nachvollziehbare und anhand von Werten und Zahlen validierte Gedankenfolgen dar, die eine zwingende Logik besitzen. Dieser Logikzwang sollte eine breite Akzeptanz und engagierte Umsetzung von Strategien eigentlich normal erscheinen lassen. Die Erfahrungen aus vielen Strategieumsetzungen zeigen jedoch, dass, je breiter und tiefer Denken und Vorgehen eines Unternehmens verändert werden sollen, desto mehr Widerstände entwickeln sich dagegen. Nicht jedem Mitarbeiter und jedem Unternehmensbereich sind Veränderungen willkommen. Die Logik mag zwingend sein, solange sie jedoch andere und neue Denk- und Handlungsmuster nach sich ziehen, ist eine Strategiedurchsetzung von vielen Widerständen und Remanenzen begleitet. Solange diese die Umsetzung nur erschweren oder im Tempo verlangsamen, mag das noch hingenommen werden. Sollten diese aber eine Umsetzung verhindern, kann das schwerwiegende Folgen für die Entwicklung eines Unternehmens haben. Remanenzen gegen neue Strategien sind dann besonders hoch, wenn es einem Unternehmen oder einer Marke gut geht. Einsicht in die Notwendigkeit von Veränderung ist erfahrungsgemäß in bedrohlichen Unternehmenssituationen breiter und größer. Die häufig zitierte Erkenntnis vom Bertelsmann-Inhaber Reinhard Mohn, dass ein Unternehmen gut beraten sei, seine Strategie dann in Frage zu stellen und zu verändern, wenn es ihm gut gehe, ist sicher öfters zitiert als umgesetzt worden. Sie ist aber richtig, denn ein Unternehmen, dem es gut geht, besitzt Kapital und Zeit, Veränderungen solide vorzubereiten und durchzuführen. Geht es einem Unternehmen dagegen schlecht, sind Strategieänderungen einerseits leicht vermittelbar, aber die Voraussetzungen für eine erfolgreiche Umsetzung sind mangels Zeit und meistens auch mangels Kapital häufig denkbar schlecht.

Breit wirksame Veränderungen in erfolgreich operierenden Unternehmen durchzusetzen ist demnach mit vielen Schwierigkeiten verbunden. Gelingen kann dies nur, wenn die Veränderungen von der Unternehmensspitze vertreten und von oberen und mittleren Managementebenen verstanden und akzeptiert werden. Im Miele-Beispiel war das der Fall. Unterstützt wurde die Akzeptanz durch die dramatische Veränderung der Währungswechselkurse in der ersten Hälfte der 90er Jahre. Diese führten zu einer deutlichen Verschlechterung der Exportchancen deutscher Produkte, die durch höheres Wachstum im Heimatmarkt nicht kompensiert werden konnten. Wachstumsoptionen für Miele, die im Schwerpunkt Auslandswachstum bedeuteten, waren damit reduziert und machten eine neue Bewertung von Wachstumschancen und Potenzialen erforderlich. Eine neue Strategie, die Wachstum auch im Heimatmarkt, in diesem Fall dem größten Hausgerätemarkt in Europa, möglich macht, musste vor diesem Hintergrund vermittelbar und einsehbar sein.

Äußere Umstände können also durchaus hilfreich sein, die Notwendigkeit neuer Strategien vermittelbar zu machen. Sie verhindern aber nicht durchaus unterschiedliche Vorstellungen zu den Inhalten einzelner Bausteine oder strategischer Ressourcen.

Markenführung muss sich immer am wirtschaftlichen Erfolg messen lassen

Das Fallbeispiel wäre nicht komplett, wenn nicht Erfolg kommuniziert werden könnte. Die abschließenden Grafiken zeigen die Marktentwicklung für Hausgeräte, unterteilt nach Stand- und Einbaugeräten, im Vergleich zu der Miele-Entwicklung. Während sich bei klassischen Standgeräten die begrenzten Wachstumsreserven zeigen (Miele-Index 126 vs. Markt 117), realisiert die Marke Miele für Küchen-Einbaugeräte ein deutlich überproportionales Wachstum gegenüber dem Markt (Miele-Index 164 vs. Markt 123).

Diese Entwicklung ist Bestätigung und Anreiz, die Markenidentität Miele durch einen gesamtheitlichen Ansatz, insbesondere über Produkt und Leistungsbeweise, weiter zu pflegen und kontrolliert zu erweitern.

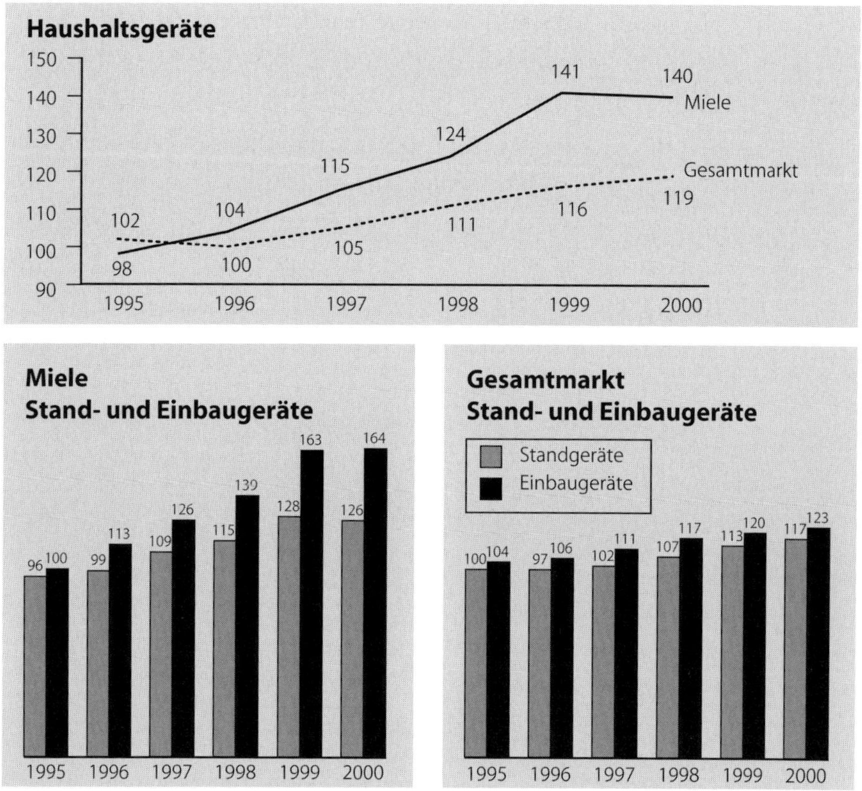

Mieles Absatzentwicklung für Haushaltsgeräte in Europa (Einheiten in %. Basis: 1994 = 100 %)

Kommentar des Herausgebers

In Zeiten des Wandels ist die Markenstärke der Schlüssel zum Erfolg. Das Fallbeispiel „BUPA" in diesem Buch beschreibt die totale Repositionierung einer Marke, während Miele ein perfektes Beispiel für eine dehnbare Marke ist. Konfrontiert mit einer Situation, in der die einzige Wachstumsmöglichkeit in der Erweiterung der Produktpalette lag, entschied sich Miele, auf der Grundlage etablierter und sehr positiv besetzter Markenwerte neue Produkte zu entwickeln, zu gestalten und zu vermarkten. Dafür war es notwendig, den

Wertekanon des Unternehmens intensiv zu diskutieren, besonders mit den Mitarbeitern im Unternehmen, die nun mit Produkten arbeiteten, die früher nicht zum Miele-Portfolio gehörten. In diesem Zusammenhang musste Miele sehr sensibel auf bestehende kulturelle Unterschiede zwischen den Repräsentanten von Waschmaschinen und Küchengeräten eingehen. Dazu kam die Erkenntnis, dass auch die Kunden stark unterscheiden zwischen Waschmaschinen, die eher den Elektrogeräten zugeordnet werden, und den Küchengeräten, die als wichtiges Detail im Küchenmöbelhandel erwartet werden. Diese ganzheitliche und detaillierte Analyse aller Einflussfaktoren brachte als Ergebnis tatsächliches Wachstum zutage.

Kapitel 12

Verjüngung einer stolzen Marke: Dunlop Sport

Graeme Derby
Group Marketing Director

We can because we believe we can

Nur wenige Marken überleben mehr als 100 Jahre, erst recht nicht in einer starken Marktposition. Dunlop Sport ist so eine Marke, doch ganz offensichtlich waren durchgreifende Maßnahmen nötig, damit die im 20. Jahrhundert so erfolgreiche Marke auch im 21. Jahrhundert wettbewerbsfähig bleibt.

Die Verjüngungsgeschichte von Dunlop Sport, ein Prozess der immer noch andauert, ist die eines Unternehmens, das bereit war, seine Marke, seine Überzeugungen und sein Verhalten umzukrempeln, um sich die Zukunft zu sichern.

Das berühmte Dunlop-„D": vom Autoreifen bis zum Tennisschläger im Einsatz

Der Durchbruch: Dodecahedron (DDH) – Golfball, 1979

Die Mission der Marke Dunlop für das 21. Jahrhundert muss in dem Kontext betrachtet werden, dass Sport und die Beziehung zwischen Konsumenten und Marken in den letzten 20 bis 30 Jahren zu einem wichtigen Teil des Lebens geworden sind. Tennis und Golf haben sich von unauffälligen partizipativen Sportarten für Menschen mit Freizeit und Geld zu Massensportarten entwickelt, die gleichzeitig globale kommerzielle Unterfangen sind, mit Millionen von Zuschauern in aller Welt live und im Fernsehen. Sportgrößen gehören zu den Reichsten der Welt, bevölkern als Berühmtheiten die Klatschspalten und bewerben Produkte aller Art, von Uhren bis Autos. Für Dunlop ging es darum, diese Entwicklung zu nutzen: Die Marke muss mithalten, um im Geschäft zu bleiben.

Die Entwicklung von Dunlop wurde noch von einem anderen Trend beeinflusst. In den 80er Jahren fiel das Unternehmen den damals vorherrschenden Übernahme- und Fusionsstrategien zum Opfer. Seine Wiedergeburt ist wichtig für das Management, dem das Unternehmen gehört, die Banken, die es finanzieren, und für Großbritannien, denn Dunlop ist eine der letzten überlebenden großen Sportmarken in britischer Hand.

Das folgende Fallbeispiel ist das einer Marke im Umbruch, einer Marke, die sich verjüngt hat, um alten und neuen Herausforderungen gerecht zu werden. Es ist ein Beispiel einer Marke, die sich neu definiert und versucht ihre Konsumenten zu verstehen und eine Markenposition aufzubauen, die alle Aspekte des Unternehmens durchdringt. Es gibt genug zu tun, aber wir glauben an unseren Erfolg. Wie sagte doch unser damaliger European Managing Director Andrew Griffiths am Anfang dieses Prozesses: „We can because we believe we can!“

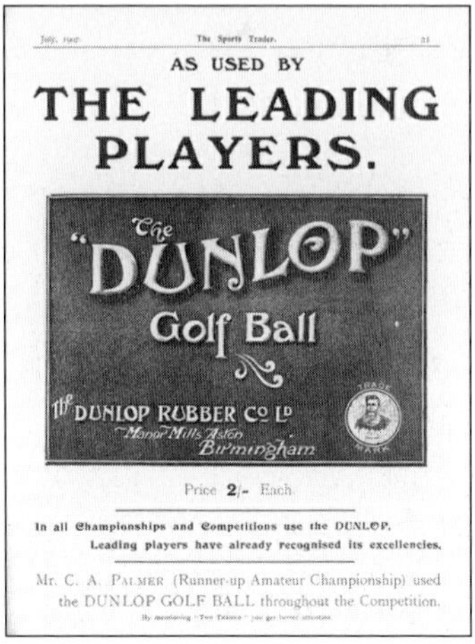

Dunlop geht in den Sportmarkt mit dem Golfball, 1907

Von ungewöhnlichen Anfängen

Das Sportgeschäft von Dunlop begann ungewöhnlich, denn es ging aus der 1889 in Dublin gegründeten Reifenfirma Dunlop Pneumatic Tyre Company Ltd. hervor. Erst 1909 erkannte das Unternehmen eine weitere potenzielle Nutzung für Gummi: den Golfball. Golf hatte im Laufe des 18. Jahrhunderts an Beliebtheit gewonnen. An vielen Orten entstanden Clubs, der Royal and Ancient in St. Andrews wurde 1919 zur obersten Autorität in Sachen Spielregeln.

Eine Anzeige von 1931

Dunlop führte 1917 den ersten Tennisschläger ein und gründete 1928 einen eigenen Geschäftsbereich, die Dunlop Sports Company. Der in Tenniskreisen legendäre Name Maxply kam 1931 zum Dunlop-Portfolio dazu, mit der Einführung von Maxply Fort. In jenem Jahr verwendeten 42 Spieler in Wimbledon Dunlop-Tennisschläger und sechs der acht Finalisten im Italian Open spielten mit Dunlop. Die Werbung nannte den Dunlop-Tennisball als Grund für den britischen Sieg im Davis Cup.

1958 trugen vier von fünf Wimbledonspieler Dunlop-Schuhe

Auch im Golf gehörten Dunlop und Erfolg zusammen. Henry Cotton, British-Open-Golfchampion, empfahl Dunlop-Golfbälle in den 30er Jahren.

Nach dem Ersten Weltkrieg ging Dunlop in aller Welt in eine Phase rascher

Expansion. Dabei nutzten sie ihr Know-how in Gummitechnologie und expandierten vor allem im British Empire. Dunlop gründete Mehrproduktwerke, meist um die ursprüngliche Reifenfabrik herum. Länder wie Australien, Südafrika, Kanada, Frankreich und Japan waren lukrative Märkte, in denen der Sport ähnlich rasch an Bedeutung zunahm wie in Großbritannien. Mit dem wachsenden Interesse am Sport erweiterte sich auch die Geschäftstätigkeit, und andere Produkte wurden eingeführt. 1946 umfasste das Angebot eine Reihe von Produkten für Tennis, Badminton und Squash: Schläger, Spanner, Bälle und Federbälle, Netze, Poster, Platzausrüstung und Schuhwerk. Für Hockey: Schläger, Bälle und Stiefel. Für Golf: Bälle und Schuhwerk. Außerdem gehörten zur Produktpalette Dartboards, Kricketbälle, Medizinbälle, Turnsaalmatten und verschiedenes andere Zubehör.

Wimbledon-Sieger Lew Hoad schwört auf Dunlop, 1961

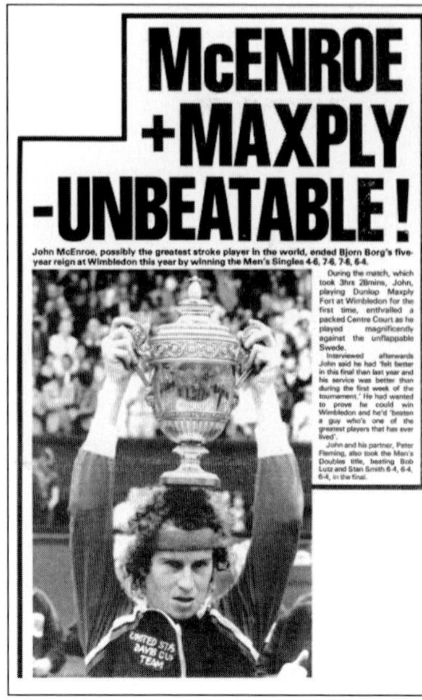

John McEnroe und der Maxply, 1981

1959 übernahm die Dunlop International Sports Company die Slazenger Group, doch die beiden Marken blieben separat bestehen, und selbst heute wetteifern vor allem auf dem britischen Markt Slazenger-Rackets gegen die größere und internationalere Marke Dunlop.

Das Sportgeschäft wurde getrennt vom Reifengeschäft betrieben und erlebte mehrere Eigentümer bis zu seiner Neustrukturierung 1985 und der Übernahme durch BTR 1986. Dann wurden alle Dunlop-Sportunternehmen zu Dunlop Slazenger International Limited zusammengeführt, unter einem Managementteam, das nun für das Sportgeschäft weltweit verantwortlich war. Zum ersten Mal gab es eine einzige Gruppe, die die Ressourcen in aller Welt steuerte und Forschung und Entwicklung, Herstellung und Marketing koordinierte. So wurde Rationalisierung möglich und manche Doppelgleisigkeit eliminiert, wie etwa die sieben Tennisballfabriken, die sich einen Weltmarkt teilten, der heute insgesamt nur etwa 300 Mio. GBP wert ist.

Die wirklich globale Reichweite ging jedoch verloren, da Dunlop seine Unternehmen in Australien, Neuseeland, Japan und Frankreich abgestoßen hatte. Das neue Unternehmen vermarktete vier Hauptmarken: Dunlop, Slazenger, Maxfli (Golfbälle) und Carlton (Badminton).

Die Marke Dunlop hatte ihre Öffentlichkeitsarbeit und die Kundenwahrnehmung immer durch das Sponsern von führenden Spielern vorangetrieben, die ihre Produkte verwendeten und empfahlen. In den 60er und 70er Jahren spielten die Tennisgrößen Martina Navratilova, Yvonne Goolagong, Virginia Wade, Rod Laver und Lew Hoad mit Schlägern von Dunlop und traten als Botschafter der Marke auf. 1981 gelang Dunlop ein großer Coup: Sie gewannen den bekannten, wenn auch explosiven John McEnroe für sich, ein berühmter Sportler und riesiger Medienstar.

Tony Jacklin, Arnold Palmer, Peter Thomson und Bernhard Langer verwendeten alle Dunlop-Golfbälle. Auch im Squash machte die Marke Maxply Fort auf sich aufmerksam: Alle Sieger der britischen Meisterschaften von 1967 spielten mit Dunlop-Rackets, und Geoff Hunt gewann die erste Squash-Weltmeisterschaft mit Dunlop-Schlägern und -Bällen.

Das Unternehmen litt jedoch unter mangelnder Kontinuität im Management und uneinheitlichem Verhalten. Es zog sich aus Promotions und Investitionen zurück. Die Sports Company war der einzige Konsumgüterbereich in einem Industriekonglomerat, und das merkte man ihr an.

In den späten 80er Jahren verlor das Unternehmen seine Richtung. Das Spielerportfolio wurde schwächer. In den 70er und frühen 80er Jahren stand der Name Dunlop noch für Spitzenprofis in Tennis und Golf. Zwischen 1984 und 2002 verwendete kein einziger männlicher Grand-Slam-Turniersieger mehr Tennisschläger von Dunlop. Steffi Graf wurde als junge Spielerin unter Vertrag genommen, doch als ihre Erfolge wuchsen, verringerte man ihr Honorar, aus der Haltung heraus, jetzt brauche sie das Geld nicht mehr!

Dunlop erkannte nur langsam das Potenzial neuer Materialien und glaubte, dass Holz weiterhin dominieren würde. Heute werden keine Schläger mehr aus Holz gefertigt.

1996 erlebte das Unternehmen ein Management-Buy-out, angeführt von Wagniskapitalist CinVen und einem Bankenkonsortium unter der Führung von NatWest. Heute ist es ein Privatunternehmen, an dem das Management 51% des Kapitals besitzt. Das Unternehmen beschäftigt derzeit 1800 Menschen, hat einen Umsatz von etwa 120 Mio. GBP und ist in Großbritannien, den USA, den wichtigsten europäischen Ländern und in Fernost vertreten.

Nun war es an der Zeit, in sich zu gehen, nachzudenken und zu erneuern ...

Das Erneuerungsteam

> „Dieses Team ist das ‚Epizentrum' für das emotionelle Wiederaufleben der Marke Dunlop."
>
> **Phil Parnell, Chief Executive**

1999 erklärte man die Verjüngung von Dunlop zur weltweit obersten Priorität für die Organisation.

Die folgenreiche Entscheidung für ein Erneuerungsprogramm war kein Marketingprojekt. Sie kam direkt aus dem Vorstandsbüro und war mehr als nur ein Herumbasteln an der Marke. Beabsichtigt war eine gründliche Untersuchung der Marke und ihrer Positionierung, von Kultur und Auftreten des Unternehmens und wie es die Vision von Dunlop intern und extern kommunizierte.

Ein Lenkungsausschuss wurde zusammengestellt. Ihm gehörten Vertreter aus Marketing, Logistik, Finanzen, Verkauf, Personal und Produktion an. Dieses Team trieb das Projekt voran und war verantwortlich für:

- Strategische Gesamtleitung
- Überprüfung der Arbeitsfortschritte
- Auswahl und Einsatz der Berater

Weitere 20 Führungskräfte und Personen aus dem oberen und mittleren Management, aus allen Funktionen und Gebieten, bildeten Aktionsteams und lieferten dem Lenkungsausschuss Informationen über ihren jeweiligen Bereich. Sie waren die Testgruppe für die entwickelten Pläne und Vermittler für die unternehmensweite Verbreitung der Botschaft.

Durch die Einbeziehung eines derart multidisziplinären Teams sollte sichergestellt werden, dass die Entwicklungen den Bezug zur Praxis behielten und auf das restliche Unternehmen anwendbar waren. Der CEO übernahm die Rolle des Project Champion, die Marketingabteilung das

Projektmanagement, und sie diente außerdem als zentrale Sammelstelle für Informationen, Ideenschmiede und treibende Kraft des Projektes.

Dem Tennis in Großbritannien sollte als größtem Sportsektor und Heimatmarkt zunächst die größte Aufmerksamkeit geschenkt werden. Die Erfahrungen oder Learnings sollten dann ausgetauscht und mit leichten Anpassungen auf andere Märkte ausgedehnt werden.

Der Plan brauchte neun Monate zur Umsetzung, und der Lenkungsausschuss traf sich ungefähr einmal im Monat. Nach jedem Meeting wurde ein Newsletter mit einem Zwischenbericht an die Mitglieder der Aktionsteams verschickt. Diese lieferten daraufhin Feedback zu den Entwicklungen und Vorschlägen.

Sobald der Plan feststand, stellte man ihn in einer Reihe größerer Veranstaltungen dem Gesamtunternehmen vor und erläuterte die neue Positionierung.

Wie gesund war die Marke zu Beginn des Projekts?

Die beiden Hauptproduktbereiche für Dunlop sind Golf und Tennis. Tennis macht etwa 60 % des Umsatzes aus und setzt sich aus Schlägern und Bällen zusammen. Golfbälle, Schläger und Zubehör bildeten 33 % des Umsatzes, und der Rest entfällt auf Squash-Schläger und -Bälle. Eine realistische Beurteilung des Ist-Zustandes der Marke und ihrer Marktposition ergab Folgendes:

- Die Markenpositionierung war fragmentiert und uneinheitlich. So assoziierte man Dunlop in Großbritannien mit altmodischen Holzschlägern, während es in Deutschland die Position einer Spitzenqualitätsmarke einnahm.
- Die Marke konnte jedoch auf mehr als 100 Jahre Geschichte zurückblicken und war als wichtiger Player in Tennis, Golf und Squash anerkannt.

- Die Produktpalette war uneinheitlich in Positionierung und Bildsprache.
- Das Unternehmen verstand die Motivationen und Bedürfnisse seiner Konsumenten nicht genau.
- Das Spielerportfolio war geschrumpft, wichtige Sportler standen beim Wettbewerb unter Vertrag.
- Das Unternehmen verfügte nicht über einen Pool an aufstrebenden, talentierten Sportlern, die zu Vorbildern von morgen werden konnten.
- Dunlop kann trotzdem stolz von sich behaupten, dass mehr Grand-Slam-Tennisturniere mit seinen Schlägern gewonnen wurden als mit denen irgendeiner anderen Marke.
- Bei jungen Menschen wetteifern neben dem Sport viele andere Freizeitbeschäftigungen um ihre Aufmerksamkeit und ihr Geld.
- Es mangelte an Zusammenhalt innerhalb des Unternehmens, es gab keine durchgängige Vision für alle Geschäftsbereiche und Gebiete.
- Nach einer Reihe von Fehlstarts vertrauten die Leute nicht mehr auf einen Erfolg von Dunlop. Nun ging es darum, den Fokus der Menschen zu ändern und anzufangen, an die neue Vision zu glauben.
- Es gab widersprüchliche Ziele und keinen echten Brand Champion.
- Das Unternehmen war introspektiv und in gewisser Hinsicht immer noch an seine industrielle Vergangenheit gefesselt.
- Der Wettbewerb wurde immer größer und stärker.

Der Wettbewerb

Eine Reihe von Sportartikelfirmen wie Calloway, Wilson und Head bilden traditionell den direkten Wettbewerb zu unserer Marke. In jeder Sportart gibt es Nischenmarken, die sich auf bestimmte Produkte spezialisiert haben. Eine neue Herausforderung stellen globale Sportartikelmarken wie Nike, Adidas und Reebok dar. Diese Unternehmen haben ihren Ursprung vielleicht in ein oder zwei Sportsektoren, schaffen dann aber den Übergang in die Kategorien Alltagskleidung und Mode. Auf ihrer Suche nach neuen Märkten expandieren sie in den Ausrüstungssektor und wenden sich neuen Sportarten zu. Nike ist bereits in den Golfausrüstungsektor vorgedrungen und verfügt über die Mittel, Tiger Woods, einen der erfolgreichsten Golfer von heute, mit mehreren Millionen Dollar zu sponsern.

Der Weltmarkt

Der Markt für Tennisschläger ist derzeit 180 Mio. GBP wert, der für Tennisbälle 120 Mio. GBP, Golfschläger 2,3 Mrd. GBP und Golfbälle 960 Mio. GBP.

Was die Märkte antreibt, ist ein Bedürfnis nach neuen Produkten. Hier handelt es sich jedoch oft mehr um Linienausbau als um echte Innovation. Alle Hersteller wechseln den Großteil ihres Produktangebots jährlich. Die Kunden und der Handel erwarten das heute.

Ein Tennisschläger kostet derzeit zwischen 20 GBP und 200 GBP. Die Preise sind seit 20 Jahren unverändert. Die Produkte werden über Spezialgeschäfte, Clubshops und den Sportartikelhandel vertrieben, das heißt vom privaten Einzelgeschäft über den Fachhandel bis hin zu Handelsketten.

Golf nimmt an Beliebtheit zu. Das Interesse an Tennis jedoch ist in Großbritannien auf Grund der schlechten Ergebnisse britischer Tennisspieler in den letzten Jahren, fehlender Spielmöglichkeiten und wachsender Konkurrenz durch andere Sport- und Freizeitaktivitäten zurückgegangen. Es besteht aber immer noch ausreichend Interesse an Tennis, und der langfristige Abwärtstrend scheint sich zu stabilisieren.

Die Konsumenten

Zielmarkt für die meisten Hersteller von massenproduzierter Sportausrüstung ist der engagierte Amateur, der 80 % des Umsatzes ausmacht.

Der „Glorienschein“ ist ein wichtiger Faktor auf dem Markt für Sportartikel. Die Leute wollen das gute Gefühl, dass ihre Vorbilder, Trainer und bis zu einem gewissen Grad auch ihre „Peergroup“ dieselbe Ausrüstung benutzen.

Auch Preis, Stil und Performance sind wichtig bei der Kaufentscheidung, kommen aber vielleicht erst nach der Wahl einer Marke ins Spiel.

Einstellungen zu Dunlop

Dunlop gilt bei den Verbrauchern allgemein als „Marke der 2. Division“, während Nike, Reebok und Adidas die 1. Division besetzt. Sie verzeichnet derzeit einen geringen ungestützten Bekanntheitsgrad. Das beunruhigt uns jedoch kaum, da wir nicht glauben, dass allgemeine Verbraucherstudien und Trackings für die Marke nützlich sind. Unser Hauptabsatzgebiet ist der kleine Bevölkerungsanteil, der unsere Sportarten ausübt, und diese Leute müssen wir erreichen.

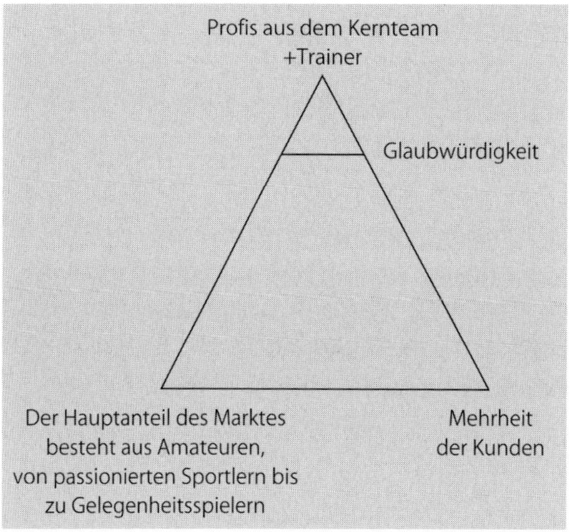

Für die Gruppe der über 35-Jährigen bedeutet Dunlop wahrscheinlich John McEnroe und die „Green flash“-Sportschuhe, die unter britischen Teenagern einmal so verbreitet waren, wie es Nike und Reebok heute sind. Die unter 35-Jährigen haben schwächere Assoziationen mit der Marke, aber, und das ist wichtiger, keine emotionalen Altlasten oder Negativbilder.

Die Lösung

- Forschung und kreative Analyse zur Neupositionierung der Marke nutzen
- eine neue Position und Leitidee entwickeln
- ein neues Zielpublikum finden und Marketing und Produktentwicklung auf diese Gruppe ausrichten

- die Gründe verstehen lernen, warum die Konsumenten eine Sportart ausüben. Wege finden, auszudrücken, dass wir ihre Bedürfnisse verstehen und uns damit identifizieren
- je emotionaler die Erkenntnis, umso überzeugender der Vorschlag
- eine Leitidee und eine kulturelle Identität entwickeln, die das Unternehmen leben und atmen kann
- die Marke muss aus dem Inneren heraus wirken: die Strategie mit Leben erfüllen

Entwicklung der neuen Vision

Forschung und Analyse

Durch eine Reihe mehrstündiger Fokusgruppen-Veranstaltungen in verschiedenen Märkten konnten wir unser Verständnis des Marktes und der wichtigsten Konsumentengruppen erheblich verbessern. Außerdem nahmen wir verstärkt das Gespräch mit Spitzensportlern und ihren Trainern auf.

Man wäre versucht zu glauben, dass Verbraucher an der Technologie interessiert sind, die hinter einer Marke steht. Wir erfuhren, genau das Gegenteil war der Fall. Technologische Überlegenheit ist nur dann ein mächtiger Kaufanreiz, wenn Konsumenten glauben, dass die Marke ihre Bedürfnisse und Wünsche für die Ausübung des Sports versteht.

Mit Hilfe der Marktforschung erkannten wir, wie die Vorteile, die Dunlop Sport den Verbrauchern liefert, vermitteln werden müssen, und erhielten entscheidende Hinweise für unsere Positionierungsarbeit.

Eine wichtige Erkenntnis war, dass sich die Konsumenten in allen unseren Märkten auf der Gefühlsebene kaum voneinander unterscheiden. Wir kamen zu der entscheidenden Ergebnis, dass es beim Sport immer um Emotionen geht. Unsere Konsumenten glauben, dass beim Sport Anstrengung, Konzentration und schiere Entschlossenheit zählen. Je stärker man sich einsetzt, umso intensiver das Hochgefühl, wenn die Rechnung aufgeht. Und je mehr wir zeigen, dass wir das verstehen, umso mehr glauben die Leute an die hervorragende Qualität unserer Produkte.

Nur sehr wenige Sportmarken sind sich dessen bewusst. Diese Erkenntnis gab uns eine neue Zuversicht, dass die Marke noch einiges an Wert und Potenzial in sich barg. Wir machten weiter mit dem Gefühl, „führen zu können und nicht folgen zu müssen".

An wen verkaufen wir?

Unser Zielpublikum sind vor allem Männer zwischen 25 und 30, da mehr Männer als Frauen regelmäßig Sport treiben und oft die Meinungsführer in der jeweiligen Zielgruppe sind.

Wir zielen auf den passionierten Spieler ab, der einen Anteil von 25% der Konsumenten ausmacht, aber 50% des Umsatzes. Wie die zweite Grafik zeigt, sind passionierte Amateurspieler, die Golf oder Tennis mehr als 21-mal pro Jahr spielen, sehr ähnlich in ihrem Anteil am Umsatz.

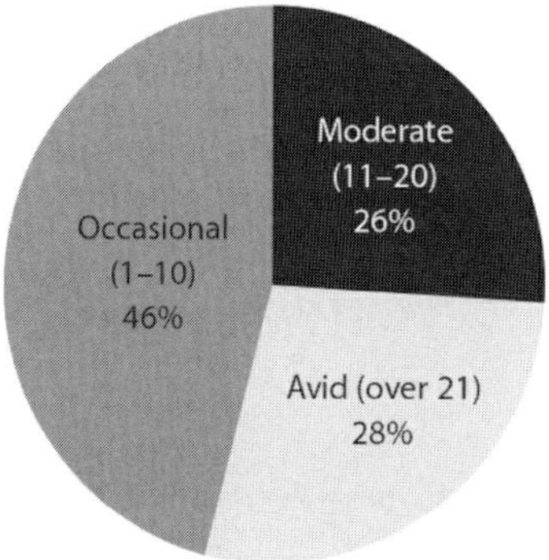

Anzahl von „Tennismatches" pro Jahr in den USA. Spieler über 12 Jahre: 19,5 Mill.

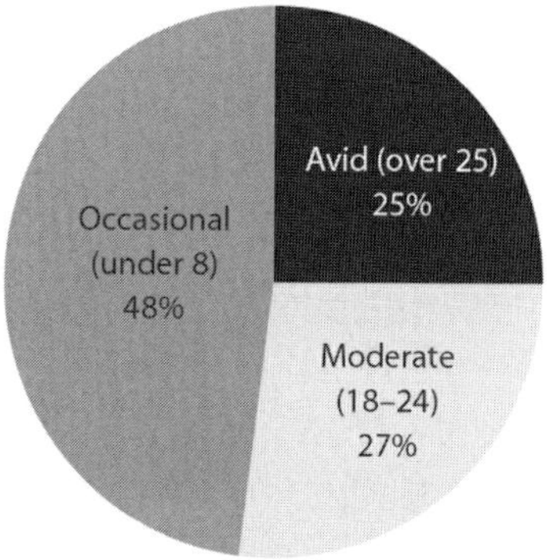

Anzahl der gespielten Golfrunden pro Jahr in den USA. Spieler über 12 Jahre: 26,4 Mill.

Eine Übersicht der funktionalen, rationalen und emotionalen Motivationen für Sport.
***"Progression"* (Weiterentwicklung) ist der Hauptantrieb.**

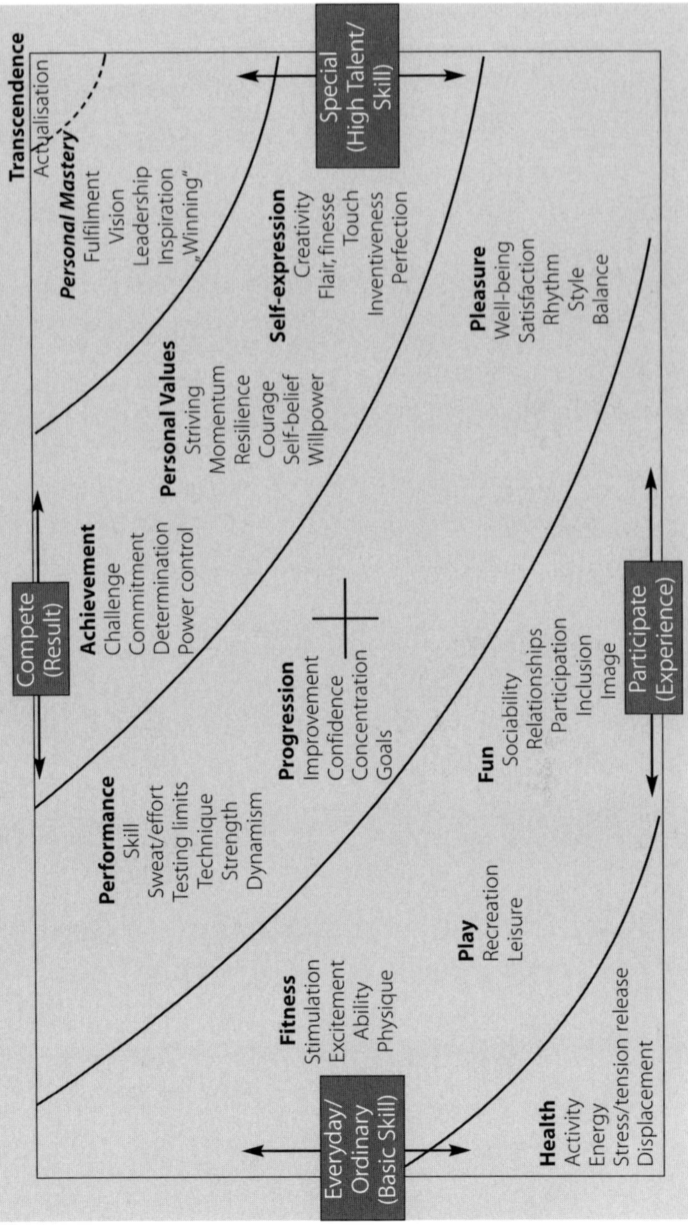

Ein klareres Bild durch Segmentierung des Marktes

Wir sahen ein, dass wir die Konsumenten genau kennen lernen mussten, um unseren Marktanteil zu sichern und die Marke auszubauen. Ohne dieses Wissen würden wir nicht nahe genug an die Denkweise der Konsumenten herankommen, um tatsächlich etwas zu bewirken.

Bei dieser Arbeit untersuchten wir mehrere Aspekte von Motivation und entwickelten eine Reihe von Hypothesen, aus denen wir unsere Strategie aufbauen konnten. Wir zeichneten „Maps“, auf denen man sah, wie sich der Einfluss auf die Kaufentscheidung zwischen den verschiedenen Gruppen verfolgen ließ.

Wir konzentrierten uns auf drei wichtige Punkte im Leben, an denen aus Hobbysportlern passionierte Spieler werden können:

Hobbyspieler

Wir unterscheiden:

- Leute, die gerade angefangen haben zu spielen und bereits den Wunsch haben, regelmäßiger zu spielen und sich zu verbessern, oder diesen Wunsch bekommen könnten und die vielleicht die Fähigkeit haben, gute Spieler zu werden
- Solche, die schwach motiviert sind, sich zu verbessern, und zufrieden sind mit dem Ausmaß ihres Engagements

Sie haben die Wahl, entweder so zu bleiben, wie sie sind, und vielleicht besser zu werden, einfach weil sie spielen, oder sich bewusst dafür zu entscheiden, ihr Spiel zu verbessern. Dann werden sie ehrgeizig und siegesorientiert und spielen nicht nur wegen der Bewegung oder der sozialen Kontakte. Sie suchen äußere Anerkennung für ihren Erfolg.

Besserwerdende – „Progressive Improvers"

Das sind die Leute, die sich entscheiden müssen, wie weit sie bereit sind, sich zu engagieren und Erfolg zu erringen. Sie stehen an der Schwelle zu einem geistigen, körperlichen und emotionalen Einsatz für den Sport auf einer intensiveren Ebene. Sie haben sich vielleicht näher mit dem Sport befasst und sich ihm verschrieben, oder sie streben einfach nach einer persönlichen Befriedigung.

Die Elite

Diese Amateurgruppe besteht aus Leuten, die in ihrem sportlichen Können knapp unter den Topprofis ranchieren. Für sie steht die Entscheidung an, ob sie zur Profielite vorstoßen wollen oder zufrieden damit sind, auf hohem Niveau zu spielen.

Eine der zuvor erwähnten „Maps" fasste die funktionalen, rationalen und emotionalen Motivationen für den Sport zusammen, eine Art Landkarte der sportlichen Bedürfnisse, und nannten sie „Sports Needscape" (siehe Abb. 1), denn demografische Analysen würden uns nicht viel dabei helfen, die oben erwähnten Meinungsführer anzupeilen.

Unser Needscape zeigte, dass die „Progression" ein wesentlicher Antrieb für die Ausübung eines Sports ist, also laufende Steigerung, was wiederum Auswirkungen auf den Kauf der Ausrüstung hat. Wenn Spieler eine Sportart besser meistern lernen, und zwar sowohl auf psychischer als auch auf physischer Ebene, dann steigt ihre Neigung, regelmäßig zu spielen.

Das Beteiligungsniveau am Sport ist unterschiedlich. Die Skala reicht von niedriger Beteiligung mit schwacher emotioneller Reaktion bis zu hoher Beteiligung, wenn Leute sich stark auf die körperlichen, geistigen und emotionalen Aspekte des Spiels einlassen.

Den Konsumenten verstehen

Unser Brand Immersion Research brachte sieben wichtige Erkenntnisse:

Die intensiven persönlichen, von innen gesteuerten Hochs im Sport motivieren jeden.	Kraft, Aggression und das Besiegen des Gegners motivieren manche (weniger selbstbewusste) Spieler, befremden jedoch andere.
Ultimativer Sport bedeutet Anstrengung, Entschlossenheit, Konzentration und das absolute Hochgefühl, wenn sich der Einsatz gelohnt hat.	Niemand hat ein Monopol auf diesen Gipfel der Gefühle. Die Vermutung ist, es müsste Nike sein!
Einfach zu zeigen, dass man das versteht, stärkt die Performance-Glaubwürdigkeit der Ausrüstung.	Es impliziert, dass Dunlop seine Ausrüstung rundherum getestet hat und dass sie von Profis empfohlen wird.
Spieler wissen, dass Fähigkeit viel stärker zählt als Ausrüstung, und sie fühlen sich bevormundet, wenn man ihnen etwas anderes erzählt.	Auf Leistung bezogene Behauptungen wirken schnell unglaubwürdig oder bevormundend.
Die Menschen vergessen ihr Equipment, wenn sie gut spielen. Sie empfinden es als Teil ihrer selbst.	Es wird eine körperliche und emotionale Erweiterung ihrer selbst und reagiert auf die Art, wie sie spielen.
Die Leute möchten jedoch mehr Beratung bei der Auswahl der passenden Ausrüstung für sie und ihr jeweiliges Spiel.	Das würde zeigen, wie Dunlop auf die Kundenbedürfnisse eingeht.

Die Marke trägt nicht zu viele Altlasten mit sich, um das zu tun.	Aber wir müssen wirklich Neuerungen und Authentizität bieten und auf die Widrigkeiten des Alltags eingehen.

Von wem lässt unser Konsument sich leiten?

Meinungsführer sind in unserem Markt sehr wichtig. Speziell jene, die wir als Elite bezeichnen, also Profis, Trainer und Topamateure. Sie haben eine ganz besondere Wirkung auf die Ebene der passionierten, regelmäßigen Spieler, aber auch auf alle, die sich an dem Sport beteiligen.

Weiter unten in der Spielerhierarchie werden die Spieler auch von denen beeinflusst, die ein wenig besser sind als sie und von ihrer eigenen „Peergroup". Die besten Spieler eines Clubs können die übrigen Mitglieder beeinflussen. Wenn sie eine bestimmte Ausrüstung verwenden, so sehen das die übrigen Mitglieder als Empfehlung oder Hinweis darauf, dass sie selbst ihre Performance verbessern könnten, wenn sie ihre eigenen Schläger und Bälle daran ausrichten.

Das Konzept hinter unserer Strategie: „Digging deeper" (Das Letzte geben)

In „Brand Immersion Workshops" testeten wir eine Reihe von Botschaften für unsere Konsumenten:

Entscheidender Vorsprung –	„Wir geben Ihnen den entscheidenden Vorsprung"
Unsichtbarer Trainer –	„Mit uns erreicht Ihr Spiel ein neues Niveau"
Starke Waffe –	„Wir liefern Ihnen die Kraft, Ihren Gegner zu schlagen!"
Totale Kontrolle –	„Wir liefern Ihnen die Kontrolle über das Spiel"

Angefeuert –	„Wir geben Ihnen die Zuversicht, den Sieg zu erringen“
Achterbahn der Gefühle –	„Die Achterbahn der Gefühle im Sport treibt alles an, was wir tun“
„Magic Moments“ –	„Wir inspirieren die Faszination“
Letzte Reserven (Digging deeper):	„Wir helfen Ihnen, die letzten Reserven zu mobilisieren, wenn's drauf ankommt“

Das „Digging deeper“-Konzept hatte die größte Resonanz und hat uns geholfen, eine Vision und Strategie zu formulieren.

Was ist „Digging deeper“?

„Wir kennen alle diesen nervenzermürbenden Moment, wenn wir an unsere Grenzen stoßen: Gefahr laufen, besiegt zu werden oder den entscheidenden Matchball oder Putt nicht zu schaffen. Das ist der Punkt, an dem man letzte Reserven an Entschlossenheit und Glauben an sich selbst finden muss. Wir helfen, das Letzte herauszuholen, wenn es darauf ankommt. Wir wissen, wie es ist, wenn man hart geprüft wird und sich bewährt. Sie können unserer Ausrüstung völlig vertrauen. Sie bewährt sich unter allen Ihren Anforderungen. Sie wird im Spiel unter den extremsten körperlichen, geistigen und emotionalen Bedingungen getestet.“

Die Vision des Unternehmens

Die Rückkehr von Dunlop als führende Multisportmarke

Wir sehen keinen Vorteil darin, einen Nischenmarkt zu besetzen oder eine eindimensionale Marke zu führen. Die Herausforderung kommt von großen Sportfirmen, deren Marken stark genug sind, die Grenzen zwischen den Sportarten, zwischen Sport und Mode und zwischen den Altersgruppen zu überspringen. Früher konnte Dunlop das, wie unsere Geschichte zeigt. Wir sind entschlossen, uns diese Fähigkeit zurückzuholen.

Die Markenvision

Dunlop wird eine neue Generation passionierter junger Sportler inspirieren.

Markenstrategie

Wir entwickelten eine Strategie, die sich aus bausteinartigen Aussagen zusammensetzte:

Wir wollen unsere Vision kraftvoll kommunizieren: intern und extern, weltweit, unsere Zielgruppen mit einer starken Vision ansprechen und herausragende Leistungen in Marketing und Innovation zelebrieren.

Wir wollen ein starkes Gefühl interner Verantwortlichkeit und Zuständigkeit schaffen.

Wir wollen einen langfristigen Plan mit ausreichenden Ressourcen kreieren und mit Energie umsetzen und wichtige geografische und Produktmärkte attackieren.

Wir wollen den Gipfel der Gefühle im Sport besetzen und uns wie ein Unternehmen verhalten, das führen kann und nicht folgen muss.

Wir wollen fortwährend neue Differenzierungspunkte und Einstellungen entwickeln, die uns vom Wettbewerb abheben, und ein „In Tune"-Konzept von Kernkompetenz und Kultur aufbauen.

Wir werden motiviert durch Sieger und Siege und wollen die besten Mitarbeiter und die besten Spieler bekommen und behalten.
Dunlop wird eine neue Generation passionierter junger Sportler inspirieren.

Der Start des Verjüngungsprogramms

Die Customer Value Proposition – „Being in Tune“

Um strategische Klarheit zu erhalten, definierten wir unsere „Customer Value Proposition“, die wir „Being in Tune“ nannten und die unsere Strategie ausdrückt, die Bedürfnisse der Konsumenten zu verstehen und widerzuspiegeln.

Die Aussage erfasst den Nutzen/Vorteil, den ein Kunde aus dem Gebrauch unserer Marke zieht, auf der Basis des funktionalen, rationalen, emotionalen und Beziehungswerts, den wir liefern.

Rational „In Tune“

Die Marke besitzt „Response Technology“: innovative Ausrüstung auf dem neuesten technischen Stand, die sich wirklich dem Spiel der jeweiligen Person anpasst.

Beziehungsmäßig „In Tune“

Die Marke wird vermittelt durch ihr nachweislich überlegenes Verständnis des Spiels mit allen körperlichen, geistigen und emotionalen Aspekten und ihr Engagement dafür. Dazu gehört die Entwicklung neuer Aktivitäten auf den Ebenen Konsumenten und Handel.

Funktional „In Tune“

Die Marke liefert Produkte von überlegener Qualität. Ihre Präsenz und Sichtbarkeit werden durch ausgezeichnetes Marketing geschaffen, durch Veranstaltungen mit starkem Profil und die Verknüpfung mit erfolgreichen Professionals.

Emotional „In Tune“

Menschen, die mit der Marke in Verbindung gebracht werden, zeigen Leidenschaft und Engagement und haben einen direkten und anhaltenden

Draht zu passionierten jungen Spielern von den „Grassroots“ bis zur Profiebene und unterstützen und ermutigen sie.

Grundregeln für den zukünftigen Erfolg

Um die Kundenaussage umzusetzen, stellten wir einige Grundregeln auf:

Echte Produktvorteile liefern

Wir wollen dafür sorgen, dass wir ein Produkt von überlegener Qualität haben, das sein Versprechen hält. Wir verwenden dazu neueste Techniken, Forschung und Entwicklung. Wir verabschieden uns von Vertriebspartnern, die mit uns nicht zusammenarbeiten können oder wollen, um unsere Message zu vermitteln.

Zwei Anzeigen der Dunlop-Kampagne

Wir haben bereits „Abzorber“-Tennisbälle entwickelt, die helfen, einem Tennisarm vorzubeugen, und haben unsere Tennisschläger verbessert. Wir haben maßgeschneiderte Squash-Schläger eingeführt, um eine Auswahl an Balance und Gewicht zu bieten.

Präsenz und Sichtbarkeit schaffen

Wir erreichen das durch gute Werbung, die Assoziation mit bekannten Namen im Sport oder einer berühmten Person und verknüpfen die Marke mit erfolgreichen Profis bei wichtigen Veranstaltungen. Wir sorgen für Sichtbarkeit bei der Profitour und erzielen eine starke Wirkung durch eine durchschlagende Aktion.

Unsere Werbung ist direkt verknüpft mit unserer Strategie „Digging deeper“ und dem Slogan „Made of the right stuff“. Die Werbung ist kraftvoll und auffallend und konzentriert sich auf die emotionalen und nicht die technischen Vorteile von Dunlop. Sie wird durchgängig verwendet, auf der Website ebenso wie auf der Verpackung.

Identität und Bildsprache unserer Website spiegeln die Werbung und haben dieselbe Anmutung. Derzeit verzeichnen wir 20.000 Besucher im Monat und bemühen uns fortwährend, den Inhalt interessant und für die Kunden relevant zu gestalten. Wir planen, die Site interaktiver zu machen und einen Dialog mit unseren Besuchern zu entwickeln.

Das Wagnis, anders zu sein

In Zukunft steht bei uns im Gegensatz zu anderen Herstellern die Ausrüstung nicht mehr im Mittelpunkt, wenn wir mit den Kunden reden. Wir machen nicht nach, wir sind einzigartig. Wir scheuen nicht mehr davor zurück, den Erfolg der Dunlop-Reifen im Motorsport mit unserer Dunlop-Marke in Verbindung zu bringen.

Den Nachwuchs ansprechen
Wir zeigen, dass wir die Emotion im Sport verstehen. Musterprodukte können die Leute in die Hand nehmen, und die Website bietet fachkundige Ratschläge für Kunden.

Um Mundpropaganda anzuregen, investieren wir in ein Coachingprogramm in Großbritannien und werden die Erkenntnisse aus diesem Projekt in Deutschland, Frankreich und den USA anwenden. Wir unterstützen junge Sporttalente. Wir implementieren ein Musterprogramm und verbessern unser Coachingprogramm mit Hilfe des Internets.

Der Handel muss die Vorteile unserer Produkte besser erklären können, darum haben wir sehr gründliche Informationspakete zusammengestellt, die durch umfassendes Point-of-Sale-Material, Folder und Kundenkataloge ergänzt werden. Der Handel schätzt unsere Bemühungen und erkennt unsere Entschlossenheit, die Marke zu ihrem Vorteil zu verändern.

Unterstützung junger Spieler
Dunlop will jungen Spielern helfen, gute Spieler zu werden. Unser Ziel ist es, sportliche Menschen zu unterstützen, die inspirierend, interessant sind, Ausstrahlung und eine charismatische Persönlichkeit besitzen, Menschen, die ihre Gefühle zeigen und eine positive Aussage über die Marke machen können.

Diese Strategie beginnt bereits Früchte zu tragen. Wir unterstützen Thomas Johansson, unseren ersten Grand-Slam-Turniersieger in 20 Jahren. Wir haben außerdem Mark Philipoussis, Wayne Ferrera, Cedric Pioline, James Blake und Tommy Haas gefördert, großartige Spieler und Persönlichkeiten. Das von uns unterstützte Team ist stärker als je zuvor und wird entscheidend zum Erfolg der Marke beitragen.

Die Kultur entwickeln
Wir müssen daran glauben, die Besten zu sein, und uns für die Erreichung dieses Ziels einsetzen, uns von diesem Glauben anspornen lassen, wie ein Team fühlen und einig hinter der Marke stehen.

Die Kultur innerhalb von Dunlop ändert sich allmählich: Eine Reihe großer Veranstaltungen zur Ankündigung des Erneuerungsprogramms waren dabei sehr hilfreich. Jede Person im Unternehmen besuchte eine Präsentation, um die neue Strategie und die Bildsprache unserer Kommunikation selbst erleben zu können.

Wir ermutigen unsere Mitarbeiter, sich als Botschafter von Dunlop zu fühlen, und arbeiten am Aufbau einer Teamethik. In den Büros hängen wandhohe, spektakuläre Bilder unserer Profispieler, damit alle die Markenaussage aufnehmen. Unsere Rechnungen und Bestellformulare enthalten Bilder unserer Spieler, und unsere Verkaufsbotschaften sind nun in unseren Telefonansagen integriert. Teamgeist findet sich auch in der persönlichen Ansprache wieder. In unserer deutschen Niederlassung z.B. reden wir uns heute auch mit Vornamen an.

Wir haben eine Reihe von „Digging deeper"-Awards vergeben, um Mitarbeiter und Partner auszuzeichnen, die mit außergewöhnlichen Leistungen den Geist von Dunlop zum Leben erweckt haben. Unter den Gewinnern ist Sarah Fitz-Gerald, eine der von uns unterstützten Squash-Spielerinnen. Sie überwand eine schwere Verletzung und spielte sich auf den ersten Platz der Weltspitze.

Wir organisierten die erste Konferenz für Lizenznehmer unserer Schuhe und werden dies nun jährlich tun. Sie verwenden jetzt dasselbe Werbematerial, wie wir alle, und erzielen eine stärkere Synergie mit uns. Sie fühlen sich als Teil der Dunlop-Familie.

Wie es weitergeht

Das Programm geht weiter. Wir wollen die Erkenntnisse aus der britischen Situation und aus dem Tennissektor nehmen und auf die übrigen Märkte und auf den Golfsektor anwenden.

Wir haben gelernt, dass man, um Änderungen erzielen zu können, sich zuerst auf seine inneren Ressourcen konzentrieren muss und Ausdauer braucht, um das, was man angefangen hat, auch zu Ende zu bringen. Echte Veränderung ist eine Glaubensfrage, man muss einfach daran festhalten.

Es ist auch wichtig, dass der Projektmanager die Autorität hat, Änderungen notfalls zu erzwingen, wenn die Leute nicht willens sind, die Änderungen selbst vorzunehmen.

Man muss für langfristige Wirkung planen, aber kurzfristig Chancen nutzen. Man muss den „Drive" erhalten, schnell reagieren und Erfolg belohnen.

Der Kommunikations- und Informationsfluss wurde sorgfältig durchdacht und ausgeführt. Sämtliches Corporate-Design- und Werbematerial wurde auf CD-ROMs produziert, die in jedem Markt verfügbar sind. Durch die Bereitstellung sorgen wir dafür, dass Markenrichtlinien nicht verletzt und Durchgängigkeit eingehalten wurden.

Entscheidend war auch, die Erneuerung von oben voranzutreiben. Ein Projektmanager und sein Team hatten die Autorität, etwaige Hürden zu überwinden und Änderungen durchsetzen.

Ob Mitarbeiter oder Konsumenten, Marken gehören zu Menschen. Man muss das Verhalten ändern, um die Marke und ihre Erfolgschancen zu ändern. Wir haben einen guten Anfang gemacht, unsere Mitarbeiter sind nun engagiert, wir vermitteln starke Markenimages und starke Kommunikation, jetzt müssen wir nur beharrlich unseren Kurs verfolgen.

Kommentar des Herausgebers

Marken entstehen nicht über Nacht. Dafür sind sie aber, einmal etabliert, von enormer Beständigkeit. Werden sie vernachlässigt, beginnen sie jedoch zu welken. Selbst wenn sie im öffentlichen Bewusstsein nicht ganz verblassen, kann es sein, dass sie zunehmend mit negativen Assoziationen besetzt werden, die ihre Weiterentwicklung behindern. Dunlop Sport war eine

solche Marke. Der berühmte Name Dunlop, ein Begriff in verschiedensten Zusammenhängen, schützte nicht vor schwungvollen, jüngeren Wettbewerbern. Dunlop Sport wurde auf diesem wettbewerbsintensiven und emotionalen Markt einfach überholt. Die Marke musste mit neuem Leben erfüllt werden. Die Etablierung eines „Verjüngungsteams" sollte als Signal eine gezielte und ganzheitliche Revitalisierung einleiten. Unter Einbeziehung aller Schlüsselfunktionen des Unternehmens erreichte die visionäre Gruppe von Führungskräften tief greifende Veränderungen in der gesamten Organisation. Mit Hilfe von Action Teams im mittleren Management wurde im Top-down-Prinzip die neue Botschaft in das Unternehmen getragen. Das Feedback von der Basis kam auf gleichem Wege zurück, was einen Kreislauf ganzheitlicher Markenwahrnehmung ermöglichte. Alle Überlegungen zu Positionierung und Wettbewerbsstrategien wurden durch die detaillierte Analyse der Kundenwünsche und -ansprüche geleitet. Auch die Verbindungen zur Sportlerprominenz konnten gestärkt oder neu etabliert werden, der Sport wurde als Schlüsselfaktor der Markenwahrnehmung betrachtet. Dunlop Sport ist heute dabei, die wiedergewonnene Markenstärke in wirtschaftlichen Erfolg umzumünzen.

Kapitel 13
Aus dem Verborgenen ins Rampenlicht: DekaBank

Michael Hüther
Bereichsleiter Volkswirtschaft und Kommunikation

Eine Bank der besonderen Art

Sicher: Keine Bank ähnelt der anderen, und doch: Die DekaBank Deutsche Girozentrale ist sowohl in historischer Perspektive als auch in der systematischen Einordnung der Gegenwart etwas Besonderes. Sie ist scheinbar eine Bank der Widersprüche: Die heutige DekaBank ist zugleich ein junges und ein traditionsreiches Unternehmen, die DekaBank ist zugleich ein kleines Institut – gemessen an der Bilanzsumme Nummer 21 in Deutschland – und ein großes Institut – gemessen an den Assets under Management die Nummer 2 in Deutschland und die Nummer 5 in Europa, die DekaBank lebt sowohl vom Massengeschäft mit dem Anspruch des Marktführers wie auch vom Individualgeschäft mit dem Anspruch des exklusiven Spezialisten. Die Widersprüche reflektieren den Tatbestand der Fusion als Gründungsakt dieses Instituts. Am 1. Januar 1999 wurden die Deutsche Girozentrale Deutsche Kommunalbank und die DekaBank GmbH – beide Zentralinstitute der deutschen Sparkassenorganisation – zur DGZ·DekaBank Deutsche Kommunalbank verschmolzen (seit dem 1. Juli 2002 als DekaBank Deutsche Girozentrale firmierend). Diese Fusion erklärt das historisch und systematisch Besondere.

Die Deutsche Girozentrale wurde im Jahre 1918 in Berlin als Abteilung des Deutschen Zentral-Giroverbandes (1924 aufgegangen im Deutschen

Sparkassen- und Giroverband) gegründet, um den angesichts der stärker werdenden überregionalen wirtschaftlichen Verflechtung im Deutschen Reich immer wichtiger werdenden Liquiditätsausgleich zwischen den nach Regionalprinzip aufgestellten Sparkassen organisieren zu können; gleichzeitig wurde die Finanzierung der Kommunen als Aufgabe zugewiesen. Mit der 3. Verordnung des Reichspräsidenten zur „Sicherung von Wirtschaft und Finanzen und zur Bekämpfung politischer Ausschreitungen“ vom 6. Oktober 1931 wurde die DGZ – ebenso alle kommunalen Sparkassen – rechtlich selbständig als Anstalt des öffentlichen Rechts. Nach dem Zweiten Weltkrieg etablierte sich die DGZ zunächst in Düsseldorf, ab Mitte der 60er Jahre dann in Frankfurt und entwickelte sich vom Geldhandelsinstitut (Liquiditätsausgleich zwischen den Girozentralen) zu einem Institut für das Kommunalkreditgeschäft, das Großkreditgeschäft mit hoher Spezialisierung sowie das Emissionsgeschäft. Im Zeitpunkt der Fusion konnte die DGZ auf über 80 Jahre Geschäftstätigkeit zurückblicken, in denen es zumeist darum ging, in schwierigen Umfeldbedingungen zielorientiert und effizient die vorgegebenen Aufgaben zu erfüllen und dabei die Öffentlichkeit möglichst nicht zu behelligen.

Ähnlich waren die Ausgangsbedingungen der Deutsche Kapitalanlage GmbH (daraus entstand bald das Kürzel „Deka“) bei der Gründung im Jahre 1956 durch die regionalen Girozentralen. Der entstehende Markt für Investmentfonds sollte auch der Sparkassenorganisation offen stehen, freilich durch eine Gesellschaft, die man „im Verborgenen wissen wollte“ – deshalb auch ein Name ohne jeden Sparkassenbezug. Im Grunde brachten erst die 90er Jahre den Durchbruch der Fondsanlage und damit nachhaltigen Erfolg für diese Geschäftsidee. Die Deka-Gruppe, die neben der Publikumsfondsanbieterin Deka Kapitalanlage auch die Spezialfondsgesellschaft Deka Investment Management (1992 gegründet) sowie die Gesellschaft für offene Immobilienfonds, die Despa (Deutsche Sparkassen-Immobilien-Anlage-Gesellschaft, gegründet 1966), umfasste, konnte an dieser Entwicklung überproportional teilhaben. In weniger als einem Jahrzehnt gelang es beim Marktanteil von Platz 5 auf Platz 2 vorzurücken. Die damit zwangsläufig größer werdende Öffentlichkeit konnte freilich im Umfeld der Landesbanken nur zurückhaltend genutzt werden.

Vor diesem Hintergrund ist verständlich, dass das fusionierte Institut in seiner Geschäftsfeld- und Ertragsstruktur mit anderen Banken nur wenig vergleichbar ist. Infolge der starken Bedeutung des Asset Managements haben die Provisionserlöse eine weitaus größere Bedeutung als die mit dem klassischen Kredit- und Handelsgeschäft verbundenen Einkünfte. Enger als bei allen Mitbewerbern im Vermögensverwaltungsgeschäft werden die Kapitalanlagegesellschaften im DekaBank-Konzern geführt; Zentral- und Stabsfunktionen werden aus der Bank für alle Einheiten des Konzerns erbracht. Rein juristische Grenzen sollen – so lautet die Devise des Vorstands – nicht zu Mauern in den Köpfen werden. Und schließlich: Der Auftritt in der Öffentlichkeit – sei es durch ein gezieltes eigenständiges Markenmanagement, sei es durch eine anspruchsvolle Kommunikationspolitik – war bis zur Fusion ungewohnt, nicht gewollt und im Sparkassenlager lange nicht geduldet. Hier waren die Mitbewerber mitunter deutlich weiter. Die Fusion zum 1. Januar 1999 entsprang primär der Idee, das Asset Management für die Sparkassenorganisation durch die Verbindung der in der DekaBank GmbH gebündelten Kapitalanlagegesellschaften mit einer eigenkapitalstarken Bank zu kräftigen und zukunftsfest zu machen. Es war eine Fusion der besonderen Art, weil zwei unterschiedliche Häuser mit komplementären Geschäftsfeldern verschmolzen; die Stabsbereiche waren zudem in beiden Instituten sehr schlank gehalten. Die Fusion stand allein deshalb unter einem guten Stern, hinzu kam die günstige Marktlage für Investmentfonds, die zwar hohe Anforderung an die Abwicklungsleistung der Bank (insbesondere im Depotgeschäft) stellte, durch die Steigerung der Provisionserlöse aber zugleich die notwendigen Fusionsarbeiten finanziell abfedern half. Wie in kaum einem anderen Fall kam es hier nach der Fusion zu einem eindrucksvollen Beschäftigungsaufbau: In den ersten zweieinhalb Jahren danach wurde die Beschäftigung auf knapp 3000 Personen verdoppelt. Die damit notwendige Integrationsleistung konnte zunächst im dynamischen Marktumfeld ohne größere Schwierigkeiten erbracht werden, ohne freilich systematisch durch eine Verschmelzung der beiden „Altkulturen" aus DGZ und Deka mit dieser „Neukultur" (mehr als die Hälfte aller heutigen Mitarbeiter sind nach der Fusion zur Bank gekommen) gestaltet zu werden.

Die Zeit nach der Fusion war aber nicht nur durch die Bewältigung der eigentlichen Umstellungs- und Verknüpfungsarbeiten gekennzeichnet, sondern ebenso durch einen angesichts der gewonnenen Größe und Bedeutung sich ergebenden Investitions- und Handlungsstau bei den Themen der strategischen Ausrichtung und der kommunikativen Positionierung. Indes: Die Dynamik des Marktes für Investmentfonds – das Vermögen in Publikumsfonds (Wertpapier- und Immobilienfonds) erhöhte sich von knapp 220 Mrd. DM Ende 1998 auf gut 423 Mrd. DM Ende 2000 – erzwang allerdings eine nicht ganz gewöhnliche Reihenfolge bei der Bearbeitung der großen Themen.

Produktmarke vor der Konzernmarke: dem Marktdruck geschuldet

Beide Althäuser hatten – wie angedeutet – keinen nachhaltigen Öffentlichkeitsauftritt, es war ein Agieren im Verborgenen. Lediglich für die im Retail- und damit Massengeschäft positionierten Investmentfonds war seit Anfang der 90er Jahre unter dem Label „SparkassenFonds" eine Werbekampagne etabliert worden, die sich allerdings weder in den elektronischen Medien noch in den beherrschenden Printmedien vollzog. Einen eigenständigen auf die Deka-Gruppe bezogenen Markenauftritt gab es nicht; die Produktmarke war nicht definiert.

Mit dem enormen Wachstum des Marktes für die Investmentfondsanlage in der zweiten Hälfte der 90er Jahre und der immer unübersichtlicher werdenden Fondsbranche wurde zugleich der Druck immer größer, eine eigenständige Fondsmarke zu entwickeln. Eigenständig bedeutet, eine Marke zu schaffen, die in sich geschlossen aus dem Zusammenspiel von Produkt und Produzent präsentiert wird und sich nicht – wie „SparkassenFonds" – ausschließlich über die Anbindung an die dominierende Vertriebsschiene definiert. Eine solche produktbezogen eigenständige Marke bietet dem Unternehmen die Chance, sich in einem unübersichtlichen Markt als Anbieter herauszustellen und von den Mitbewerbern zu unterscheiden. Gleichzeitig ermöglicht eine Markenstrategie die emotionale Ansprache der Kunden, die eine besondere Bindung an die Produkte und den Anbieter schafft.

In diesem Markt- und Wettbewerbsumfeld geriet die neu entstandene DGZ·DekaBank unter Druck, eine eigenständige Deka-Fonds-Marke zu entwickeln, die gleichzeitig noch die Zugehörigkeit zur Sparkassen-Finanzgruppe erkennen ließ, um die damit verbundenen Attribute wie emotionale und räumliche Nähe, Vertrauen und Sicherheit auf die Deka-Marke abstrahlen zu lassen, und die das abstrakte Produkt Investmentfonds so transportiert, dass es für die Kunden greifbar, erlebbar und bezogen auf die Deka-Fonds unverwechselbar wird.

Das Ergebnis der eingeleiteten Marketingstrategie war die Marke „Deka Investmenfonds" sowie eine darauf ausgerichtete Struktur des Fondssortiments. Mit dieser Marke wurden erstmals auch neue Wege der kommunikativen Positionierung beschritten; die Werbekampagne startete im Jahre 1999 groß angelegt in den TV- und Printmedien. Innerhalb kürzester Zeit gelang es, die „Deka Investmentfonds" zur bekanntesten Fondsmarke in Deutschland zu machen. Die Marke wurde als Dachmarke etabliert, unter der sich am Ende alle Kapitalanlagesellschaften des Konzerns und alle Fondsprodukte versammeln sollten. Die damit erfolgreich betriebene externe kommunikative Positionierung hatte zugleich weitreichende konzerninterne Folgen: Auf der Grundlage der Positionierung wurde mit Unterstützung externer Berater ein Corporate Design und Branding für die Dachmarke entwickelt, welches die Marke in all ihren Erscheinungsformen prägt und gleichzeitig den Grundstein für den späteren Auftritt der Unternehmensmarke DekaBank legte. Damit konnte auch eine dringend notwendige Bereinigung aller Produktmarken vorgenommen werden (siehe Schaubild 1). Die damit einhergehende Prägung war so weit gehend, dass die zum 1. Juli 2002 vollzogene Vereinfachung des Banknamens zu DekaBank im Logo als Wortbildmarke analog der Produktmarke gestaltet wurde. In Schaubild 1 wird der große Fortschritt im Außenauftritt des DekaBank-Konzerns an der Entwicklung der Identitätsstruktur der Produkt- und Gesellschaftsnamen sowie der entsprechenden Marken erkennbar. Aus einem Sammelsurium wurde binnen kurzem eine schlüssige und einheitliche Struktur.

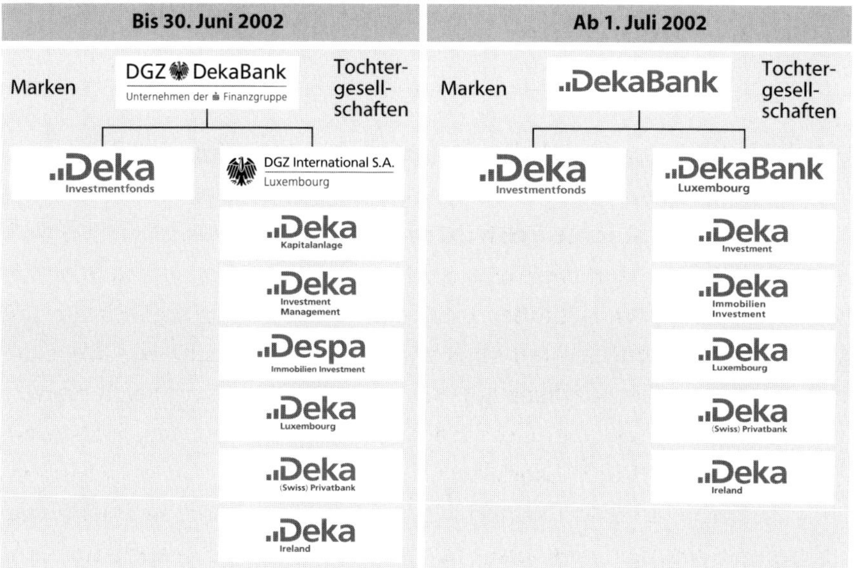

Schaubild 1: Identitätsstruktur 1.1.1999/1.7.2002

Mit dieser Entwicklung war eine kommunikative Positionierung der DekaBank verbunden, die zwar höchst erfolgreich war, doch in dem Augenblick an ihre Grenzen stieß, wo die mangelnde Definition der Konzernmarke spürbar wurde und die umfassende Präsenz der Produktmarke immer weniger die sich ausdifferenzierende Geschäftsfeld- und Produktstruktur des Konzerns reflektierte. Auch das gewachsene Selbstverständnis der Bank im Verbund der Sparkassenorganisation und die häufiger formulierte Anforderung, als Interessenklammer der Sparkassen zu fungieren, ließen das öffentliche Auftreten – oder besser: Nicht-Auftreten – der DekaBank als unangemessen erscheinen. Die erforderliche kommunikative Positionierung der Bank bzw. der Konzernmarke setzte allerdings eine Klärung genau der Fragen und Themen voraus, die in einem Unternehmensleitbild verdichtet werden. Dieses umfasst das Ziel des Unternehmens (auch Vision), die Maßnahmen zur Zielerreichung (auch Mission) und die Werte, die das Denken und das tägliche Handeln zur Zielerreichung prägen.

Auf dem Weg zum Leitbild: der ganzheitliche Ansatz

Vor dem Leitbild steht die Strategie – an diesem Grundsatz konnte und wollte auch die DekaBank trotz des Marktdrucks im Investmentfondsgeschäft nicht vorbei. Beginnend im Jahr 2000 hat sich die Führungsmannschaft des Konzerns der strategischen Positionierung gewidmet. In einem Zeitraum von anderthalb Jahren gelang es, die wesentlichen Weichenstellungen bezüglich der Geschäftsfeldsdefinition, der Produkt- und Servicepalette, der Vertriebsorientierung vorzunehmen und diese organisatorisch umzusetzen. Der Konzern bekam eine neue Struktur, die sowohl der weiteren Stärkung des Asset Managements, aber auch dem kontrollierten Ausbau des klassischen Bankgeschäfts Rechnung trägt.

Durch die Konzernstrategie konnte zugleich der Fusionsprozess formal zu einem Abschluss gebracht werden („hard factors"). Nun galt es aber, diesen neu definierten Handlungsrahmen durch einen Prozess der Leitbildfindung sowie durch Orientierungen für das Führungs- und Kommunikationsverhalten („soft factors") mit Leben auszufüllen. Der Bedarf dafür wurde nach den bereits bewältigten Nacharbeiten zur Fusion immer deutlicher und dringlicher. Gerade auch das kritischer werdende Marktumfeld schärfte den Blick der Mitarbeiter im Unternehmen für die Defizite in der kommunikativen Positionierung: Eine Konzernmarke war nicht etabliert, das Führungsverhalten beruhte lediglich auf einem Befugniskatalog für die Hierarchieebenen, und die interne Kommunikation entsprach nicht den berechtigten Anforderungen und Standards.

So traf das Vorhaben, durch einen Prozess der Leitbilderarbeitung die konzeptionelle Grundlage für die Behebung der Defizite zu schaffen, auf eine positive Grundstimmung, aber auch eine hohe Erwartung auf Gestaltung und Veränderung. Dabei wirkte sich auch die erwähnte Tatsache aus, dass mittlerweile mehr als 50 % der Mitarbeiter nach der Fusion in die Bank eingetreten sind. Einerseits erleichterte dies den Leitbildprozess, andererseits erhöhte es den Erfolgsdruck auf dieses Projekt. Denn die traditionelle Bindung von Mitarbeitern an das Unternehmen durch die Dauer der Betriebszugehörigkeit muss ersetzt werden durch eine Bindung auf Grund der Intensität der Betriebszugehörigkeit (Verpflichtung der Mitarbeiter durch kommunikative Teilhabe und Führung durch Partizipation).
Erforderlich war ein Prozess der Leitbilddefinition aber nicht nur mit Blick auf die innere Verfassung der DekaBank nach der Fusion, sondern ebenso durch grundsätzliche Veränderungen in der gesellschaftlichen Wahrnehmung von Unternehmen und speziell von Finanzdienstleistern.

Empirische Untersuchungen haben gezeigt, dass das Vertrauen in Unternehmen generell im Verlauf der 90er Jahre deutlich gesunken ist (von 43 % „ja, ich habe Vertrauen in Unternehmen" im Jahre 1991 auf gut 20 % im Jahre 1998). Der Wettbewerb der Unternehmen muss sich deshalb immer weniger nur auf Produkte, Problemlösungen und Geschäftsmodelle beziehen, sondern immer stärker auch auf Identität und Reputation. Ein Unternehmen muss sich strategisch sowohl bei der Problemlösungskompetenz als auch bei der Bindungs- und Vertrauenskompetenz imagebildend positionieren. Vor diesem Hintergrund ergibt sich eine wachsende Bedeutung von Stil-, Respekts- und Habitusfragen sowie der emotionalen Ausgestaltung von Informationen. Die Bildung der Produktmarke „Deka Investmentfonds" ist zugleich eine Antwort der DekaBank auf diesen Befund. Der Leitbildprozess schafft die Voraussetzung für eine umfassende, unternehmensbezogene und nicht nur produktzentrierte kommunikative Positionierung.

In einer Zeit des beschleunigten gesellschaftlichen und ökonomischen Wandels ergibt sich kompensatorisch eine Wertesuche und damit eine Orientierungssuche. Auch der Wert „Sicherheit" erfährt wachsende Bedeutung. Diesen kann der Finanzmarkt und damit auch die Finanzindustrie scheinbar am wenigsten bieten, obwohl die Finanzintermediation auf Risikoausgleich und Risikominimierung abzielt. Die anhaltenden Negativmeldungen über Banken und Sparkassen (Fusionen, Beschäftigungsabbau, überhöhte Risiken) Basel II (risikoadjustierte Eigenkapitalunterlegung von Krediten) und Brüsseler Anforderungen an die Landesbanken (Abbau Gewährträgerhaftung durch Gebietsskörperschaften und Anstaltslast) und die Entwicklung am Finanzmarkt sind nicht dazu angetan, die gewünschte Sicherheit zu signalisieren. Deshalb erweist sich eine umfassende, das heißt auch emotional imageprägende Kommunikation gerade für eine Bank als besonders notwendig.

Schließlich hat die zunehmende Globalisierungskritik und damit insbesondere die Kritik der Finanzintermediäre als Kern allen Übels ein generell negatives Umfeld für Banken erbracht. Die immer lauter artikulierte Kritik der Liberalisierung des internationalen Kapitalverkehrs und der vermeintlich davon ausgehenden Belastungen für die ärmeren Länder und die Stabilität der internationalen Finanzmärkte fokussiert vor allem die Geschäftstätigkeit von Finanzdienstleistern. Auch in diesem Kontext kann eine auf die Produktmarke reduzierte Kommunikation auf Dauer nicht genügen.

Der Leitbildprozess war zwar als Folge der Konzernstrategie begründbar und ohne diese „Vorbereitung“ weder sinnvoll noch durchführbar, zugleich aber eigenständig legitimiert. Der Strategieprozess war notwendig, um die Zukunftsfähigkeit des Unternehmens zu sichern, mit dem Leitbildprozess konnte aber erst die hinreichende Bedingung dafür erfüllt werden. Es ging darum, für alle Führungskräfte, aber auch für alle Mitarbeiterinnen und Mitarbeiter einen Bestand an gemeinsamen Überzeugungen über die Bank, ihr Selbstverständnis, ihren Auftrag und ihre Funktionsweise zu formulieren, der gleichermaßen identitätsstiftend und verhaltenslenkend wirkt. Grundsätzlich erwies sich in dem Projekt nun als Vorteil, was im Wettbewerbsvergleich der beiden Althäuser diesen jeweils zum Nachteil gereicht hatte: Beide Institute hatten entweder nicht die Notwendigkeit gesehen oder nicht die Möglichkeit gehabt, einen vergleichbaren Leitbildprozess durchzuführen. Damit musste das Projekt „Leitbild“ nicht gegen bereits explizit definierte Orientierungen neutralisierend starten, sondern „lediglich“ gegen eingefahrene Verfahrensweisen und tradierte Wertvorstellungen.

Allen Verantwortlichen war von Anfang bewusst, dass die Erarbeitung eines unternehmerischen Leitbildes vom Vorstand angestoßen und permanent begleitet werden muss. Denn nur dadurch kann die wirksame Einbindung der zweiten Führungsebene gelingen, die vielfach die größten Probleme und Schwierigkeiten bei der Umsetzung entsprechender Strategien hat. Es wurde zu einem herausragenden Kennzeichen des Leitbildprozesses der DekaBank, dass der Vorstand zu jeder Zeit für alle Beteiligten unmissverständlich der Verantwortliche und der Treiber war. In besonderer Weise hat der Vorstandsvorsitzende den Prozess zu seinem ureigenen Anliegen gemacht; der Erfolg des Projekts findet hier zu einem gut Teil seine Erklärung. Zielführend war ebenso, dass von Beginn an der

Leitbildprozess nicht mit der Parole angetreten ist, alles neu zu machen und alle Mängel der Welt zu richten, sondern realistisch dort angesetzt hat, wo die DekaBank stand. Diese Ausgangslage wird durch die folgenden Aspekte beschrieben:

- Abschluss der Entscheidungsphase der Konzernstrategie und weit fortgeschrittene Umsetzungsphase
- Eindeutige Verpflichtung zu Kombination aus „Vollbank“ und „Asset Manager“
- Auswirkungen der seit dem Jahre 1999 öffentlichkeitswirksamen Marketingstrategie mit der Positionierung der „Deka-Produkt-Marken“ (Deka Investmentfonds ...)
- Aufbau einer Systematik der internen Leistungsverrechnung als Ausdruck definierter Verantwortlichkeiten und Schnittstellen

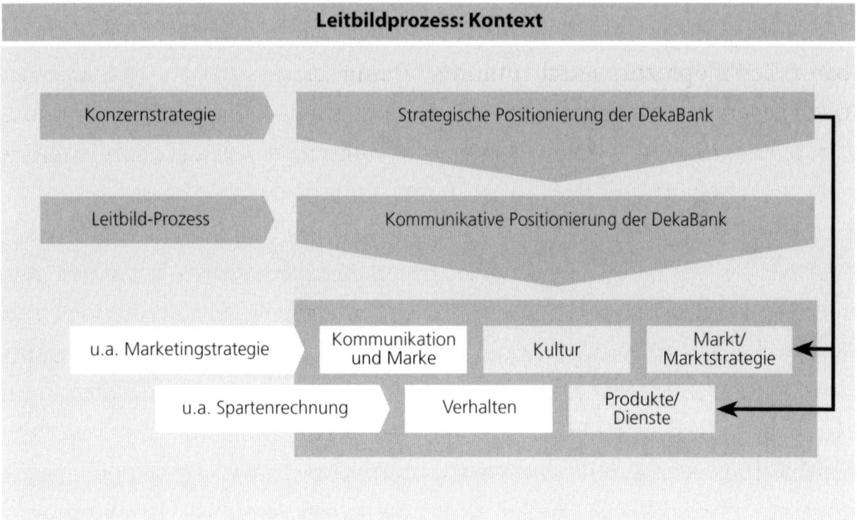

Schaubild 2: Kommunikative Positionierung im Kontext des Leitbildprozesses

Das Projekt „Leitbild“ beruhte auf einer ganzheitlichen Sicht des Unternehmens, wobei die verschiedenen bereits abgeschlossenen oder noch laufenden Prozesse in diese Sicht eingebunden wurden (Schaubild 2). Dies machte es möglich, zugleich effektiv und effizient das Projekt zu steuern und Überforderungen zu vermeiden. Auf diesem Wege konnten nicht nur die einzelnen Themen konzeptionell verbunden werden, es wurde auch die Voraussetzung geschaffen, künftig auftretende Fragen und Aspekte in den Gesamtrahmen der kommunikativen Struktur einzufügen. Der Leitbildprozess: glaubwürdig hinsichtlich Einbindung und Durchführung.

Der Leitbildprozess: glaubwürdig hinsichtlich Einbindung und Durchführung

Ein nicht ganz gewöhnlicher Start war für dieses Projekt gewählt worden: Vorstand und alle Führungskräfte der ersten Ebene waren zum Kick-off ins Frankfurter Museum für Kommunikation geladen. Nach einer Führung durch die Geschichte Kommunikation wurde das Projekt durch den Vorstandsvorsitzenden in seinen Grundzügen erläutert und begründet, von den Projektverantwortlichen unter verschiedenen Gesichtspunkten detaillierter skizziert. Es war ein hoffnungsvoll stimmender Auftakt, weil es nicht nur eine positive Resonanz zu dem Vorhaben gab, sondern bereits eine sehr intensive Diskussion, die den Grundtenor hatte: Wir Führungskräfte müssen uns ändern, um das Unternehmen positiv verändern zu können. Diese Diskussion entstand vor dem Hintergrund einer ehrlichen Zustandsbeschreibung der Bank und ihrer inneren Verfassung durch den Vorstandsvorsitzenden: „Wir sind noch keine zusammengewachsene Bank, die innere Einheit des Unternehmens existiert noch nicht, wir haben keine wertorientierte Unternehmenskultur. (...) Die Konzernstrategie hat die Entscheidungen über unsere Produkte, unsere Prozesse und unsere Märkte gebracht. Das aber ist nur ein Teil der zu erledigenden Aufgaben, der andere Teil hat mit unserem Verhalten und unserem Umgang miteinander zu tun. Der dauerhafte Markterfolg wird uns nicht gelingen, wenn wir die genannten Sachverhalte zulassen, hinter denen immer der schlichte Tatbestand steht, dass übereinander statt miteinander geredet wird."

Der Leitbildprozess der DekaBank konnte diese positive Grundstimmung umsetzen und bei allen natürlichen Schwankungen auch weitgehend bewahren. Der Prozess wurde ein Erfolg, und zwar nicht nur gemessen an den Erwartungen der Projektverantwortlichen und der Führungskräfte der Bank, sondern auch gemessen an vergleichbaren Aktivitäten anderer Unternehmen. In hoher Verlässlichkeit wurde der angekündigte Fahrplan eingehalten (Schaubild 3). Von der Präsentation im Vorstand bis zur Verkündung des Leitbildtexts (Phase 1 und 2 des Projekts) waren neun Monate ins Land gegangen. Alles, was gut wird im menschlichen Leben, braucht neun Monate; dass dies gelang, hatte insbesondere mit den folgenden Aspekten zu tun:

Prozessdesign: Überblick			
Opening	Phase 1	Phase 2	Phase 3
Vorstellung Leitbildprozess Einführung zu Ziel, Methode und Einbindung: 1. Vorstandspräsentation 2. Information Bereichsleiter und Geschäftsführer 3. Information aller Mitarbeiter 4. Kick-off-Lenkungs-/ Arbeitsausschuss	**Vom Befund zum Leitbild-Rohentwurf** 1. Recherche zur Ist-Situation 2. Vorläufige Soll-Definition 3. GAP-Analyse Erster Führungskräfte-Workshop: Rohentwurf Leitbild	**Vom Rohentwurf zum verbindlichen Leitbild** 1. Generierung von Feedback 2. Operative Relevanz des Leitbildes Zweiter Führungskräfte-Workshop: Verbindliches Leitbild und Empfehlungen zum Handlungsbedarf	**Umsetzung in operative Leitlinien** Auf Basis der Handlungsempfehlungen Entwicklung von: 1. Leitlinien für die Handlungsbereiche 2. Maßnahmenkonzept 3. Generierung Feedback-Kultur

Schaubild 3: Prozessdesign des Leitbildprozesses

Eindeutige Zuweisung der Verantwortlichkeiten auf die internen Akteure und die externen Berater mit enger kommunikativer Führung der Berater

Es hat nie einen Zweifel daran gegeben, dass dieser Prozess kein Beraterprojekt ist, sondern ein ureigenes Anliegen des Unternehmens und insbesondere der Führungskräfte. Vorstand und Bereichsleiter waren und sind in der primären Verantwortung bei der Entwicklung des Leitbildes wie bei dessen Umsetzung. Dieser Verantwortung hat sich niemand entzogen, wenngleich die Intensität der Mitarbeit uneinheitlich war, was angesichts der unterschiedlichen Prägungen der Führungskräfte des Konzerns nicht verwundern kann.

Breite Fundierung im Unternehmen durch die Einbindung der Key-Player im Lenkungs- und Arbeitsausschuss

Es sollte zu keiner Zeit der Eindruck entstehen, dass hier ein Stabsbereich sein Steckenpferd durch die Bank befördert. Auf Grund der breiten Fundierung des Prozesses durch die Einbindung aller großen Bereiche und Gesellschaften des Konzerns über die entsprechenden Führungskräfte im Arbeitsausschuss konnte dies gelingen. Damit war auch die Grundlage für die Vermittlung der einzelnen Projektschritte in die Mitarbeiterschaft gelegt.

Klar strukturiertes und transparentes Prozessdesign

Es wurde sowohl seitens des Beraters wie auch der Projektverantwortlichen auf eine klar strukturierte Schrittfolge wert gelegt, die ein flexibles Agieren ermöglicht. Tatsächlich hat sich eine Anpassung im Projektverlauf nicht als erforderlich erwiesen, vielmehr konnte mit hoher Verlässlichkeit und in einem sehr engen Zeittakt gearbeitet werden. Diese Verlässlichkeit in Bezug auf die angekündigten Teilprojekte war eine wesentliche Voraussetzung dafür, dass das gesamte Projekt auf allen Seiten ein hohes Maß an Vertrauen erfuhr. Dabei darf auch nicht übersehen werden, dass kritische Situationen für das Projekt offen angesprochen und der Prozess nicht einfach stur fortgesetzt wurde. Eine kritische Phase entstand vor dem ersten

Führungskräfteworkshop, als parallel ein Kostensenkungsprogramm aufgesetzt wurde und das Leitbildprojekt zu überrollen drohte. Einerseits war zu klären, ob das Unternehmen nicht durch die Gleichzeitigkeit beider Prozesse überfordert würde, andererseits bestand die Gefahr, dass die Mitarbeiter das Leitbildprojekt als „weiße Salbe" für das Kostensenkungsprogramm verstehen. Beide Aspekte sind offen im Lenkungsausschuss, aber auch mit allen Führungskräften diskutiert worden und haben zu einer Festigung des Projektfahrplans geführt.

Intensive und kontinuierliche Information sowie Einbindung aller Mitarbeiterinnen und Mitarbeiter (Schaubild 4)

Das Projekt beruht auf der Idee, dass ein Leitbild nicht das Ergebnis einer Redaktionssitzung der Konzernentwicklung sein kann, sondern nur dann seine verhaltenslenkende Wirkung entfalten kann, wenn an seiner Entstehung alle Mitarbeiter der DekaBank sich dafür einbringen können. So wurden in allen Projektphasen die Mitarbeiter einbezogen, und zwar sowohl aktiv durch Onlinebefragung, Chats und Leitbildforen wie auch durch umfassende und zeitnahe Bereitstellung aller Ergebnisse der jeweiligen Arbeiten. Es gab bei Information über den Leitbildprozess keine Diskrimierung zwischen Vorstand, Führungskräften und Mitarbeitern. Diese Offenheit hat sich ausgezahlt, indem sie die Glaubwürdigkeit des Projekts für die Mitarbeiter beständig erhöht hat.

Die Einbindung der Mitarbeiter hatte das Ziel, diese sehr schnell aus der Position des Betroffenen abzuholen und zu Beteiligten des Prozesses zu machen. Die Durchführung des Leitbildprojekts kann dafür aber nur die Grundvoraussetzung schaffen, letztlich hängt es an der Umsetzung des Leitbildes in operativ relevante Handlungszusammenhänge für alle Mitarbeiter – und das erfordert zuallererst die Vorbildrolle der Führungskräfte. Dass der Prozess die Grundvoraussetzung geschaffen hat, wird an der hohen Beteiligung der Mitarbeiter erkennbar, die weit über den Werten vergleichbarer Prozesse in anderen Unternehmen lag.

Mitarbeiter werden von Betroffenen zu Beteiligten			
Opening	Phase 1	Phase 2	
Vorstellung Leitbildprozess	**Vom Befund zum Leitbild-Rohentwurf**	**Vom Rohentwurf zum verbindlichen Leitbild**	**Zur Umsetzung (Vorbereitung Phase 3)**
Auftaktveranstaltung aller Führungskräfte mit dem Vorstand Onlineinformation aller Mitarbeiter durch den Vorstand	Persönliche Interviews mit Vorstand und allen Führungskräften Onlinebefragung aller Mitarbeiter und Mitarbeiterinnen Erster Führungskräfteworkshop	15 Leitbildforen für alle Konzerneinheiten zur Generierung von Feedback zum Rohentwurf und Online-Chats Zweiter Führungskräfteworkshop	Führungskräfte-Dialog über Spielregeln als Sofortmaßnahmen Mitarbeiterdialog über Chat zum Leitbild und der Umsetzung Prozessdokumentation in Mitarbeiter Magazin

Schaubild 4: Die konsequente Einbindung der Mitarbeiter in allen Projektphasen

Im Mittelpunkt der Mitarbeitereinbindung standen die Onlinebefragung für den Befund zur Ausgangslage (Phase 1) und die Leitbildforen zur Kommentierung des Leitbild-Rohentwurfs (Phase 2). Die anonym durchgeführte Onlinebefragung zielte darauf ab, umfassend ein Meinungsbild der Mitarbeiter über die Bank, ihre Position im Markt, die inneren Strukturen und Verfahrensweisen sowie Arbeitsumfeld, Führungsverhalten und Unternehmenskultur zu erhalten. Neben der hohen Beteiligung (konzernweit bei 75 %) wurde in den Bewertungen des Leitbildprojekts die hohe Motivation der Mitarbeiter für die Bank sichtbar. Die Ergebnisse waren deutlich, doch bei weitem nicht erschütternd – allenfalls ernüchternd für jene Führungskräfte, die mehr positive Äußerungen erwartet hatten. Die Führungskräfte selbst, das haben die persönlichen Interviews erwiesen, sehen die Bank und ihre innere Verfassung deutlich kritischer. Diese Tatsache steht für sich genommen in gesunder Balance zum Bild der Mitarbeiter. Eine wesentliche Voraussetzung für den Erfolg der Mitarbeiterbefragungen waren die zuvor durchgeführten persönlichen

Interviews mit den Führungskräften. Sie boten die Möglichkeit, die Mitarbeiter detailliert und problemorientiert zu befragen. Die dort beschriebenen Problemsituationen im Unternehmen konnten im Online-fragebogen bereits „beim Namen genannt" und entsprechend aufgenommen werden. Nicht zuletzt durch die damit gewonnene Relevanz und Aktualität der Fragen konnte eine derart hohe Teilnahme erreicht werden.

Der auf dem ersten Führungskräfteworkshop – übrigens der erste überhaupt in der Geschichte der Bank – erarbeitete Rohentwurf für das Leitbild wurde nach Überarbeitung in der Wortwerkstatt in den unternehmensweiten Diskurs eingespeist. Auf 16 Leitbildforen für alle Mitarbeiterinnen und Mitarbeiter wurde jeweils durch ein Vorstandsmitglied, den jeweiligen Bereichsleiter oder Geschäftsführer und ein Mitglied des Arbeitsausschusses das Projekt skizziert und die erreichten Ergebnisse im Kontext der vorangegangenen Schritte erläutert. Die Teilnehmer waren danach aufgefordert, auf Dialogkarten zu jedem Mission-Statement und den Werten ihre Anmerkungen inhaltlicher oder redaktioneller Art zu machen und gegebenenfalls durch Hinweise auf den nun anstehenden Handlungsbedarf zu ergänzen. Die rund 9.000 Dialogkarten wurden EDV-gestützt nach einem medienwissenschaftlichen Verfahren zur Inhaltsanalyse ausgewertet sowie zu den Anmerkungsbündeln für die Mission und die Werte verdichtet und aufbereitet. Damit waren für den zweiten Workshop – immerhin nur neun Wochen nach dem ersten – den Führungskräften wichtige Hinweise verfügbar, wie das Leitbild aus Sicht der Mitarbeiter angemessen wäre, aber auch welche Anforderungen an die sprachliche Gestaltung zu richten sind.

Die Mitarbeiteranmerkungen, welche in den Leitbildforen gesammelt werden konnten, wurden in einer Dokumentation

Schaubild 5: Das Leitbild als ständiger Begleiter – Inhalte in Scheckheftformat

zum Projektfortschritt erläutert und damit nachvollziehbar. In dieser Dokumentation wurden zugleich die Projekte zur Umsetzung des Leitbildes skizziert. Durch die Art der Mitarbeitereinbindung war der Leitbildprozess der DekaBank ein unternehmensweiter Kommunikationsprozess. Es entstand nie der Eindruck, dass hier etwas im Verborgenen geschieht.

Ausblick: Die nachhaltige Veränderung der DekaBank

Am 13. November 2002 wurde – wie erwähnt: neun Monate nach Projektstart – durch den Vorstand das Leitbild beschlossen und im Unternehmen bekannt gegeben. Die DekaBank steht mit der Beendigung der Phase 2 des Leitbildprojekts am Ende des Anfangs, doch schon jetzt gilt: Die Bank hat sich verändert. Auch wenn wir weit entfernt sind von dem, was im Leitbild niedergelegt ist: Der Prozess hat bereits eine neue Unternehmenskultur angestoßen, die sich durch größere Transparenz und direktere Kommunikation auszeichnet. Durch die Formulierung von Spielregeln für den Umgang der Führungskräfte (Vorstand und erste Ebene) untereinander wird versucht, dem Vorbildanspruch an die Führungskräfte zu entsprechen. Insofern gilt: Das Leitbild gehört schon zum Leben im Unternehmen dazu (Schaubild 5).

Dennoch: Der Weg ist noch lang, bis die Realität sich dem Leitbild angenähert hat. Dies zeigt sich beispielsweise in der zu beobachtenden Tendenz, dass versucht wird, das Leitbild einzusetzen, um Veränderungen zu verhindern oder es in Diskussionen durch eine moralisierende Wendung zu überfordern. Da ist noch viel Übung notwendig, um eine angemessene Balance zu finden. Kritik wurde aber auch im ersten Chat nach der Veröffentlichung des Leitbilds sichtbar, indem viel Skepsis an der Umsetzung laut wurde, und zwar nicht, weil der Prozess nicht glaubwürdig ist, sondern weil noch Zweifel an der von den Führungskräften eingegangenen Verpflichtung bestehen.

Schaubild 6: Das Leitbild im Überblick – Operationalisierung im Tagesgeschäft

Diese kritischen Hinweise füllen aber nur wenig Wasser in den Wein: Der Prozess war richtig angelegt, zum richtigen Zeitpunkt begonnen, als Vorstandsanliegen vermittelt, durch Mitarbeitereinbindung fundiert und glaubwürdig umgesetzt.

Für die Operationalisierung des Leitbildes im Tagesgeschäft war es zunächst erforderlich, bestehende Maßnahmen im Unternehmen zu überprüfen. Hier musste im ersten Schritt entschieden werden, welche Initiativen im Unternehmen die neuen Leitbildinhalte bereits fördern und welche durch zielführende neue Maßnahmen ergänzt werden sollten. So stand zunächst die strategische Voraussetzung im Mittelpunkt, Kernkompetenzen, Leistungen und Kundenverständnis auf die im Leitbild festgeschriebenen Inhalte auszurichten.

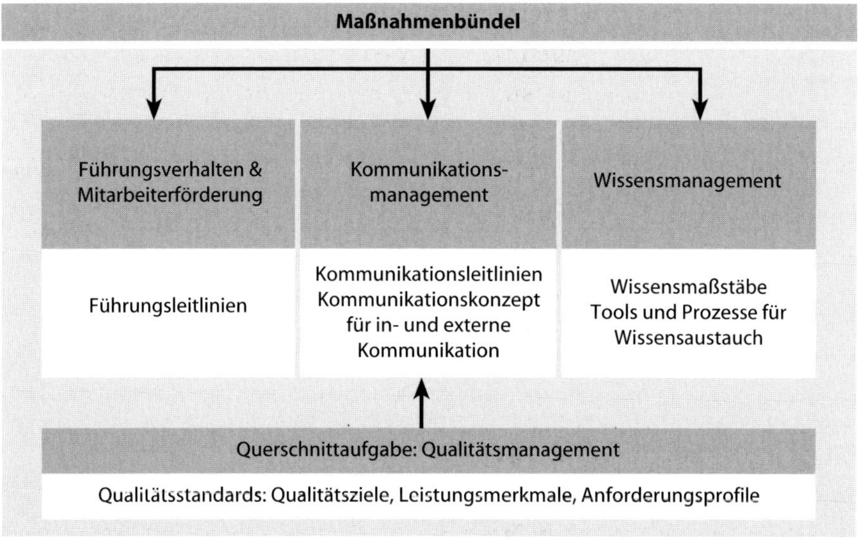

Schaubild 7: Akuter Handlungsbedarf, in vier Schwerpunktbereiche gebündelt

Der akute Handlungsbedarf wurde in vier Schwerpunktbereichen gebündelt: Führungsverhalten und Mitarbeiterförderung, Kommunikationsmanagement, Wissensmanagement und Qualitätsmanagement.

Im nächsten Schritt geht das Leitbildprojekt in die wichtige dritte Phase. Die Leitbild-Implementierung und Umsetzung soll die Relevanz der Leitbildinhalte in der täglichen Arbeit vermitteln. Die Entwicklung von operativen Maßnahmen ist zunächst eine wichtige Voraussetzung, die gesetzten Ziele tatsächlich zu erreichen. Diese Maßnahmen ermöglichen es, die Leitbildinhalte auf konkrete Situationen am Arbeitsplatz zu übertragen, und geben den Mitarbeitern durch ihren Einsatz einen Orientierungs- und Handlungsrahmen für die tägliche Arbeit. Damit werden zwei wichtige Bedingungen erfüllt. Jeder Mitarbeiter muss sich mit den Inhalten des Leitbildes auseinander setzen und weiß genau, welche individuelle Rolle ihm/ihr dabei zukommt. Der angestrebte Veränderungsprozess soll mit Hilfe verschiedener Maßnahmen und Initiativen in ausgewählten Schwerpunktbereichen initiiert werden. Dazu zählen in erster Linie das Führungsverhalten und die Mitarbeiterförderung, internes und externes Kommunikationsmanagement, Wissensmanagement und Qualitätsmanagement. Innerhalb dieser Handlungsrahmen werden Inhalte des Leitbildes vermittelt und durch operativer Maßnahmen (wie z.B. Kommunikationsleitlinien, Führungsgrundsätze und Qualitätsstandards) umgesetzt. Ziel ist es, das Leitbild auf unterschiedlichen Ebenen zum Leben zu erwecken, und die in ihm formulierten Zielsetzungen unter Beteiligung und Mitwirken aller Mitarbeiter zu erreichen.

Kommentar des Herausgebers

Die DekaBank gehört mit ihren Publikumsfonds zu den bekanntesten Fondsanbietern Deutschlands. Doch als Unternehmensmarke war das bis Sommer 2002 als DGZ·DekaBank firmierende Finanzinstitut neben der Produktmarke Deka Investmentfonds im Markt kaum wahrnehmbar. Die Entscheidung, eine Konzern-Dachmarke einzuführen, war ein wichtiger Schritt, dem Unternehmen am Markt Profil zu geben. In diesem Prozess ging es sowohl darum, zwei Unternehmenskulturen nach einem Merger zusammenzuführen, als auch die eigenständige Positionierung im Markt zu entwickeln. Die DekaBank ist ein hervorragendes Beispiel dafür, dass die Kraft der Marke die strategische und kommunikative Voraussetzung für diesen Prozess schaffen kann. Sie entwickelt eine bemerkenswerte Schubkraft, auch oder gerade in diesem wettbewerbsintensiven Finanzdienstleistungsmarkt. Die Neuausrichtung des Unternehmens findet auf der Basis des Leitbildes in allen Bereichen und Ebenen statt und treibt damit den Wandel in allen Dimensionen voran.

Schlussbetrachtung

Die Zukunft der Marke ist holistisch

Die Geschichte der Marken zeigt auf, welch enorme Entwicklung vollzogen wurde von den gekennzeichneten Tonkrügen im alten Rom bis zu den ausgefeilten Markenstrategien unserer Zeit. Daher ist anzunehmen, dass Marken noch einiges an Weg vor sich haben – auch im Hinblick auf die sich permanent erhöhende Geschwindigkeit des Wandels. Doch wohin geht es und wie schnell?

Gewiss, so wie momentan die Unternehmen wachsen – wachsen müssen – und so wie die Welt zusammenschrumpft, müssen auch Marken auf die Kräfte der Globalisierung reagieren. Dieser Prozess beschleunigt sich seit Jahrzehnten, und das Tempo wächst weiter. Die globale Verflechtung der Märkte verlangt eine ganzheitliche Betrachtung, weil die Komplexität Ausmaße angenommen hat, die mit herkömmlichen Mitteln nicht mehr zu bewältigen sind. Die kulturellen, sozialen und ökonomischen Unterschiede zwischen den Märkten sind einfach zu groß, die Akzeptanzbarrieren wachsen. Es reicht schon lange nicht mehr, einfach überall einheitlich aufzutreten. Globale Marken, die keine Rücksicht auf lokale Gegebenheiten nehmen, werden zunehmend kritisch betrachtet, als bedrohlich empfunden oder einfach abgelehnt.

Ich glaube, dass globale Marken, die von manchen als gefährlich und manipulativ dargestellt werden, ein Antrieb dafür sein können, Positives zu schaffen. Denn je mehr Marken auf holistische Weise entwickelt und geführt werden, desto stärker werden die Interessen aller Stakeholder berücksichtigt und dementsprechend verfolgt. Darüber hinaus geht der

Trend eindeutig dahin, dass z.B. wesentlich mehr Transparenz von Unternehmen im Hinblick auf ihre Verantwortung gegenüber der Umwelt und im Hinblick auf ihre Beschäftigungspolitik gefordert ist als noch vor 20 Jahren. Beide Aspekte sind, wie geschildert wurde, wichtige Aspekte einer ganzheitlichen Marke.

Es mag sein, dass in manchen Fällen die „heilbringenden" Dimensionen des Markencharakters zu stark betont wurden, was aus der Perspektive mancher Markenskeptiker eine Portion Ironie einbrachte. Es gibt Marken, die sogar ausschließlich über diese Dimensionen funktionieren; die Marke Body Shop ist ein solches Beispiel. Aber die eingeschränkte – und manchmal nur opportunistische – Positionierung einer Marke über einen Aspekt wie „Ökofreundlichkeit" ist nicht das Gleiche wie eine umfassende Positionierung, die die Bedürfnisse und Anforderungen aller internen und externen Stakeholder respektiert. Eine umfassend positionierte Marke berücksichtigt natürlich auch ökologische Aspekte, sie bindet solche Gesichtspunkte aber in die Gesamtstrategie und in die Führungskultur ein. Nehmen Unternehmen diese holistische Form der Markenentwicklung und der Markenführung an, werden sie letztendlich zu markengeführten Organisationen, die das Markenmanagement als Schubkraft für den Wandel nutzen. Dadurch wird das Risiko, eine Gruppe der Stakeholder zu vernachlässigen oder ihre Interessen zu missachten, reduziert.

Generell, und auch das wurde in den Fallstudien deutlich, ist die soziale Verantwortung der Unternehmen ein Aspekt, der immer größere Bedeutung erlangt. Aber – und das ist ein großes „Aber" – die Aufgabe der Marken ist es, im Wettbewerb zu bestehen und den Entwicklungsprozess des Unternehmens voranzutreiben. Die Notwendigkeit, sozial verantwortlich zu handeln, muss im Kontext zu der Herausforderung stehen, sich in schwierigen globalen Märkten zu behaupten. Auch von daher ist ganzheitliches Branding die einzige realistisch vernünftige Richtung, in die sich das Markenmanagement der Zukunft entwickeln wird.

Die Aktualität, die Prinzipien, die Bauelemente und das Potenzial für „Holistic Solutions" finden sich in jedem einzelnen der aufgeführten Fallbeispiele wieder. In jedem Fall ist es die Einbeziehung aller relevanter Branding-Ressourcen, die den Erfolg sichert und die immer wieder als grundlegend, logisch und unausweichlich empfunden wird. Die Kräfte des Marktes geben hierbei den Ton an. Die größte Rolle jedoch spielt die zwingende Notwendigkeit, alle verfügbaren Ressourcen zu optimieren, um keine Chance im Kampf um Profil und Differenzierung auszulassen.

Die erfolgreichsten Marken bündeln alle verfügbaren Ressourcen, um sich durch rationale und emotionale Aspekte auf ganzheitliche Weise vom Wettbewerb zu differenzieren. Und in diese Richtung werden Marken sich entwickeln.

Die Prinzipien des holistischen Markenmanagements sprechen die Sprache der Unternehmen und passen sich ihren Grundsätzen an. Ihr Potenzial beispielsweise für das Change Management wurde erst nach und nach entdeckt und genutzt – im Kontext der wachsenden Bedeutung und der allseits präsenten Notwendigkeit des Wandels. All das hat ernsthafte Konsequenzen für die Unternehmensstrukturen, die sich permanent an die Erfordernisse einer markenbestimmten Ökonomie in einer Welt wachsender Interdependenz und Komplexität anpassen müssen.

Auch ein weiterer Aspekt des Markenmanagements wurde dargestellt, der in Zukunft immer wichtiger wird: die Kosteneffizienz. „Holistic Solutions" bietet hierbei Einflussmöglichkeiten auf sehr verschiedenen Ebenen. Am häufigsten wird die formale Kommunikation als Beispiel angeführt – von der klassischen Werbung bis hin zum Internet. Dabei gibt es eine Fülle informeller Kommunikationskanäle, die den Kontakt zwischen Menschen und Marken prägen. Diese Kanäle werden oft vernachlässigt oder gar ignoriert. Die „Holistic Solutions"-Methode erkennt und nutzt die gesamte Palette an Möglichkeiten der Markenkommunikation (everything communicates ...) und optimiert daher ihre Kosteneffizienz. Doch das Thema reicht weiter. Die Markenpositionierung beschreibt sehr detailliert Aspekte der Produktqualität, des Serviceverständnisses, des Marktverhaltens und der Kundenorientierung und ermöglicht damit einen effizienten und abgestimmten Einsatz aller Mittel.

Wir haben allen Grund anzunehmen, dass sich das Konzept „ganzheitliche Markenführung" noch stärker durchsetzen wird. Damit erreichen wir den Punkt, an dem wir erkennen, dass Marken sich zu einem Führungsinstrument für Unternehmen entwickelt haben, dass in ihnen die Grundlagen für die strategische Ausrichtung liegen und dass sie den Rahmen für die Unternehmensentwicklung darstellen. Die Marke wird damit zum wichtigsten und letztendlich entscheidenden Gut des Unternehmens, geführt von der obersten Führungsebene mit Hilfe professioneller Prozesse. Die Entwicklung und Pflege des Markenwertes wird eine neue Bedeutung erfahren, und Marken werden sich noch stärker als zuvor den verschiedenen Interessensgruppen gegenüber verantworten müssen. Dabei wird ihr Verhalten, ihre Kommunikation, ihre visuelle Erscheinung, die Herstellung und Vermarktung ihrer Produkte und ihr Verhalten im Wettbewerbsumfeld genau beobachtet. In der Marke wird das gesamte immaterielle Kapital des Unternehmens, der Organisation gebündelt sein – und damit deren Erfolg oder Misserfolg.

Natürlich betrachten viele aufgeklärte Markenverantwortliche ihre Marke bereits aus dieser Perspektive. Leider aber halten zu viele Unternehmen das Thema Markenführung immer noch für ein zweitrangiges Thema – für ein Thema, das man den Spezialisten überlassen kann. Branding ist jedoch eine Aktivität, die jeden einbeziehen sollte. Markenführung im Sinne von „Holistic Solutions" gibt der Marke nachhaltige Relevanz, Vitalität und Wettbewerbsfähigkeit und sichert damit ihre Zukunft.

Index

Brand Performance Indicator (BPIs) **66**
Branding 17
BrandPerformanceDriver 103
British Airways 27
British Telecom 27
BUPA **155**
  Brand-Stretching 160
  British United Provident Assocations 155
  Gesundheitsvorsorge 155
  Interne Kommunikation 173
  Kommunikationslösung 169
  Marketingziele 168
  Marktforschungsstudie 158
  Mitarbeitermotivation 163
  Neupositionierung 159
  Produktpositionierung 161
Business in the Community (BITC) 36

Channel Management 67
CMS **220**
  Corporate Design 229
  Haltung von Anwälten 221
  Internationale Kommunikation 226
  Kanzlei 222
  Leitbild 226, 236
  Marketing für Dienstleister 220
  Name 227
  Rechtsanwalt 220
  Selbstverständnis 231
  Servicebranche 220
  Standardisierung 234
Corporate Behaviour **23**
  Miele 259
Corporate Branding **22**
Corporate Design 24, 73
  CMS 229
Corporate Identity **22**
  Corporate-Identity-Strategie 24
  Designorientierte Corporate Identity 28

Definition des Handlungsbedarfes 83
DekaBank **293**
  Deka Investmentfonds 297
  Konzernmarke 296
  Leitbild 299
  Mitarbeitereinbindung 307
  Produktmarke 296
Design **68**
  Designmanagement 69
Dienstleistungen 62
Differenzierungsfaktoren 56
  Differenzierungsaspekte (emotional, rational) 86
  Ausdruck, Substanz 56, 81, 86
Dunlop Sport **266**
  Brand Immersion Research 282
  Customer Value Proposition 287
  Marketingstrategie 285
  Segmentierung des Marktes 280
  Sportmarkt 267
  Verjüngungsprogramm 286
  Wettbewerb 273

EasyJet 38
Effizienz 92

Flexibilität 70
Ford 43

Glaubwürdigkeit 61
Globale Marke 33
Globale Markenführung 95
  Kern gemeinsamer Werte 96
  Lokale Adaption 96
Globalisierung 32
Globalisierungsgegner 33
Goodwill 61

Holistic Solutions **51**
  Denkansatz 51, **52**
  Holistic-Solutions-Prozess 80
  Strukturmodell 51, **52**
  Umsetzungsinstrument 51
Holistische Praxis 88
Holistisches Marken- und Identitätsmanagement **51**
Holistisches Markenmanagement 85
  Erlebnis, Erfolg 87
Holistisches Markenmodell 52
  Die sechs Dimensionen 52

IBM 39
Identität 23
Identitätsdimensionen 51
Implementierung 84
Integrierte Kommunikation 30
  Mercedes-Benz 128

Interessensgruppen 94
International Accounting Standards (IAS) 36
Internationalisierung 32
Interner Kunde 68
Interner Markt 68
Investitionsgüter 59

Kommunikation **75**
  Externe Kommunikation 76
  Interne Kommunikation 75, BUPA 173
  Public Relations, PR, Virgin 212
Konsistenz 28, 70
Konsolidierungstendenzen 34
Konsumgüter 59
Kontrolle 84
Kosten 92
Kostendruck 34
Kultur **57**
  Clash of cultures 59
  Kulturelle Unterschiede 59
Kunden **64**
Kundenerwartung 35
Kundenloyalität 35
  Miele 243, 244

Leitbild 97
  CMS 226
  DekaBank 299
  Orange 144
Leitbildentwicklung 29

Made in Germany 43
Manchester United **176**
  Club-Wappen 183
  Fred the Red 189
  Fußballclub 179
  Logotype 184
  M.U. Finance 190
  Marke Manchester United 180
  Merchandising 187
  Red Café 188
  Stadion in Old Trafford 186
  Verbindlicher Standard für Identität 183
Marke **20**, 17
  Erfolgsfaktor 66
  Globale Marke 33
  Markenhistorie 20
  Markenverständnis 29
  Markenwert 102
  Soziale Verantwortung der Marke 36
  Steuerung von Marken 53
  Unternehmensmarke 21
  Markenidentifikation 28
Markenbotschaft 75
Markenentwicklung 87
  Dimensionen der Markenentwicklung 87
Markenführung 51
  Ganzheitliche Markenführung 51
  Brand Performance Indicator (BPIs) 66
  BrandPerformanceDriver 103
Markenführungsprozess 51
Markengeführte Organisation 315
Markengeführtes Unternehmen 103
Markenidentität 54
  Miele 242
Markenwerte 63
Marketingstrategie 64
  Dunlop Sport 285
Marketingziele
  BUPA, 168
Markierung 17
Marks and Spencer 37
Märkte **64**
Marktforschung 44, 66
Maßnahmenplanung 84
Mercedes-Benz 111
  Brand Design System 126
  Fahrzeugdesign 123
  Integrierte Kommunikation 128
  Markenkodex 120
  Markenzeichen 114
  Premiummarke 113
  Wertebasis 116
Mergers & Acquisitions 100
Miele **241**
  Beziehungsmanagement 256
  Corporate Behaviour 259
  Distribution 254
  Erweiterung der Markenidentität 249
  Faktor Erfolg 260
  GAP-Analyse 262
  Gebrauchsgütermarken 241
  Gesamtheitliche Markenführung 241
  Innovationsfähigkeit 252
  Käufer 255
  Kundendienst 256
  Kundenloyalität 243, 244
  Kundenzufriedenheit 244
  Markenbilder 250
  Markenemotionen 252
  Markenidentität 242

Markenmythos 253
Markenruf 250
Preis 257
Preishöhe 243
Produktdesign 251
Qualitative Marktführerschaft 243
Quantitative Marktführerschaft 245
Soziale Identifikationsrolle 261
Wiederkaufbereitschaft 244
Mission 56
Mitarbeiterinformation 75
Mitarbeitermotivation 75
Mittelplanung 84
Moben, Möben 42
Modedesign 72
Monitoring 85
Müller Joghurt 41
Multikultureller Markt (Studie) 46

Name
Orange 137
CMS 227

Opel 74
Operative Relevanz 98
Operative Standards 85
Orange **133**
Commodity-Markt für mobile Kommunikation 136
Globales Brand Management 147
Leistungsversprechen 138
Markenleitbild 147
Markenversprechen 137
Mobilfunkmarkt 133
Name 137
Werte 138

Paneuropäische Studie 46
Porsche 40
Positionierung 53
Holistische Positionierung **52**
Positionierungsstrategie **82**
Produktdesign
Mercedes-Benz Fahrzeugdesign 123
Miele 251
Produkte 62
Differenzierung 63
Erlebbare Produktqualität 63
Innovative Produkte 65
Produktnutzen 63
Produktstrategie 63
Produktwahrnehmung 63

Relevanz 94
Repositionierung 67

Shareholder 94
Situationsanalyse 79
Analysephase 81
Analyseprozess 81
Mehrdimensionale Analyse 82
Sollpositionierung 82
Spartendenken 31
Stakeholder 94
Stilgruppe 19
Symbole 70

Trademarks 71
Transparenz 94

Unternehmenskultur 23, **57**, 100
Unternehmensstrategie 97

Verhalten **60**
Verkaufskanal 67
Verständnisbarriere 48
Vertrauen 61
Virgin **197**
Brand Book 210
Branson, Sir Richard 213
Convergence Marketing 218
Integrität der Marke 210
Joint Venture 204
Megastores 209
Musikunternehmen 199
Öffentlichkeitsarbeit 212
Public Relations 212
Ruf 212
Virgin Trains 202
Vision 206
Vision 37, 56, 97
Virgin 206
Visueller Auftritt 28

Wahrnehmungsperspektive 86
Wandel 32
Warenzeichen 71
Werte 56
Werttreiber der Marke 66, 93
Wiedererkennbarkeit 28, 73

Zielgruppen 76, 94